edition suhrkamp 2650

Mit diesem Band kommt unsere Tetralogie zu ihrem Ende. Nach Tieren, Pflanzen und Steinen nimmt das vorliegende Machinarium abschließend in den Blick, was sich nur scheinbar leicht dem Bereich gemachter Dinge zuschlagen und von der Natur und ihren Reichen auch nur scheinbar leicht unterscheiden läßt. Das mag vor dem Hintergrund eingespielter Ordnungssysteme irritieren, entspricht aber der Programmatik dieses Projekts. Schließlich waren es keine Seinsgeschichten, sondern Figuren des Wissens, die den Blick auf Tiere, Pflanzen, Steine und jetzt auf Artefakte gelenkt haben. Neben all dem, was man mit den Maschinen und mit der Textsorte eines Machinariums assoziiert, sind damit zugleich Kniffe, Listen und jene Winkelzüge und Machinationen des Wissens bezeichnet, denen auch die Vorläuferbände nachstellten. Von Werkzeugen wie dem Universalschraubenschlüssel, einem zentralen Akteur des Ökoterrorismus, über die als Erzählmaschine fungierende Zeitmaschine bis hin zu Experimentalräumen wie dem Treibhaus oder dem Staat gehen die Artikel dieses Buches der Dynamik von Wissensordnungen nach. Die Einträge zeigen, wie Wissen entsteht, welche Sperrigkeiten und Widerspenstigkeiten dabei im Spiel sind, wie mögliche Ordnungen ausgehandelt werden, welche Formen der Darstellung und Berichterstattung dieses Wissen anzunehmen vermag, wie es zum Zirkulieren gebracht, wie es unterdrückt oder gehandhabt wird.

Benjamin Bühler ist Germanist und Kulturwissenschaftler. Derzeit ist er als Heisenberg-Stipendiat am Zentrum für Literatur- und Kulturforschung in Berlin tätig.

Stefan Rieger ist Professor am Institut für Medienwissenschaft an der Ruhr-Universität Bochum. Zuletzt erschien im Suhrkamp Verlag *Multitasking. Zur Ökonomie der Spaltung* (eu 46).

Benjamin Bühler
Stefan Rieger

Kultur

Ein Machinarium des Wissens

Suhrkamp

Dieses Buch wurde gefördert mit Mitteln des im Rahmen
der Exzellenzinitiative des Bundes und der Länder eingerichteten
Exzellenzclusters »Kulturelle Grundlagen von Integration«
der Universität Konstanz.

Erste Auflage 2014
edition suhrkamp 2650

Originalausgabe

Satz: Satz-Offizin Hümmer GmbH, Waldbüttelbrunn
Druck: Druckhaus Nomos, Sinzheim
Umschlag gestaltet nach einem Konzept
von Willy Fleckhaus: Rolf Staudt
Printed in Germany
ISBN 978-3-518-12650-9

Inhalt

Einleitung

Nicht die Dinge selbst beunruhigen den Menschen, sondern die Meinungen über die Dinge.

Epiktet nach Heubach 1987, Motto

Die äußersten Situationen der Homöotechnik sind Ernstfälle der Ko-Intelligenz.

Sloterdijk 2001, 72

Wissen am Rande des Menschen

Die drei Reiche der Natur

Ich trink', und trinkend fällt mir bei,
Warum Naturreich dreifach sey.
Die Thier' und Menschen trinken, lieben,
Ein jegliches nach seinen Trieben:
Delphin und Adler, Floh und Hund
Empfindet Lieb' und netzt den Mund.
Was also trinkt und lieben kann,
Wird in das erste Reich gethan.

Die Pflanze macht das zweite Reich,
Dem ersten nicht an Güte gleich:
Sie liebet nicht, doch kann sie trinken;
Wenn Wolken träufelnd niedersinken;
So trinkt die Zeder und der Klee,
Der Weinstock und die Aloe.
Drum, was nicht liebt, doch trinken kann,
Wird in das zweite Reich gethan.

Das Steinreich macht das dritte Reich;
Und hier sind Sand und Demant gleich:
Kein Stein fühlt Durst und zarte Triebe,
Er wächset ohne Trunk und Liebe.
Drum, was nicht liebt noch trinken kann,
Wird in das letzte Reich gethan.
Denn ohne Lieb' und ohne Wein,
Sprich, Mensch, was bleibst du noch? – – Ein Stein.
(Lessing 1841 [1751], 18)

Nach den drei Reichen der Natur, den Tieren, den Pflanzen und den Mineralien, sowie ihren angestammten Textsorten, dem *Bestiarium*, dem *Florilegium* und dem *Lapidarium*, soll das Seinsreich künstlicher Artefakte nun im Zentrum des vierten, letzten Bandes dieser Reihe stehen, eines *Machinariums.* Dieses Ende ist nicht zwangsläufig, ließe sich, im Anschluß an Jorge Luis Borges, das ganze Unternehmen doch noch um eine Sammlung von *Gedankendingen* erweitern. Ein solches *Imaginarium des Wissens* ist durchaus denkbar, geplant ist es derzeit nicht.

Die Kultur im Namen der Maschine und in der Textsorte eines Machinariums zu verhandeln, greift auf eine Tradition des *Theatrum Machinarium* zurück, in dem Hebevorrichtungen, Wasserpumpen oder mechanische Vorrichtungen für welche Belange auch immer versammelt waren (→ MACHINARIUM). Doch das Machinarium erschöpft sich nicht in der Versammlung solcher Vorrichtungen. Der österreichische Literat und Kybernetiker Oswald Wiener, der anläßlich eines Buches über die Theorie der Turing-Maschinen in die Wortgeschichte eintaucht, fördert noch einen weiteren Aspekt zutage, der auch diesem Machinarium zugrunde liegt:

> Es wird nicht schaden, wenn wir zunächst die Wortgeschichte zu Rate ziehen. »Maschine« leitet sich von dem lateinischen Ausdruck »machina« ab, altgriechisch μαχανά, μηχανγή, was »Vorrichtung«, »Gerüst« bedeutet, »List«, auch »Werkzeug zum Bösen«. Zugrunde liegt das altgriechische μῆχος, »Möglichkeit«, »Mittel«, »Behelf«, »Erfindung«, »Findigkeit«, »Plan«, »Kunstgriff«, »Kniff«; übrigens hängt das deutsche Wort »Macht« damit zusammen. (Wiener et al. 1998, 1)

Neben all dem, was die Maschinen an die Semantik des Heideggerschen Gestells verweist, bezeichnen Maschinen zugleich Kniffe, Listen und damit jene Winkelzüge des Wissens, denen hier im letzten Band unter dem Oberbegriff *Kultur* nachgegangen wird (vgl. dazu Luhmann 1995 [1989]). Damit kommt die vorläufige Heuristik zu ihrem Ende – und das auf eine Weise, in der die vermeintlich künstlichen Dinge ähnlich behandelt werden wie die vermeintlich natürlichen in den drei Reichen der Tiere, Pflanzen und Steine. Das mag vor dem Hintergrund eingespielter Ordnungsmechanismen zunächst irritieren, ist aber aus unterschiedlichen Gründen möglich, vielleicht sogar notwendig. Schließlich waren es keine Seinsgeschichten, sondern Figuren des Wissens, die den Blick auf bestimmte Tiere, Pflanzen und Steine gelenkt haben. Jene Winkelzüge des Wissens, die nach Wieners etymologischen Überlegungen die Welt der Maschine prägen, waren auch hier in den Figuren und Figurationen des Wissens allgegenwärtig – so kann etwa selbst die Frage nach den Weltmeeren entsprechend gestellt werden: »The world ocean: Mechanism or machination?« (Whitfield 1981) Als solche hatten diese Wissensfiguren weniger mit den natürlichen Seinsordnungen, mit der Verortung in der Naturgeschichte oder den Bemühungen um die Taxonomie zu tun, als vielmehr damit, wie Wissen entsteht, wie mögliche Ordnungen überhaupt erst ausgehandelt werden, welche Formen der Darstellung und Berichterstattung dieses Wissen anzunehmen vermag, wie es zum Zirkulieren gebracht, wie es unterdrückt, manifest oder in welcher Form auch immer gehandhabt wird. Grundsätzlicher gesprochen geht es darum, wie sich anhand dieser Figuren Wissensordnungen ausdifferenzieren und zu ihrer jeweiligen Gestalt gelangen.

Erst in diesen Prozessen formieren sich Phänomene als *Dinge*, treten aus einer beliebigen oder diffusen Gegenständlichkeit heraus und schließen sich zu einem Gegenstand, formieren sie sich zu Objekten von Belang und Bedeutung. Dabei ist es zweitrangig, ob dieser Objektstatus nachhaltig ist oder ob er nur für eine kurze Dauer währt, ob er kanonische Weihen erfährt oder nur eine Episode in der Ordnung der Dinge gewesen sein wird. Zum Moment der List gehört das Moment der Überraschung – weil dieses uns geleitet hat, wäre der Versuch einer Systematik verfehlt. Umgekehrt leistet die Überraschung jener Kontingenz Vorschub, die für die Auswahl der hier stellvertretend versammelten Wissensfiguren ausschlaggebend war. Eine Psychologie der alltäglichen Dinge, wie sie in Sparten und in Ansätzen der Sozialwissenschaften von sich reden macht, um dort von der Dominanz eines schier allmächtigen Subjektivismus abzurücken, ist um eine Wissenschaft wissenschaftlicher Figuren und Objekte zu ergänzen. Deren besondere Pointe besteht darin, daß an den Grenzen der Objekte diese genausowenig enden wie die Subjekte an den ihren. Dieser Blick kann legitimerweise auch auf eine bestimmte Sorte von maschinenhaft erzeugten Gegenständen oder eben auf die Maschinen selbst gelenkt werden. Die Auswahl der Gegenstände für dieses Machinarium hat den strukturellen Vorgaben dessen zu folgen, was Tiere, Pflanzen und Steine in der Freisetzung und Konturierung von Wissen zu leisten vermochten. Virulent werden damit Unterscheidungen wie die zwischen Leben und Nicht-Leben, zwischen organisch und nichtorganisch, zwischen einfach und komplex, zwischen Natur und Kultur, zwischen einem Mehr oder Weniger an affektiver Besetzung, die wir gegenüber den Dingen an den Tag legen. Technische Dinge sind aber nicht nur einfach in der Welt, sondern sie betreffen auch die Seinsweisen der anderen mitvorhandenen Arten und damit auch die des Menschen. Für eine stärkere Aufmerksamkeit gegenüber den Dingen gibt es also unterschiedliche Anlässe: Diese reichen von den Ontologien der Philosophie bis hin zu theoretischen Veranstaltungen wie der Actor Network Theory Bruno Latours, deren Neubewertung nichtmenschlicher Agenten zur Forderung nach deren Vertretung in einem *Parlament der Dinge* führt (Latour 2001). Damit einher geht ein Katalog an Fragen, die den Agentenstatus von Menschenaffen im Verhältnis zu elektronischen Geräten ebenso betreffen wie den Rechtsstatus von Dingen überhaupt (vgl. Teubner 2006; Vismann 2011; → Bioreaktor).

Für diese Situation gibt es sowohl gegenwärtige als auch historische Indikatoren mit unterschiedlichen Reichweiten und sogar mit eigenen Systematiken. Bemerkbar machen diese sich in der Favorisierung von Zwischeninstanzen. So findet im Fall des Dingbegriffs die Öffnung seiner Semantik statt, als deren Einlösung sich eine *Kleine Galerie neuer Dingbegriffe* abzeichnet, die Hybride, Quasi-Objekte, Grenzobjekte oder epistemische Dinge umfaßt (vgl. dazu Roßler 2008; Bäumler et al. 2011). Um den Dichotomien und Zweiwertigkeiten zu entgehen, soll die Figur des Dritten nicht weniger als ein kulturwissenschaftliches Paradigma eröffnen (vgl. Spreen 2010). Im Gestus großer Systematik kann Peter Sloterdijk somit den Stab über die bisherigen Denkwerkzeuge brechen:

> Das Festhalten an den klassischen Begriffseinteilungen führt in die absolute Unfähigkeit, »kulturelle Phänomene« wie Werkzeuge, Zeichen, Kunstwerke, Maschinen, Gesetze, Bücher und alle anderen Artifizien ontologisch angemessen zu beschreiben, weil bei Gebilden dieses Typs die hochkulturelle Grundeinteilung von Seele und Ding, Geist und Materie, Subjekt und Objekt, Freiheit und Mechanismus danebengreifen muß: Alle Kulturobjekte sind ja ihrer Konstitution nach Zwitter mit einer geistigen und einer materiellen »Komponente«, und jeder Versuch, zu sagen, was sie im Rahmen einer zweiwertigen Logik und einwertigen Ontologie »eigentlich« seien, führt unweigerlich in aussichtslose Reduktionen und destruktive Verkürzungen. (Sloterdijk 2001, 63)

Und natürlich gibt es für dieses Unbehagen an der denkerischen Erschließung von Kultur Vorläufer. Kaum jemand vermochte die neue Ordnung der Dinge in ihrer Konsequenz für das Sein des Menschen so präzise zu fassen wie Max Bense, kaum jemals sind dabei die technikphilosophischen Implikationen so vehement und zum Programm verdichtet worden wie in den Essays »Technische Existenz« oder »Der geistige Mensch und die Technik« (Bense 1998b [1949] und 1997 [1946]). Mit seinen Gewährsleuten aus Informationstheorie und philosophischer Anthropologie zielt Bense in die Zukunft eines Forschungs- und Aussageverbundes, von dem er sich eine adäquate Erfassung der Lage in der Moderne erhofft. Seine These, daß man sich dem technischen Sein nicht entziehen kann, ist eine der – von einigen Protagonisten der *Neuen Sachlichkeit* wie Walter Benjamin oder Siegfried Kracauer bereits vorweggenommenen – Pointen von Benses Ansatz. Aber auch die Haltung, daß dieses neue Zusammensein mit den Dingen nicht nur kulturkritisch verbrämt, bedauert und betrauert zu werden hat, sondern daß gerade daraus spezifisch neue Handlungs- und Erfahrungsspielräume erwachsen, ist etwas, das den Geisteswissenschaften zu sehen und zu denken oft schwerfällt.

Technik und Anthropologie sind durch denselben Strang verbunden, sie ziehen am selben Strick, der nicht mehr kulturpessimistisch als Gängelband der Dinge (und nicht zuletzt der Medien) veranschlagt wird. Die Formel, unter die Bense das neue Selbstverständnis faßt, ist die vom *Technik-Sein* und nicht mehr die vom *Technik-Haben* (→ AUTO). Diese Unterscheidung mündet in die Forderung nach einer technischen Intelligenz, die der doppelten Verpflichtung des Menschen gerecht zu werden sucht, und gerät ihm zum Appell, die Technik eben auch geistig in den Händen zu halten und sie nicht auf die bloße Handhabung von Werkzeugen und Gerätschaften zu reduzieren, die im Zuge von Erweiterungstheorien den Sachstand der Medientheorien von Autoren wie Ernst Kapp bis Marshall McLuhan und damit fast ein ganzes Jahrhundert nachhaltig bestimmt hat (vgl. dazu Kapp 1978 [1877]; McLuhan 1968 [1964]; zur Position nach McLuhan Rieger 2008b; → HAND). Denn nur wer die Technik geistig beherrscht, so lautet sein Credo, ist der Moderne gewachsen. In der Programmschrift »Kybernetik oder die Metatechnik einer Maschine« aus dem Jahr 1951, die der für Martin Heidegger so bedeutsamen Regelungstechnik seinsmäßig auf die Sprünge helfen und einer philosophischen Anthropologie den Weg in die Zukunft weisen will, umreißt Bense den Status quo:

> Durch die Technik schafft sich der Mensch eine Umwelt, die seiner Doppelrolle als naturhaftes und geistiges Wesen angemessen ist. Die technische Welt ist eine Umwelt, eine seinsmäßige Sphäre, aus der das, was wir technische Existenz und technische Intelligenz nennen, wenigstens im Idealfall lückenlos expliziert werden kann. Innerhalb der naturhaften Welt ist der Mensch, wie es formuliert wurde, das höhere, aber zugleich schwächere Wesen; innerhalb der technischen Welt ist er durchaus das stärkere Geschöpf. Es ist nicht gesagt, daß die technische Welt der bisher einzige Versuch einer Selbsteinrichtung des Menschen innerhalb der Natur sei, aber es scheint sich hier um den planmäßigsten und vielleicht erfolgreichsten der bisher möglichen Versuche dieser Art, durch die ein evidentes Mißverhältnis kompensiert werden soll, zu handeln. Manuelle, physische Vorgänge haben im gleichen Sinne eine technische Möglichkeit wie intelligible, psychische Vorgänge. (Bense 1998c [1951], 446)

Daß das Verhältnis des Menschen zur Technik mehr ist, als eine bloße Frage des Verhaltens ihr gegenüber, das ist der Punkt, den auch Heidegger gesehen und benannt hat. Vor hier aus ergehen Forderungen, ihre begründende Funktion nicht im Ressentiment zu verspielen und sie nicht einer (Seins-)Vergessenheit anheimfallen zu lassen. Es sind solche und ähnliche Appelle, die in die Zukunft einer neuen philosophischen Anthropologie weisen sollten. Sie wird in diesem Zuge eine Gestalt annehmen, auf die hin sie Philosophen wie Martin Heidegger, Max Scheler, Arnold Gehlen und Helmuth Plessner entworfen haben. Damit ist sowohl die Scheu als auch die Geringschätzung gegenüber den Dingen einem neuen Selbstverständnis gewichen. Nur über eine neue Fassung dessen, was sich in einer technischen Welt als Dinge oder Gegenstände, als Medien oder Gerätschaften, als Artefakte oder Hybride ausdifferenziert, wird die Bestimmung des Menschen im Zusammenspiel mit dem, was ihn umgibt, möglich. Diese Lage gewinnt dadurch zusätzlich Brisanz, daß gerade die technischen Dinge zunehmend ihre Sichtbarkeit und ihre Unterscheidbarkeit verlieren. Damit verändern sich die Verhältnisse zwischen Mensch und Medium auf eine Weise, die der amerikanische Computerpionier Mark Weiser für den Fall des *ubiquitous computing* und für die zunehmende Nicht-mehr-Wahrnehmbarkeit der Rechen- und Steuereinheiten unter dem Stichwort *seaminglessness* diskutiert (vgl. Weiser 1991). Ähnliches gilt für den Status der Tiere, die mittels RFID-Technologie überwacht und (verbraucherseitig erwünscht) rückverfolgt werden können. Diese Möglichkeiten führen wiederum zu Folgefragen, die den Status solcher Tier/Technik-Kopplungen betreffen (vgl. Bolinski 2011). Das Eindringen bestimmter Techniken ist dabei kein Selbstläufer, sondern es reagiert, wie die Diskussionen um das Ambient Assisted Living zeigen, auf gesellschaftliche Verhältnisse. Der demoskopische Wandel führt so zu einem technischen Smart-Werden von Wohnungen, das mittels eines hohen Aufwandes an Datentechnik gewährleisten soll, daß Menschen möglichst lange in ihren gewohnten Umgebungen leben können – dank einer Autonomie der Technik, die sie umgibt (vgl. zu den Möglichkeiten stellvertretend Augusto et al. 2012).

Doch die Dinge umgeben den Menschen nicht nur. Gerade mit Blick auf das Virtualitätspotential digitaler Medien wird schnell deutlich, wie sehr dort Umwelten sui generis entstehen. Dort machen künstliche Umwelten von sich reden, die aus welchen Gründen und in welchen Verschränkungen von realer, virtueller oder augmentierter Realität auch immer den Menschen teilweise selbst oder in Formen der Stellvertretung in Handlungsszenarien verstricken, die bis zur Frage danach führen, ob es sich dabei um neue Sozialordnungen und Kollaborationsszenarien handelt

(→ INSBOT): Ob diese der Immersion in fremde Spielwelten dienen oder darauf angelegt sind, ressourcenschonend mittels Immersive Engineering virtuelle Prototypen in eigens gestalteten Umwelten nicht nur auf ihre künftige Materialbeschaffenheit, sondern auf die Interaktion mit Menschen hin zu testen, bleibt dabei zweitrangig (→ PROBEKÖRPER). Damit gerät als Zielpunkt ins Visier, was sich bereits bei Tieren, Pflanzen und Steinen als Wissensfiguren zeigte: Wissensbestände, die jenseits des Menschen erhoben werden und zugleich immer auf ihn rückbezogen bleiben, Wissensbestände am Rande des Menschen, die zugleich auf sein vermeintliches Zentrum zielen. Wenn es dieser Tetralogie gelungen sein sollte, damit ein Stück weit der von Foucault so sehr beschworenen Gefahr, daß alles Wissen droht, schleichend anthropologisiert zu werden, entgangen zu sein, wäre ihr Ziel schon erreicht:

> Sicher riskieren weder die deduktiven noch die empirischen Wissenschaften, noch das philosophische Denken, wenn sie in ihren eigenen Dimensionen verbleiben, den »Übergang« zu den Humanwissenschaften oder die Übernahme ihrer Unreinheit. Man weiß aber, welche Schwierigkeiten manchmal die Herstellung der Zwischenreiche bereitete, die die drei Dimensionen des erkenntnistheoretischen Raumes miteinander verbinden. Die geringste Abweichung im Verhältnis zu diesen strengen Ebenen läßt das Denken in das von den Humanwissenschaften besetzte Gebiet stürzen. Daher rührt die Gefahr des »Psychologismus«, des »Soziologismus« – dessen, was man mit einem Wort als »Anthropologismus« bezeichnen könnte –, die sofort bedrohlich wird, sobald man die Beziehungen des Denkens und der Formalisierung nicht korrekt reflektiert oder sobald man die Seinsweisen des Lebens, der Arbeit und der Sprache nicht wie notwendig gebraucht. Die »Anthropologisierung« ist heutzutage die große innere Gefahr der Wissenschaften. (Foucault 1990 [1966], 419)

Verwirrspiel der (Zahl der) Naturen

Die Gefahr der Unreinheit und die Gefahr, durch scheinbar selbstverständliche und scheinbar selbstverständlich stabile Ordnungszusammenhänge taxonomisch gehegt, aber in seiner Funktion als Wissensfigur ausgebremst und damit um das dynamische Potential einer solchen gebracht zu werden, war bereits im *Bestiarium* angelegt: Dort spielten neben vermeintlich natürlichen Tieren wie Hunden, Barschen oder Bären (in zum Teil ausgesprochen wenig natürlichen Zusammenhängen) eben auch Mickymäuse, eine Modellflugvorrichtung namens Ornithopter und gar eine eigens von Loriot getürkte Steinlaus ihre Rollen. Das systematische Argument von den Vorgaben der Natur, von denen der Mensch nur zu lernen brauche, um etwa eine effiziente Architektur im Anschluß an Pflanzen oder um eine Ökonomie der Bewegung im Anschluß an Tiere zu gewährleisten, war es denn auch, das die Rede vom *Übertier* und der *Überpflanze* zur Folge haben konnte (vgl. zum uneigentlichen Gebrauch des letzteren Begriffs *Das Wuchern der Pflanzen. Ein Florilegium des Wissens*). Doch das *Über* ist mehr und zugleich ein anderes, als die Zahlenspiele und Vergleichswettstreite, die Aemulationen um die jeweiligen Leistungen einzelner Vertreter der unterschiedlichen Naturreiche und ihre Vergleichbarkeit im Zeichen der Überbietung, der Steigerung und des Auf-die-Plätze-Verweisens nahelegen (vgl. dazu *Vom Übertier. Ein Bestiarium des Wissens*, den ersten Band der Tetralogie).

Was etwa hinter der langjährigen Beschäftigung mit dem Fliegen steckt, ist das systematische Interesse nach dem epistemischen Ort sowie der Funktion von Modellen in der und für die Ordnung der Dinge. Dabei wird noch etwas anderes gestärkt – jenes Argument, das im Umfeld der Kybernetik bei Julian Bigelow, Norbert Wiener und anderen benutzt wird, um bei Paul Virilio dann als Eindämmung der Unterschiede von Menschen, Tieren, Pflanzen und Maschinen anzukommen. Was mit dem Modell zur Disposition steht, betrifft also nicht nur die Erkenntnistheorie tierischer (oder anderer) Verhaltens-, Organisations- und Bewegungsweisen, sondern die Ontologie von Seinsarten schlechthin. Es ist die Frage nach dem Verhalten, die eine klassische Zuordnung von Gegenständen verschiebt, die die Grenzen flüssig und überflüssig werden läßt. So hält der französische Philosoph Virilio in einem Text mit dem Titel »Die Kunst des Motors« fest, was man als neuen Differenzierungstyp beschreiben kann. Die Ausrichtung am Verhalten macht gattungsmäßige Einteilungen im positiven Sinn prekär, weil sie Vergleiche und Bezugsmöglichkeiten über deren Grenzen hinaus eröffnet:

> Indem diese neue Methode dem Blick auf das Verhalten der Objekte absolute Priorität einräumte – unabhängig von der physikalischen Beschaffenheit der Elemente, aus denen sie bestanden –, ermöglichte sie den Vergleich zwischen jedem beliebigen »Objekt«, und insbesondere den zwischen Mensch und Maschine. Die klassische Unterscheidung der Wesen entsprechend ihrer Zugehörigkeit zur mineralischen, pflanzlichen, tierischen oder menschlichen Gattung wurde auf diese Weise abgelöst von einer Gegenüberstellung, für die die Materie unerheblich war, die sich aber mit dem Vergleich der Komplexität des Verhaltens befaßte. (Virilio 1997, 152)

Die Ausrichtung am Verhalten ist universal und so angelegt, daß ideologische Stellungnahmen sie verfehlen. Wo diese hinter einem vermeintlich ontologischen Argument die Nivellierung der Sonderstellung des Menschen argwöhnen (und diese entsprechend kritisieren), eröffnet sich für deren Befürworter ein neues Reich der Bezugnahmen, von Netzwerken und ihren unterschiedlichen Akteuren. Und es sind beileibe nicht nur Einzelvoten wie bei Virilio. Auch Denkveranstaltungen wie die Einheitswissenschaft eines Otto Neurath stehen ganz in ihrem Bann, wie es Neurath unter dem Titel »Soziologie im Physikalismus« als Programm formuliert: »Die Einheitswissenschaft macht ebenso Voraussagen über das Verhalten von Maschinen, wie über das von Tieren; über das von Steinen, wie über das von Pflanzen.« (Neurath 1931, 405) In einer technischen Welt – und das gilt nicht nur für die sogenannte Moderne – hat es natürliche Dinge nie gegeben, genauer noch, es wird sie nie gegeben haben können. Sie waren immer schon Effekt kultureller Vorgaben, Effekt von Wünschen und Begierden, von Hoffnungen und Träumen, von Modellen und Simulationen, von Blaupausen und Prototypen, von dem vorgängigen Bedürfnis nach Eigenschaften, die nach einem Befund Bruno Latours erst im nachhinein ihre Dingträger suchen und finden (vgl. Latour 2000).

Für solche Überlegungen und Beobachtungen gibt es Aussageorte, die den Verdacht einer kulturwissenschaftlichen Annexion von allem und jedem einigermaßen im Zaum zu halten vermögen. Der Hang zur Relativierung und die gern betriebene Rückführung von *Sachen* auf die Ebene von bloßen Redeeffekten ist dort besonders greifbar, wo die Sachen einer Ordnung unterzogen werden sollen. Taxonomien sind solche Orte, und was sie erteilen, sind Lehrstunden darüber, was an Natürlichkeit wünschenswert und was an Künstlichkeit machbar ist. Goethe hat es verdichtet, wenn er das Bestreben nach einem natürlichen System der Ordnung der Dinge als Unding, weil als Ding der Unmöglichkeit bezeichnet: »Natürlich System, ein widersprechender Ausdruck« (Goethe 1982 [1823], 35; vgl. dazu Rieger 2008b; → Rosa). Und die Praxis auch gegenwärtiger Einordnungsbemühungen spricht eine klare Sprache darüber, daß dieser Prozeß nicht aufhören wird, aufzuhören – der Schriftsteller Robert Musil sieht darin gar ein Menetekel der Moderne selbst: »Wir haben in diesen hundert Jahren uns und die Natur und alles sehr viel besser kennen gelernt, aber der Erfolg ist sozusagen, daß man alles, was man an Ordnung im einzelnen gewinnt, am Ganzen wieder verliert, so daß wir immer mehr Ordnungen und immer weniger Ordnung haben.« (Musil 1981 [1930], 379)

Weil nicht die Seinsbestimmungen, sondern die Umgangsweisen und Aushandlungen vielfältiger Art das Sein bestimmen, weil aber zu diesen Umgangsweisen neben vielen Aspekten innerweltlichen Hantierens auch jener der Verwissenschaftlichung, der Schließung zum epistemischen Ding seine Rolle spielt, wird die Beschäftigung mit diesen Dingen zu einer Angelegenheit von Brisanz. Zwei Aspekte sind dabei besonders hervorzuheben: Die Machinationen des Wissens betreffen nicht nur Phänomene jenseits des Menschen, sondern sie betreffen ihn längst selbst. Die vielfältigen Potentiale der Selbstveränderung, zu denen Transgenetik, Bioinformatik, Nanotechnik oder Neuroprothetik Anlaß gegeben haben, sind Teil dessen, was unter anderen Denkbedingungen einmal seine Natur hat heißen können. Wie prekär der Artenbegriff unter den Auspizien von Postbiologie und Transhumanismus wurde, hat Ursula K. Heise in ihrem Buch *Nach der Natur. Das Artensterben und die moderne Kultur* skizziert (Heise 2010). Virtuos spielt sie dabei Denkoptionen durch, die neben allen nur möglichen Sorgfalten in bezug auf andere Arten auch dem Menschen als einer Art gelten. Damit wirft sie unaufgeregt einen Blick auf das Durch- und Miteinander der Arten und das, was als Hybridisierung allerorten von sich reden macht. Was auf diese Weise sichtbar wird, sind Fallstricke, in die sich gesellschaftspolitische Diskussionen verheddern: etwa die Frage, warum denn ausschließlich dem Menschen, wenn er denn eine Art unter anderen Arten ist, die Aufgabe zugemutet wird, sich um einen nachhaltigen Umgang mit seinem Habitat zu kümmern, während andere Lebewesen von einem solchen Ansinnen verschont bleiben.

Im Anthropozän, also in einer Epoche, die durch die Bestimmbarkeit der Erde (und des Menschen) durch den Menschen bestimmt ist (→ Erde), lauten die Fragen anders: Gefragt wird nicht nach der besonderen Stellung des Menschen im Kosmos, wie es noch in den Gründungsschriften der philosophischen Anthropologie hieß, dafür aber etwa nach der technischen Gestalt der Umwelt, nach dem Zusammenleben mit anderen Arten, aber auch nach einer kosmopolitischen Umgestaltung des Artbegriffs selbst und damit nach Reflexionsformen, wie sie unter dem Begriff *speciesism* verhandelt werden (vgl. Heise 2010, 164). Vielleicht könnte es eine der Lektionen post- und transhumanistischer Theoriebildung sein, daß neben den anderen Seinsarten – den Tieren, Pflanzen und Maschinen – ein Welt- oder Umweltbegriff etabliert wird, der auch virtuellen Gegenständen Raum läßt und der das Sein des Menschen in solchen Umgebungen bedenkt.

Das Gesamtprojekt dieser Tetralogie nahm im Jahr 2006 von Frankfurt am Main aus Fahrt auf. Daß es jetzt endlich im publizistischen Hafen Berlin vor Anker gehen und damit zu einem Abschluß finden konnte, verdankt es vor allem der geduldigen und sachkundigen Zusammenarbeit mit dem Verlag. Alexander Roesler, der den ersten Band betreute, und Heinrich Geiselberger, der uns bei den drei folgenden Bänden mit aller Kraft unterstützte, sei an dieser Stelle sehr herzlich gedankt.

Benjamin Bühler, Stefan Rieger

Auto

Die Ehen werden im Himmel geschlossen, im Auto gehen sie auseinander.

Luhmann 1990 [1982], 42

Autofahren ist so etwas wie eine Geisteswissenschaft. Man muß fortwährend fremde Texte übersetzen, fremde Welten, Stile, Manieren und Marotten antizipieren. Denn das heißt es ja: mit den Fehlern der anderen kalkulieren. Darin kulminiert der Adel automobiler Intelligenz.

Habermas 1954, o. Pag.

Im Laufe der Zeit immer stärker wurde das fundamentale Gefühl, nicht mehr Herr meiner Bewegungen zu sein. Ich kam mir vor wie ein ausgeleiertes Auto, bei dem meine Steuerungsbefehle nur sehr unpräzise und erst nach langen Sekunden ankommen.

Dubiel 2006, 19

Mit der unscheinbaren Wahl eines Verbs verändert der Philosoph und Semiotiker Max Bense (1910-1990) die Beschreibung der Technik grundlegend: Der Übergang vom *Technik-Haben* zum *Technik-Sein*, wie ihn Bense in zahllosen Schriften nachzeichnet, dient als Bezugspunkt für ein verändertes Denken, das von der Kulturkritik älterer Prägung unerreicht bleibt (vgl. dazu stellvertretend Bense 1998a [1970]). Dabei ist das Technische nicht mehr auf den instrumentellen Umgang mit Werkzeugen und Gegenständen reduziert, sondern es bestimmt in der Moderne nicht weniger als die Seinsverhältnisse selbst. Das geschieht an Stellen, die allgegenwärtig, aber gerade deswegen häufig kaum wahrnehmbar sind – wie Bense ausgerechnet am Beispiel des Autofahrens veranschaulicht. Für Bense ist das Auto, um die Pointe gleich vorwegzunehmen, mehr ein Vehikel des Seins denn ein solches schnöder Fortbewegung. Dieser Gedanke ist gewöhnungsbedürftig, fügt er sich doch wenig in die Gepflogenheiten ein, im Rahmen derer das Auto sonst Gegenstand vielfältiger und inzwischen sogar kunsthistorischer wie philosophischer Betrachtungen hat werden können (vgl. dazu Berns 1996; Schefer 2008; Weibel 2011). War es zu Beginn des 20. Jahrhunderts die durch das Fließband durchrationalisierte Autoproduktion des amerikanischen Fordismus, die Charlie Chaplin in *Modern Times* (USA 1936) mit all ihren entfremdenden Unbilden vor Augen stellte, so war es im Jahr 2010 die Krise der Ökonomie, die ihm reichlich Aufmerksamkeit bescherte. Das Kalkül von Arbeitsplätzen in der globalisierten Weltwirtschaft und die Labilität internationaler Finanzmärkte haben dazu geführt, seine Zukunft durch staatliche Subventionen von einer Absatzkrise bis zur nächsten zu sichern – Abwrackprämien, wie es hierzulande, oder »cash for clunkers«, wie es in Amerika hieß, sei es gedankt. Seitdem sind nicht nur die Marke Opel und Fertigungsstandorte wie Bochum in aller Munde. Das Auto war neben all den soziographisch erfaßbaren und hinreichend beschriebenen Kategorien das mobile Emblem wirtschaftswunderlichen Erfolgs und einer ungebändigten Reiselust im Nachkriegsdeutschland. Es hat zudem einen hohen Nostalgiefaktor, der in zahlreichen, in der Krise feuilletonistisch ausgestellten Baureihen der Vergangenheit ersichtlich wird (vgl. zur Nostalgie Rettig 2013). Nicht zuletzt mit dem Beharrungsvermögen anthropologisierender Designmomente hat sich gezeigt, daß es im Konsumverhalten bestimmte Präferenzen gab. So wurde etwa die Gesichtlichkeit von Fahrzeugtypen ergonomischen Kriterien wie der Stromlinienförmigkeit vorgezogen.

So kam es, daß beim Auto-Casting anläßlich des Films *Ein toller Käfer* (USA 1968, Regie: Robert Stevenson) aufgrund des bei Passanten ausgelösten Lächelns dem Modell von Volkswagen der Vorzug vor weniger empathietauglichen Mitkonkurrenten gegeben wurde (vgl. Windhager et al. 2008). Aber es geht nicht vorrangig um die nostalgische Verbrämung von Fahrzeugtypen und Verkehrsformen. Weder ist es um die Wahl zwischen dem betulichen Wandern, dem Fahrrad- oder Autofahren zu tun (vgl. Burri 1998) noch um die Gemütsverfassung des pedantischen Polizeihauptwachtmeisters Eberhard Dobermann im Film *Natürlich die Autofahrer* (D 1959, Regie: Erich Engels), der beim Werben um eine Frau auf automobile Rückendeckung verzichten

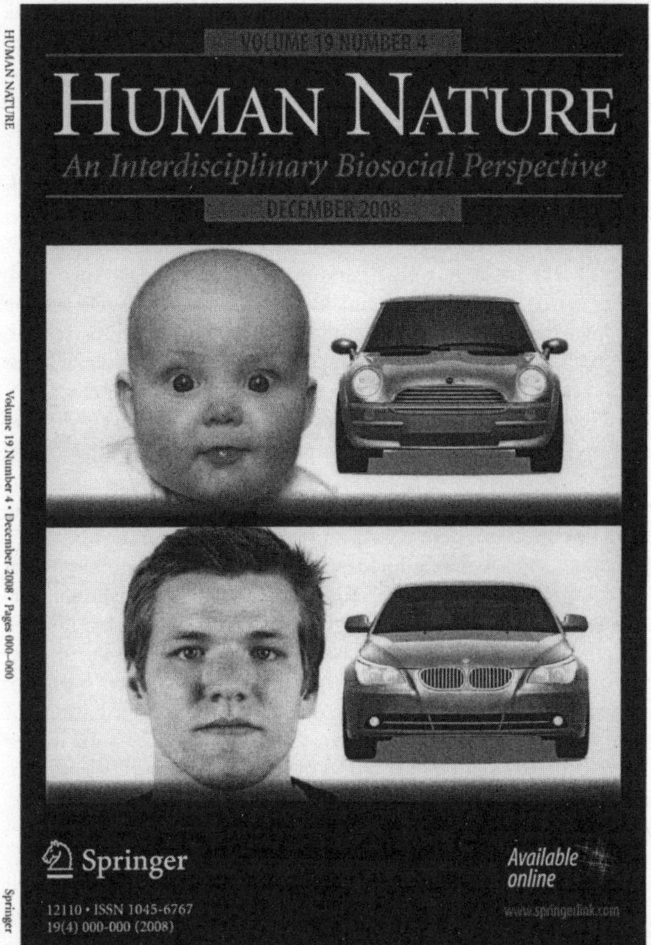

Abb. 1: Physiognomien des Automobils nach Windhager et al. 2008.

muß – jedenfalls bis zu jenem finalen Führerscheinerwerb, dank dem dann dem von Heinz Erhardt gespielten Polizisten endlich auch die Einfahrt in den Ehehafen gelingt.

Ein kurzer Text Benses mit dem zunächst wenig eingängigen Titel »Auto und Information. Das Ich, das Auto und die Technik« aus dem Jahr 1970 attestiert dem Auto, über seine Existenz als bloßes Fortbewegungsmittel und seinen kulturellen Status als semantischer Attraktor hinaus, mit den Seinsverhältnissen selbst auf das Engste verwoben zu sein. Am Ende dieses Gedankengangs steht nicht nur eine veränderte Sicht auf das Auto, vielmehr wird an diesem scheinbar willkürlich herausgegriffenen Beispiel deutlich, was Bense als Forderung nach einer technischen Existenz zur Bewältigung der Moderne für unverzichtbar hält. Technische Existenz, hier argumentiert Bense mit stupender Gelehrsamkeit von der Antike über das Barock bis in die Gegenwart, krankt vor allem an ihrer grundlegenden Mißachtung der Dinge.

Diese Geringschätzung hat nun ihrerseits eine lange Geschichte und vor allem damit zu tun, daß gerade in der Philosophie die Objekte den Subjekten auf eine Weise gegenübergestellt wurden, die sie in den Status verfügbarer Gegenstände verbannte. Anders gesagt: Die Hybris der Subjekte hat den Dingen nie eine wirkliche Chance gelassen. Bense faßt diese Haltung gegenüber den Dingen in der Formulierung vom *Technik-Haben* zusammen. Dieses Haben suggeriert, die Menschen hätten auf eine Weise mit den technischen Gegenständen zu tun, in der sie selbst entscheiden, wann und in welcher Intensität sie von ihnen Gebrauch machen und wann eben nicht. Einem solchen Okkasionalismus stellt Bense das *Technik-Sein* gegenüber und begründet mit diesem Wechsel in der Leitformel nicht weniger als eine neue Seinsweise, die der Moderne angemessen ist und die in ihrer theoretischen Reflexion verabsäumt zu haben eine der großen Schwächen eben dieser Moderne darstellt (vgl. Bense 1997 [1946]). Folgt man dieser Wendung, dann hat nicht mehr der Mensch die Dinge, sondern umgekehrt haben die Dinge ihn.

Die Aktualität dieses Ansatzes führt zu Überlegungen, die vor allem durch die Actor Network Theory zum Anlaß neuer Aushandlungen zwischen menschlichen und nichtmenschlichen

Akteuren haben werden können. Was an neuen Objektbeziehungen mit Dingen dingfest zu machen ist, wird von deren Verfechtern und namentlich von dem französischen Wissenssoziologen Bruno Latour so weit vorangetrieben, daß selbst die Frage nach einer Vertretung der Dinge in einem eigens für sie vorgesehenen Parlament kaum mehr zu überraschen vermag (vgl. Latour 2001; vgl. zur Modernität der favorisierten Gegenstände Hahn 2008). Aller vermeintlichen Verspieltheit zum Trotz, wie sie in der Schrift »Auto und Information. Das Ich, das Auto und die Technik« aufscheint, ist Benses Befundlage in einem sehr weiten Sinne anthropologisch geerdet. Bevor er sich über den Maschinenstatus des Autos äußert, wird der Unterschied von Haben und Sein im Rüstzeug typographischer Markierung und in verwirrender Ausführlichkeit eingeführt:

> Ein Ich *hat* man nicht, man *ist* es. Aber man *hat* ein Auto und *ist* es nicht, und so *hat* das Auto ein Ich, aber *ist* kein Ich und *hat* ein Ich ein Auto, *ist* jedoch kein Auto. Dieser Text ist ein Text über den Unterschied zwischen Haben und Sein, und dieser Unterschied zwischen Haben und Sein ist auch der Unterschied zwischen dem Auto, das fährt und dem Ich, das es fährt, aber da das, was fährt, sowohl das Auto als auch das Ich sein kann, hebt das, was fährt, den Unterschied zwischen Ich und Auto auf, und damit wird der Text über Haben und Sein oder Auto und Ich zu einem Text über das Fahren, in dem das Auto zum Ich und das Ich zum Auto wird. (Bense 1998a [1970], 291)

Natürlich kann man das Auto, und das tut Bense auch, zunächst und naheliegenderweise als klassische Maschine veranschlagen, mithin als Vorrichtung, die Energie verbraucht, um eine Arbeit zu verrichten – in diesem Fall eine Bewegung (vgl. zu einer entsprechenden Typologie der Maschinen Günther 2002 [1957]; → TREIBHAUS). Aber es ist zugleich mehr, nämlich eine transklassische Maschine, »insofern, als sie Informationen verarbeitet und Kommunikationen erzeugt wie alle transklassischen Maschinen« (Bense 1998a [1970], 291). Das Fahren wird so zur Übersetzung von Informationen, die das Ich liefert, in die Bewegung, die das Auto liefert. Aufgerufen ist damit der Status der automobilen Steuerung, der den Ausfall oder das Außerkraftsetzen zentraler Steuerungsgrößen und vorrangig des Bewußtseins zu seinem Gegenstand hat (vgl. zum Erwerb dieser Kompetenz

Möser 2004). Dessen Ausfall beschreibt Bense als schleichenden Prozeß – als Chance für die Kommunikation mit der Beifahrerin ebenso wie als Chance für eine neue Seinsweise:

> Erst später, nach und nach, hat sich das Ich dem Auto angepaßt; automatisch, gedankenlos, während der zärtlichen Unterhaltung mit der Freundin auf dem Nebensitz über den Flug nach Madeira, werden auch die Informationen gegeben, deren der Wagen bedarf, um sie in Bewegung umzusetzen; alles geschieht auf einmal wie von selbst. [...] Indem sich das denkende Wesen an das fahrende Wesen gewöhnt, Ich und Auto mehr und mehr zu einem beinah surrealen Automaten verschmelzen, jene aber dennoch auch bei sich selbst bleiben, uns stets auch noch ein selbständiges Etwas, eben fahrendes Wesen und denkendes Wesen bedeuten, ist fast eine neue Art des Existierens entstanden. (Bense 1998a [1970], 292)

Was Bense mit einer solchen Verschmelzung im Sinn hat, ist keine Wiederholung eines Moderne- oder Technikpathos, wie es noch den künstlerischen Avantgarden eignete. Der Vergleich einer griechischen Göttin mit der Form eines Automobilkühlers, wie ihn der Italiener Filippo Tommaso Marinetti in seinem berühmten Manifest des Futurismus sehr zum Nachteil der Nike von Samothrake zog, bleibt eine ästhetische Aussage, begründet vielleicht sogar eine politische Haltung, aber eben keine Ontologie (vgl. dazu etwa Schmidt-Bergmann 1993). Mit der Emphase des Von-selbst-Gehens, des unbewußten Automatismus und des Ausfalls zentraler Steuerung verdoppelt Bense, was in der Befundlage der klassischen Moderne nachgerade ein Topos für die Möglichkeit neuer Erfahrungsräume hat werden sollen.

Ebenfalls die beschleunigte Fortbewegung des Automobils bemühend, findet bei Autoren wie Robert Musil eine Wertschätzung statt, die in der gesteigerten Bewegung die Option auf das Erreichen anderer Zustände und den Durchbruch durch die bewußte Person regelrecht feiern (Musil 1978 [1925/26 oder später]). Das Versagen der Steuerung wird zur Option eines modernen Glücksgefühls – und zum Einfalltor von Effizienzbestrebungen, die neben Sport und Verkehr gerade auch die ökonomischen Bewegungen mit einem Netz diverser Aufmerksamkeiten überziehen (vgl. dazu Rieger 2001). Andere Theoretiker des Fahrens arbeiten entlang der gesteigerten Beschleunigung die Veränderungen des Verkehrwesens konsequent als Architektur-

und Wahrnehmungstheorie aus – so etwa Paul Virilio, dem moderne Fortbewegungsmittel gar zu Projektoren werden, mittels derer Wahrnehmungsgeschwindigkeiten in städtebaulich erschlossenen Umwelten manipulier-, weil schaltbar werden (vgl. dazu Virilio 2000; Schenck 1925; Steininger 2004).

Aber es gibt nicht nur Befürworter solcher Seins- und Wahrnehmungsweisen. Ein kurzer Text aus dem Jahr 1904, der unter dem Titel »Der Geisteszustand des Automobilfahrens« im *Archiv für Kriminalanthropologie* veröffentlicht wurde, zeichnet ein gänzlich anderes Bild. Sein Autor, der Colditzer Psychiater und Kriminologe Paul Näcke, beginnt anläßlich des Autofahrens gar über die Sittlichkeit von Geisteszuständen zu sinnieren. Näcke, der im Jahr 1907 ausgerechnet den eher Pferden zugeneigten Schriftsteller Karl May auf seinen Geisteszustand hin zu begutachten hatte, nimmt mit dem Automobilführer einen neuen Menschentyp ins Visier, der nicht zuletzt für die Frage nach der juristischen Zurechnungsfähigkeit von ungeahnter Brisanz ist. Für ihn wird auf ganz eigene Weise zum Problem, was bei Bense zwischen moralisch belangbarer Weltvernunft und ästhetischer Daseinslust ventiliert wird – die zunehmende Beschleunigung von Seinsgefährt (und Seinsgefährtin):

> Setzt man die Reflexion fort, vor allem bei zunehmender Geschwindigkeit, wird man schnell entdecken, daß auch dieses Doppelwesen eines fahrenden Ichs und handelnden Autos seine Schwierigkeiten zwischen Daseinslust und Weltvernunft besitzt. Der kategorische Imperativ des sittlichen Handelns wird beständig gefährdet von der intimen Erfahrung ästhetischer Lust. [...] Ist aber der Augenblick der Höchstgeschwindigkeit gekommen, der das vollkommene Gleichgewicht zwischen Präzision und Sekurität verwirklicht, muß diese schwierige Reflexion zweifellos abgebrochen werden. Also brechen wir sie ab. (Bense 1998a [1970], 292 f.)

Ein Eskapismus so kurz vor dem kategorischen Imperativ Kants ist für die Kriminalanthropologie Näckes undenkbar. Seine Sorge um die Sekurität des Verkehrswesens hat gerade dort einzusetzen, wo Bense sie kurzerhand für beendet erklärt – beim Verhältnis von Sittlichkeit und Tempo. Sein Text reagiert auf die Ignoranz der Psychologie gegenüber veränderten Fortbewegungsarten und wartet mit einem regelrechten Szenario automobiler Grenzzustände auf. Aus seinem höchsteigenen Bekanntenkreis weiß der Kriminalanthropologe von Erfahrungen zu berichten, die das Rauschhafte des Verkehrs gegen jede Form gezügelter oder tempolimitierter Vernünftigkeit stellen. Selbst besonnene Kollegen aus seinem Umfeld erliegen am Steuer den Verlockungen des Temporausches und werden im Moment der automobil beschleunigten Welterfahrung leicht zu trunkenen Autokraten. Umpeitscht vom Fahrtwind, glaubt sich der Fahrer am Steuer seines Automobils in ein Märchen versetzt, »die Dekorationen seines Reiches wechseln jeden Augenblick, Häuser, Bäume, Felder, Menschen flüchten an ihm vorbei, und es steigt ihm wie ein Herrschergefühl ins Hirn [...]. Das Gefühl macht ihn leicht zum Autokraten« (Näcke 1904, 335). Besonders perfide scheint dabei die positive Rückkopplung zwischen Fahrgeschwindigkeit und Sorglosigkeit. Der unnatürliche Zustand und der flüchtige Taumel verführen dazu, das Gefährt immer kühner und damit noch schneller zu steuern, was eine Rauscherfahrung zur Folge hat, die nur durch noch weitere Beschleunigung befriedigt werden kann. Der Automobilist im Laufrad wird zum Kilometerfresser (→ LAUFRAD). Eine Selbsterfahrung des in seiner eigenen Wahrnehmung sonst so bedächtigen und selbst der Nächstenliebe zugewandten Näcke fördert noch mehr Befremdliches zutage. Die Intoleranz gegenüber anderen, die eigene Schnellfahrt einschränkenden Teilnehmern konnte und mußte der Psychiater am eigenen Leib erfahren. Nur zu schnell ist man am Steuer geneigt, jeden Fußgänger lediglich für einen den eigenen Verkehrsfluß behindernden Dummkopf zu halten und entsprechend anzugehen.

Derlei Befundlage bedarf einer Erklärung, und Näcke findet sie in einem diffusen Amalgam von physiologischen Vermutungen, die natürlich auf den Moderne-Topos einer grassierenden Nervosität zusteuern. Im Kern läuft seine Theorie auf Störungen eines regelmäßigen Blutzuflusses hinaus, die zusammen mit einem furchtbaren Luftwiderstand und dem Staub den Kopf angreifen – was auch Schutzbrillen und andere Hilfsvorrichtungen nur bedingt verhindern können. Das Resultat klingt ebenso ernüchternd wie verheerend: »Man steigt im ethischen Niveau herab, und hierin liegt die große Gefahr des Sports.« (Ebd., 336) Weniger gefährdet erscheinen in diesem Szenario Berufskraftfahrer, da »hier eine Art Gewöhnung eintritt, und die unangenehmen Wirkungen sich nicht oder nur wenig bemerkbar machen« (ebd.). Die Forderungen in bezug auf den Charakter künftiger Automobilführer liegen somit auf der Hand. Wer aus professionellen Gründen ans Steuer will, muß charakterfest, ethisch entwickelt und mit einem stabilen Verantwortungsgefühl gesegnet sein. Nur so ist für Näcke zu vermeiden, daß er wie die geschilderten Sportfahrer, bei denen die Geistesverfassung nicht mehr im Bereich des für Näcke Normalen liegt, in die Dunstkreise verminderter Zurechnungsfähigkeit und in die Fänge justitiabler Erwägungen gerät. Und natürlich weiß der Kriminalanthropologe auch noch einen übergeordneten, bewußten wie unbewußten Grund anzugeben, der den Hang zum automobil induzierten Sinnestaumel erklärt. Es ist jenes Drehmoment des *vertige*, das auf Schaukeln und Karussellen, aber auch beim Walzertanz seine euphorisierende Wirkung zeitigt. In physiologischen Erklärungen sind Blutschwankungen im Gehirn und in der Lymphe des Labyrinths für den Schwindel verantwortlich (→ OHRSTEIN).

Aber das Autofahren ist nicht nur für die Belange kriminalanthropologischer Typisierung ein denkbar geeigneter Anlaß. Wie sehr ausgerechnet die Sittlichkeit noch in ganz anderer Weise betroffen sein kann, führt Niklas Luhmann in seinem Buch *Liebe als Passion* vor Augen. Nach und zwischen allen nur denkbaren Herleitungen der Liebessemantik und unter Verwendung von Material aus sehr automobilfernen Jahrhunderten – etwa der französischen und englischen Romanliteratur des 17. und 18. Jahrhunderts –, verfällt der große Systemtheoretiker bei seiner Veranschaulichung auf gerade diejenige Situation, die Bense mit seiner Gefährtin im vertrauten Gespräch über den Flug nach Madeira im Auto verortet. Was veranschaulicht werden soll, ist jene Selbstreferenz, die in Liebesdingen so aufreibend wie unabstellbar geworden ist. Am Steuer wird nicht weniger entschieden als die ebenso grundlegende wie strapaziöse Frage, welche Welt dem gemeinsamen Erleben in der Intimkommunikation zugrunde gelegt wird. Luhmann hat die Situation hinter dem Steuer auf unnachahmliche Weise beschrieben – abstrakt in der Terminologie seiner Theorie, konkret, indem er Besonderheiten individueller Fahrstile auf die Eigenheiten selbstreferentieller Kommunikationen im Modus der Liebe und deren Notwendigkeit als unumgehbar hochrechnet. Verhaltensweisen, die automobilen Besonderheiten und nicht den scheinbaren Belangen der Liebe geschuldet sind, schaukeln sich unter dem eisernen Gesetz der Zuschreibung auf eine Weise hoch, die einen Grundsatz der Systemtheorie vor Augen stellt. Spezifika des Fahrstils wie konsequentes Kurvenschneiden (im Wissen, daß der oder die andere sich davor ängstigt) oder Regelverstöße wie stures Linksfahren auf der Autobahn (im Wissen, daß der oder die andere um regelkonformes Fahrverhalten pedantisch bemüht ist) – all das sind für Luhmann (Ver-)Fahrensweisen, die geeignet sind, »Nuancen des Verhaltens attributionsfähig zu profilieren« (Luhmann 1990 [1982], 43). Das Resultat dieser fremdwortreichen Einschätzung ist verheerend und gipfelt in jenem Bonmot, dem zufolge die Ehen zwar im Himmel geschlossen, aber im Auto beendet werden oder, genauer noch und weniger aktantenmäßig gesprochen, die im Auto schlicht auseinandergehen. Bevor Kurven konsequent geschnitten und unablässig links gefahren, bevor Sicherheitsabstände ignoriert und unter Einsatz akustischer und optischer Signale gedrängelt wird, muß die Theorie symbolisch generalisierter Kommunikationsmedien derlei Verhaltensweisen anschlußfähig halten:

> Denn derjenige, der am Steuer sitzt, richtet sich nach der Situation und fährt, wie er meint, auf Grund seines besten Könnens; aber der, der mitfährt und ihn beobachtet, fühlt sich durch die Fahrweise behandelt, führt sie auf Eigenschaften des Fahrers zurück. Er kann nur in einer Weise handeln, nämlich kommentieren und kritisieren; und es ist wenig wahrscheinlich, daß er dabei die Zustimmung des Fahrers findet. Im Taxi hätte man (von Extremsituationen abgesehen) wenig Anlaß, darüber zu kommunizieren. Bei Intimbeziehungen wird jedoch genau diese Situation zum Test auf die Frage: handelt er so, daß er meine (und nicht seine) Welt zu Grunde legt? (Ebd., 42)

Das klingt für die Theorie einigermaßen stimmig, erweist sich jedoch für die Situation im Auto als ungemein strapaziös. Die enorme Aufmerksamkeit von Psychologen, Kleingruppentheoretikern, Unfallforschern und Automobilreifenherstellern für genau diese Situation hinterm Steuer ist eine der Folgen (vgl. da-

Abb. 2: Die Gefahren der Paarbindung in Beifahrsituationen nach *ADAC Motorwelt* 1982.

zu Schönhammer 1993 und 1994). War bei Bense in der neuen Existenzweise automatischen, gedankenlosen Hingleitens noch Raum für die zärtliche Unterhaltung mit der Freundin auf dem Nebensitz, so scheint bei Luhmann eine andere Form der Grundsätzlichkeit eingeholt. Was immer Menschen, die früher einmal Kommunikationspartner hießen, tun, nichts ist dabei ohne Bedeutung. Ob Werthers Lotte Schwarzbrot schneidet oder ob individuelle Fahrstile auf den Prüfstand wechselseitiger Beobachtungen geraten – all diese Verhaltensweisen werden eingespeist in die Selbstreferenz der unabschließbaren Frage, welche Welt und welchen Horizont für Welterfahrung man jeweils zugrunde legt. Wo Habermas das Fahren in die Nähe einer Geistes-

Abb. 3: Werbematerial des Suhrkamp Verlags, das Hans Blumenberg am Steuer zeigt.

wissenschaft rückt und zum Adel automobiler Intelligenz eigens nobilitiert, und wo Näcke erschrocken gar den Hang zur bedrohlichen Autokratie wähnt, kulminiert für Bense ein verändertes Verständnis des Technischen – Ich und Auto, Haben und Sein vertauschen ihre Positionen. Entstanden ist so weniger ein in der alten politischen Semantik faßbares System, dafür jedoch eine fast neue Art des Existierens: »die bewußtseinsanaloge Maschine, das Ich-analoge Auto, ein vollkommenes Mensch-Maschine-Team, eine existentielle Partnerschaft zwischen Störungen und Ängsten, zwischen maschinellen Aktionen und menschlichen Reaktionen, zwischen Signalen und Impulsen, zwischen Geräuschen und Entschlüssen« (Bense 1998a [1970], 292).

S. R.

Bioreaktor

1. AquAdvantage® Salmon

(1) Patente werden für Erfindungen auf allen Gebieten der Technik erteilt, sofern sie neu sind, auf einer erfinderischen Tätigkeit beruhen und gewerblich anwendbar sind.

(2) Patente werden für Erfindungen im Sinne von Absatz 1 auch dann erteilt, wenn sie ein Erzeugnis, das aus biologischem Material besteht oder dieses enthält, oder wenn sie ein Verfahren, mit dem biologisches Material hergestellt oder bearbeitet wird oder bei dem es verwendet wird, zum Gegenstand haben. Biologisches Material, das mit Hilfe eines technischen Verfahrens aus seiner natürlichen Umgebung isoliert oder hergestellt wird, kann auch dann Gegenstand einer Erfindung sein, wenn es in der Natur schon vorhanden war.

Patentgesetz *§ 1, Absatz 1 und 2*

Für Materialwissenschaftler sind die von Spinnendrüsen hergestellten Fasern aufgrund ihrer enormen Festigkeit bei gleichzeitiger Elastizität von größtem Interesse. Da man Webspinnen aber nicht wie Seidenraupen auf großen Farmen halten kann, schien eine kommerzielle Herstellung dieser Fasern lange Zeit nicht realisierbar zu sein. Daher stieß es auf großes Interesse, als Wissenschaftler im Jahr 2002 in der Zeitschrift *Science* einen Aufsatz mit dem Titel »Spider silk fibers spun from soluble recombinant silk produced in mammalian cells« veröffentlichten. Forscher hatten erfolgreich Spinnengene in Zellen von Rindern und Hamstern eingesetzt, in denen das Spinnenprotein dann erzeugt wurde. Verantwortlich zeichneten Wissenschaftler der kanadischen Firma Nexia Biotechnologies Inc. sowie ein Materials Science Team des U. S. Army Soldier and Biological Chemical Command in Natick, wo die wichtigste Forschungseinrichtung des amerikanischen Militärs für den Einsatz neuer Materialien angesiedelt ist (berühmt ist etwa ihr »Future Warrior Concept«).

Unter dem Handelsnamen BioSteel wollte Nexia Spinnenfasern für die medizinische, militärische und industrielle Nutzung produzieren. Denn die Eigenschaften der neuen Fasern übertrafen diejenigen von Nylon, der ersten rein künstlich hergestellten Faser, bei weitem: Mit den neuen, gentechnisch gewonnenen Fasern meinte man unter anderem menschliche Sehnen und kugelsichere Westen herstellen zu können. Hatten die Wissenschaftler zuerst noch Spinnenproteine in Kulturen von Säugetierzellen gewonnen, sollten es die Techniken der Transgenetik später ermöglichen, die entsprechenden Gene der Spinne einer Ziege einzupflanzen, welche das besagte Protein in der Milch ausscheiden würde, von der man es dann isolieren könnte. Die Firma Nexia Biotechnologies Inc. existiert heute zwar nicht mehr, dafür haben sich andere Firmen dieses ökonomisch vielversprechenden Produktes angenommen. Auf ihrer Homepage schreibt zum Beispiel die Firma AMSilk, sie könne Biopolymere wie Spinnenseide großtechnisch herstellen – in einer Pressekonferenz im März 2013 präsentierte sie tatsächlich eine Faser, die angeblich ganz ähnliche Eigenschaften aufwies wie Spinnenseide.

Für die Spinnenproteine erscheinen die transgenen Ziegen somit verzichtbar, denn die Spinnengene können auch Bakterienstämmen eingesetzt werden. Dafür spielen die Ziegen in der Medikamentenherstellung eine wichtige Rolle. So kann man seit dem Jahr 2006 rekombinantes Antithrombin in Form des Medikaments ATryn erwerben, auf dessen Beipackzettel zu lesen ist: »Antithrombin alfa ist eine rekombinante Form des humanen Antithrombins und wird durch DNS-Rekombinationstechnik in der Milch transgener Ziegen produziert.« (Anonym 2011) Die Menge an Wirkstoff, die eine solche Ziege in einem Jahr erzeugt, entspricht einer Menge, für die man etwa 50 000 menschliche Blutspender benötigen würde (Anonym 2008). Solange also keine Unverträglichkeit gegen Ziegenmilchbestandteile besteht, handelt es sich um ein für den Menschen verträgliches Medikament.

Wenn Ziegen oder auch Kühe und Schweine zu Bioreaktoren werden, tritt das Tierexperiment in eine neue Epoche ein. Hier muß die Wissenschaftsgeschichte nicht mehr aufzeigen, daß Experimental- und Labortiere Konstrukte oder Akteure sind: Denn in der Transgenetik geht es um nichts anderes als um die Konstruktion lebender Mikroorganismen, Pflanzen und Tiere durch gezielte und direkte Eingriffe in das Genom. Mit den gentechnischen Methoden kann man erstmals Organismen herstellen, die klassische Züchtungsmethoden nicht hervorgebracht hätten. Auch wenn der ontologische Status dieser neuen Wesen noch ungeklärt ist, läßt sich konstatieren: Die Ökonomie wird zum Organisationsprinzip der Biologie.

Damit man mit einem neugeschaffenen Organismus Geld verdienen kann, muß man über ein entsprechendes Patent verfügen, was seit 1980 in den USA auch rechtlich möglich ist. In einem berühmt gewordenen Prozeß vor dem Supreme Court erhielt der Mikrobiologe Ananda Chakrabarty in jenem Jahr das Recht zugesprochen, von ihm gentechnisch hergestellte ölabbauende Bakterien patentieren zu lassen. In ihrer Begründung führten die Richter aus, die Tatsache, daß es sich um lebende Organismen handle, spreche nicht grundsätzlich gegen ihre Patentierbarkeit. Auch im landwirtschaftlichen Bereich steht der ökonomische Nutzen gentechnisch veränderter Organismen im Vordergrund, was jedoch sozialen Zielen keineswegs widersprechen muß. So fordern etwa Ingo Potrykus und Peter Beyer den Einsatz des sogenannten »Goldenen Reises«, der durch die Integration von Genen eines Bakteriums und der Osterglocke bzw. des Maises in das Reis-Genom Beta-Carotin (auch Provitamin A genannt) enthält. Gerade in Ländern, in denen Reis das Hauptnahrungsmittel darstellt, führt Vitamin-A-Mangel häufig zu Blindheit (vgl. für weitere Informationen Golden Rice Humanitarian Board 2005-14). Die transgene Pflanze könnte bereits heute angebaut werden, auf den Philippinen ist der Start des landwirtschaftlichen Einsatzes bereits geplant, allerdings haben sich Gentechnik-Gegner bislang erfolgreich dagegen gewehrt. Immerhin hat inzwischen der Papst ein Säckchen mit Goldenem Reis gesegnet.

Wie folgenreich die Einführung gentechnisch veränderter Pflanzen sein kann, führt der Film *Bitter Seeds* (GB 2011) vor, der dritte Teil von Micha X. Peleds Globalisierungstrilogie. Der Film widmet sich Bauern in Maharashtra und damit in einer Region, die aufgrund der hohen Selbstmordrate als »India's Suicide

Belt« bezeichnet wird. Gentechnisch modifizierte Pflanzen sind sicher nur ein Grund für die hohe Selbstmordrate, der Film zeigt aber den Teufelskreis, in den Landwirte geraten können. Denn die Einführung gentechnisch veränderter Baumwollsamen, es handelt sich um Bt-Baumwolle der amerikanischen Firma Monsanto, die dank der Gene eines Bakteriums insektentötende Toxine erzeugen, zwingt die Bauern zum einen dazu, jährlich neues Saatgut zu kaufen (die Firma bestreitet allerdings den Einsatz der sogenannten »Terminationstechnik«, mit der in Pflanzen die Keimfähigkeit genetisch abgeschaltet wird; Monsanto besitzt allerdings das Patent auf diese Technik, vgl. Monsanto 2014). Zum anderen müssen in hohem Maße Pestizide eingesetzt werden gegen andere, vermehrt auftretende oder gegen resistent gewordene Schädlinge, und zudem benötigen die Pflanzen mehr Wasser und Dünger. In der Regel verfügen die indischen Bauern jedoch nicht über Bewässerungssysteme, und so bleibt in Trokkenperioden die erhoffe Ertragssteigerung oft aus. Da die Bauern meist hohe Kredite aufnehmen müssen, verlieren sie bei ausbleibendem Ernteerfolg ihren gesamten Besitz. Die gentechnisch veränderte Pflanze an sich ist demnach keineswegs das Problem. Der Teufelskreis entsteht erst durch die notwendige Einrichtung der optimalen Bedingungen, in denen diese Pflanzen überhaupt gedeihen können: Pflanzen lassen sich eben nicht einfach aus den Gewächshäusern gentechnischer Firmen in andere Regionen verpflanzen, vielmehr gilt es, die natürlichen, sozialen und auch kulturellen Bedingungen zu berücksichtigen.

Transgene Tiere erscheinen erstmals in den späten achtziger Jahren, die berühmte Onko- oder Harvard-Maus wurde im Jahr 1988 als erstes transgenes Säugetier patentrechtlich geschützt. Heute gibt es Mausmodelle für Prostataerkrankungen, Diabetes, Fettstoffwechsel, Bluthochdruck, AIDS oder Alzheimer. Von kaum zu überschätzender Bedeutung ist hierbei, daß an transgenen Tiermodellen Krankheitsmechanismen sowie die Wirkung von Erregern im lebenden, voll funktionsfähigen Organismus untersucht werden können. Indem man zum Beispiel einzelne Gene abschaltet, können Stoffwechselwege, das heißt sowohl der komplette Kreislauf als auch die Rolle der einzelnen Komponenten, untersucht werden (vgl. Schenkel 2006, 9). Transgene Tiere als Experimentalobjekte konstituieren somit allein aufgrund ihrer Beschaffenheit holistische Forschungsansätze, ohne daß man hierbei für die Erklärung der Ganzheit des Organismus zusätzliche Faktoren annehmen müßte. Damit wird mit ihnen der Gegensatz zwischen den konträren Positionen Reduktionismus und Holismus, denkt man etwa an den Konflikt zwischen molekularer Genetik und Entwicklungsbiologie zu Beginn des 20. Jahrhunderts (→ MOLCH), aufgelöst.

Die Einsatzmöglichkeiten transgener Tiere sind weit gestreut: Fluoreszierende Zebrafische fungieren beispielsweise als Indikatoren für Umweltverschmutzung, wobei das Gen für die Fluoreszenz von marinen Organismen stammt. Wird das Tier hier selbst zum Meßinstrument (→ FROSCH), haben die bunten Zebrafische auch einen anderen Markt erobert: In einigen asiatischen Ländern und in den USA sind sie beliebte Aquariumsfische. Diskutiert wird der Einsatz transgener Tiere weiterhin in der Xenotransplantation, denn ein in Organspenderschweine eingesetztes menschliches Gen könnte die Abstoßung des Organs durch das Immunsystem verhindern. Während sich die Xenotransplantation aber noch im Status der Grundlagenforschung befindet, ist der Einsatz transgener Tiere in der Lebensmittelindustrie schon heute attraktiv. Der transgene Atlantiklachs der biotechnologischen Firma Aqua-Bounty Technologies wächst doppelt so schnell wie normale Atlantiklachse. Der sogenannte »AquAdvantage® Salmon« enthält, wie die Homepage der Firma im Juni 2012 berichtet, Gene des Königslachses für die Produktion von Wachstumshormonen sowie einen Promoter (einen DNA-Abschnitt, der die Expression eines Gens reguliert) des *ocean pout*, einer Aalart. Der derzeitige Streit um die Zulassung des transgenen Lachses durch die amerikanische Lebensmittelbehörde zwischen Wissenschaftlern, Anwälten, Verbraucherschutz- sowie Umweltgruppen und der Firma führt die grundlegenden Argumentationen vor: Sehen die einen Gefahren für die natürlichen Lachsbestände, die Umwelt, die Gesundheit und die Märkte und beanstanden außerdem die mangelhafte Datenlage, nehmen die anderen für sich in Anspruch, mit dem Lachs einen Beitrag zur Befriedigung des weltweit wachsenden Nahrungsmittelbedarfs ökologisch nachhaltig leisten zu können, nicht zuletzt sei Lachs eine wichtige Quelle für Proteine und Omega-3-Fettsäuren. Die Entscheidung der Lebensmittelbehörde wird auf jeden Fall zukunftsweisend sein, denn AquAdvantage® Salmon wäre das erste als Nahrungsmittel zugelassene transgene Tier. Dabei stellt sich allerdings schon angesichts der Bezeichnung die Frage, ob dieser Lachs, in bezug auf den alleine die Firma Aqua Bounty über ein Patent verfügt, überhaupt ein Tier ist.

Eine nähere Bestimmung des ontologischen Status transgener Tiere bietet eine *Richtlinie des europäischen Rates und Parlamentes* zur Freisetzung genetisch veränderter Organismen aus dem Jahr 2001. Sie gibt folgende Definition:

> Im Sinne dieser Richtlinie bedeutet:
> 1. »Organismus«: jede biologische Einheit, die fähig ist, sich zu vermehren oder genetisches Material zu übertragen;
> 2. »genetisch veränderter Organismus (GVO)«: ein Organismus mit Ausnahme des Menschen, dessen genetisches Material so verändert worden ist, wie es auf natürliche Weise durch Kreuzen und/oder natürliche Rekombination nicht möglich ist. (Europäisches Parlament und Rat der Europäischen Union 2001).

Transgene Organismen sind demnach per definitionem lebende Organismen, die auf natürlichem Weg nicht entstanden wären. Zwar keine Homunkuli, doch völlig neue Bakterien, Pflanzen und Tiere werden solchermaßen in den Labors der Genetik fabriziert, Organismen, die noch lange vor dem Eingriff in die menschliche Keimbahn Konsequenzen für den Menschen haben – auch wenn die erwähnte Richtlinie ihn ausdrücklich ausklammert.

Gentechnisch veränderte Organismen lösen die Grenze zwischen Naturkörper und Artefakt, zwischen Organismus und Maschine auf, weshalb die oben genannte Definition nicht ausreichen kann: Transgene Organismen sind Artefakte und können sich doch selbst vermehren, sie werden im Labor erzeugt und sind doch fähig, in ihrer jeweiligen Umwelt zu überleben. Transgene Organismen sind demnach positioniert in einem semantisch zuallererst neu zu organisierenden Grenzraum. So hat zum Beispiel die Philosophin Nicole Karafyllis den von dem Tierpräparator Bruno M. Klein 1943 geprägten Begriff »Biofakt«

aufgenommen und ihn als Erweiterung der Aristotelischen Unterscheidung von natürlichen Dingen und Artefakten eingeführt, wobei sie den Aspekt des Wachstums hervorhebt: »Biofakte sind phänomenologisch betrachtet Lebewesen, weil man sie wachsen sieht und sie wie traditionelle Bekannte aussehen, aber sie sind in ihrem Wachsen und Werden nicht autonom, d. h. eigengesetzlich. Der Kern ihrer Wesenhaftigkeit, die ersten Wachstumsbedingungen, wurde verändert.« (Karafyllis 2003, 15 f.) Da allerdings unter das Kriterium der Veränderung der ersten Wachstumsbedingungen sehr vieles fällt, vom gentechnischen Eingriff über In-Vitro-Fertilisation bis zur traditionellen Züchtung, sind die Ränder dieses Begriffes äußerst unscharf. Auf jeden Fall aber führt Karafyllis' Versuch vor, daß mit der Technisierung des Lebendigen die Unterscheidung von Natur und Technik und damit von natürlichen und künstlichen Dingen nicht mehr funktioniert und demnach neu organisiert werden muß.

Wie die transgenen Organismen, so befinden sich auch die Wissenschaft Transgenetik sowie die ethischen und rechtlichen Diskussionen um ihre möglichen Anwendungen in einem noch offenen Zwischenraum. Denn zwar ist heute in der Transgenetik schon vieles möglich, doch vor allem basiert diese Wissenschaft auf einer Reihe von Zukunftsversprechen: etwa dem Versprechen, die Herstellung transgener Schweine ermögliche die Xenotransplantation, welche dann menschliche Organspenden überflüssig mache; oder die Behauptung, real existierende Hungerkatastrophen ließen sich durch neue transgene Getreidesorten verhindern – wobei solche Verheißungen zentrale Argumente für die finanziell aufwendigen Forschungen liefern. Ebenfalls noch ausschließlich in der Zukunft liegt die Frage nach gentechnischen Eingriffen in die menschliche Keimbahn, denn die oben erwähnte EU-Richtlinie schließt den Menschen ausdrücklich in ihrer Definition gentechnisch veränderter Organismen aus – wie aber unser *Bestiarium* aufgezeigt hat, schließen das Wissen von Tieren und die unterschiedlichen an Tieren angewandten Praktiken den Menschen immer schon mit ein.

2. Pigoon

> In der Tradition ›»westlicher«‹ Wissenschaft und Politik, der Tradition des rassistischen und patriarchalen Kapitalismus, des Fortschritts und der Aneignung der Natur als Mittel für die Hervorbringung von Kultur, in der Tradition der Reproduktion des Selbst durch die Reflexion im Anderen, hat sich die Beziehung von Organismus und Maschine immer als Grenzkrieg dargestellt. Die umkämpften Territorien in diesem Grenzkrieg sind Produktion, Reproduktion und Imagination. Dieser Essay ist ein Plädoyer dafür, die Verwischung dieser Grenzen zu *genießen* und *Verantwortung* bei ihrer Konstruktion zu übernehmen.
>
> *Haraway 1995, 34 f.*

Wissensformen wie die Transgenetik oder die Synthetische Biologie legitimieren sich vor allem durch ihren Zukunftsbezug, also durch die Möglichkeiten, die eines Tages mit ihrer Hilfe möglich werden könnten. Wie sich damit in diesen naturwissenschaftlichen Disziplinen die reale Arbeit im Labor mit einem futurisch Imaginären verbindet, so besetzt auch die sogenannte *transgenic art* gezielt einen Ort zwischen Kunstraum und Labor.

Eingeführt hat den Begriff *transgenic art* der brasilianische Künstler Eduardo Kac im Jahr 1998. Bereits mit dem ersten Satz des gleichnamigen Essays bringt er sein Anliegen auf den Punkt: »New technologies culturally mutate our perception of the human body from a naturally self-regulated system to an artificially controlled and electronically transformed object.« (Kac 1998, o. Pag.) Diesem Objekt widmet sich die transgene Kunst, indem sie mit Hilfe der Gentechnik Gene von einem Organismus auf einen anderen überträgt. Kunst besteht somit in der Erschaffung eines einzigartigen neuen Lebewesens, vor allem aber sei diese neue Kunst definiert durch die Beziehung zwischen Künstler, Öffentlichkeit und transgenem Organismus: »Organisms created in the context of transgenic art can be taken home by the public to be grown in the backyard or raised as human companions. With at least one endangered species becoming extinct every day,

Abb. 1: Eduardo Kacs *Genesis*-Installation.

I suggest that artists can contribute to increase global biodiversity by inventing new life forms.« (Ebd.)

Kunst ist hier tatsächlich zu einem Akt der Schöpfung geworden, in dem lebendige Wesen zugleich Material sind und als solches in einer Reihe mit Materialien wie Marmor, Stein, Stoff oder Leinwand stehen. Die Medialität dieser Kunst, nämlich daß ein Bakterium oder ein Hund überhaupt den Status des zu bearbeitenden Materials einnehmen kann und gentechnische Verfahren zum Einsatz kommen, unterläuft dabei nicht zuletzt die Unterscheidung von Kunst und Wissenschaft.

Kac wendet diesen Schöpfungsvorgang freilich selbst wieder ironisch, wie sein im Rahmen der Ars Electronica 99 entstandenes Genesis-Projekt zeigt. Er übertrug einen Satz aus der Genesis (»Herrschet über die Fische im Meer und die Vögel unter dem Himmel und alles Getier, das auf Erden kriecht«, zitiert nach Kac 2011, 128) in einen Morsecode und diesen Code dann in eine Abfolge der Basenpaare der DNA (nach einem von ihm entwickelten Prinzip, vgl. dazu ausführlich: Reichle 2005, 52 ff.). Dieses »Genesis-« bzw. »Künstler-Gen« (Kac 2011, 128) setzte er in Bakteriengenome ein. Dabei reflektierte Kacs Projekt auch die mediale Vermittlung des Zugriffs, denn Beobachter konnten (über eine Computertastatur direkt an der Installation oder über das Internet) das ultraviolette Licht ein- und ausschalten und damit Mutationen in den Bakterien verursachen. Die mutierte DNA wurde in das Morsealphabet rückübersetzt und dann ins Englische übertragen. Diese Änderung der Erbsubstanz läßt sich als Symbol für die Evolution ansehen, zugleich aber unterminiert sie den von der Bibel legitimierten Herrschaftsanspruch des Menschen über die Natur sowie die scheinbare Kontrolle des Experimentators/Künstlers (sowie auch Beobachters!) über sein *Material* und läßt dem Zufall seinen Lauf.

Während die Künstler der *transgenic art* in die Labore einwandern und selbst transgene Organismen herstellen, wendet sich die Literatur der symbolischen Ordnung der Transgenetik zu. So knüpft die Romantrilogie *Oryx and Crake* (2003), *The Year of the Flood* (2009) und *MaddAddam* (2013) der kanadischen Autorin Margaret Atwood an den erwähnten doppelten Grenzraum an, in dem transgene Tiere zwischen Artefakt und Lebewesen sowie die Transgenetik als reale und zugleich imaginäre Wissenschaft angesiedelt sind: Zum einen führen die Romane vor, wie sich durch und mit transgenen Organismen ökonomische und soziale Bereiche neu gestalten lassen, zum anderen, wie die Transgenetik die Zukunft erzählt.

Für die Wissenschaftler in Atwoods Universum ist das Tiere-Erschaffen eine spaßige Angelegenheit, bei der sie sich wie Gott fühlen. Dabei sei es, wie diese Wissenschaftler berichten, zwar auch zur Entstehung gefährlicher Zeitgenossen gekommen, zum Beispiel einer Kröte mit einem Greifschwanz, die Gift verspritzt, oder zu einer *snat*, einer Kreuzung aus Schlange und Ratte. Erfolgreich war dagegen das *rakunk*, eine Mischung aus Waschbär und Stinktier, das, ungefährlich, geruchlos, ruhig und süß, zu einem beliebten Haustier wird. Von ökonomischer Bedeutung sind die *pigoons*, Organschweine, in denen Forscher menschliches Gewebe für Organtransplantationen züchten, die aber auch zu Lebensmitteln verarbeitet werden. Überhaupt spielt die Lebensmittelherstellung eine wichtige Rolle: Besonders beliebt sind die *ChickieNobs*, die von Hühnern gewonnen werden, die fast nur aus Brust bestehen, alle anderen Organe sind zurückgebildet, selbst das Schmerzempfinden ist abgeschaltet. Auch religiöse Gruppen nutzen die Techniken der Transgenetik, so stellt eine Sekte aus der Verbindung von Löwe und Lamm *liobams* her, und natürlich fungieren transgene Organismen als Waffen: *wolvogs* wurden gezüchtet, um zu täuschen, sie sehen zwar niedlich aus, in Wirklichkeit sind sie jedoch tödlich. Und schließlich bevölkern weitere transgene Mikroorganismen den Roman, manche verarbeiten Straßenasphalt zu Sand, andere fressen Menschen von innen her auf.

Weil somit Techniken der Herstellung transgener Tiere bzw. Bioreaktoren sowie deren kommerzielle und militärische Verwertung – und eben nicht die wissenschaftliche Erkenntnis um ihrer selbst willen – im Vordergrund stehen, ist das Wissen der Transgenetik in Atwoods Romanen zwangsläufig geheimes Wissen. Das, was einmal die Gelehrtenrepublik ausmachte, die Veröffentlichung von Wissen, die Nachvollziehbarkeit wissenschaftlicher Experimente oder der offene wissenschaftliche Disput, ist obsolet geworden. Wissen untersteht ausschließlich dem Zweck der Verwertbarkeit. Notwendig ist daher die militärische Abschirmung der Forschungsinstitute, vor allem weil Konkurrenten versuchen, hochrangige Forscher zu entführen. Wie vor diesem Hintergrund zu erwarten ist, sind auch die Methoden der Firmen und Institute entsprechend kriminell. Geheimabteilungen stellen neue Erreger her, die sie in der Bevölkerung ausstreuen. Wenn sich die Krankheit ausgebreitet hat, verkauft man dann zu hohen Preisen das entsprechende Medikament. In ihren Zukunftsfiktionen führt Atwood also die Folgen eines sich unter den Bedingungen einer nicht mehr funktionierenden oder gar ausgesetzten Ethik und eines fragwürdigen Rechtssystems entfaltenden radikalen Neoliberalismus vor.

Folgt man Atwoods Romanen, dann vollzieht sich gerade unter der Bedingung der Geltung der in der erwähnten EU-Richtlinie formulierten Einschränkung »mit Ausnahme des Menschen« ein fundamentaler Wandel der sozialen Beziehungen und ökonomischen Strukturen (die Schaffung der neuen Menschenrasse, der *Craker*, erfolgt im Buch als *Reaktion* auf die gesellschaftlichen Mißstände), das heißt: Die Grenze zum Menschen soll zwar aus technischen, ethischen und rechtlichen Gründen stabil gehalten werden – allerdings ist die Erzeugung und Anwendung transgener Tiere immer schon eine Überschreitung dieser Grenze. Dabei sind die transgenen Organismen, die als Haustiere, religiöse Symbole, Waffen, Organersatzlager oder Fleischlieferanten auftreten, nicht nur passive Objekte, sondern zugleich Akteure: Sie generieren und steuern das gesamte Feld des Sozialen. Atwood liefert keineswegs eine, wie Dietmar Dath (2003, 32) meint, aus »Hausfrauensorgen herausextrapolierte Fabelwelt«, vielmehr entfaltet sie das wissenschaftlich-politisch Imaginäre der heutigen Synthetischen Biologie in seiner komplexen Verflechtung von Wissenschaft, Ökonomie und Militär.

Die Reflexion auf die Wissensform Transgenetik und deren Einsatzmöglichkeiten erfolgt demnach im Modus einer Zukunftsfiktion, weil diese einen Experimental- und Möglichkeitsraum bildet (allg. dazu Horn 2010). In ihrem Essay »Writing Utopia« schreibt Atwood:

> The details then, vary, but the Utopia-Dystopia as a form is a way of trying things out on paper first to see whether we might like them, should we ever have the chance to put them into actual practice. In addition, it challenges us to re-examine what we understand by the word human, and above all what we intend by the word freedom. (Atwood 2005 [1989], 95)

Die Dystopien *Oryx and Crake*, *The Year of the Flood* und *MaddAddam* deklinieren solchermaßen im Modus der Narration die sozialen und politischen Konsequenzen der Transgenetik durch, indem sie das, was heute in der Forschung noch als Zukunftsvision erscheint, literarisch entfalten.

Die Zukunftsfiktionen versteht Atwood aber keineswegs nur als Spielräume für die Darstellung neuer wissenschaftlicher Techniken und alternativer Sozialformen, sondern immer auch als politische Interventionen, etwas salopp formuliert sie: »Dystopias are […] like […] dark shadows cast by the present into the future. They are what will happen to us if we don't pull up our socks.« (Ebd., 94) Es gilt insofern, den Schatten, den die Gegenwart auf die Zukunft wirft, in politisches Handeln zu übersetzen. Mit dem Soziologen Robert Merton läßt sich hier von *suicidal prophecies* sprechen: Die Vorhersage zielt auf die Änderung menschlichen Handelns, so daß das, was die Zukunftsaussage behauptet, nicht eintrifft. Die Prophezeiung zerstört sich selbst (vgl. Merton 1948, 196). Auch wenn den Dystopien die Auslösung einer tatsächlichen Umstellung menschlichen Verhaltens in der Regel nicht gelingt, so markiert dieser Anspruch doch deren politischen Kern. Im Falle von Atwoods drei Büchern wird der politische Anspruch nicht zuletzt an deren Vermarktung deutlich. So bietet die Homepage zu *The Year of the Flood* (Atwood 2013) nicht nur die Gelegenheit, T-Shirts und Taschen zu kaufen, wobei der Erlös gemeinnützigen Umweltorganisationen zugute kommt, sondern sie liefert auch Informationen darüber, wo man nachhaltig angebauten Kaffee einkaufen kann, wie man Pilze züchtet oder soziale Bewegungen organisiert. Es geht um das Ergreifen der politischen Initiative, welche das Ziel hat, die im Buch formulierte Prophezeiung nicht eintreten zu lassen. Mögliche Zukunftsszenarien organisieren solchermaßen die Auseinandersetzungen um die Transgenetik: Die Zukunft wird zum umkämpften Terrain. Im Gegensatz zu Atwoods düsteren Szenarien ist die Synthetische Biologie, zu der auch die Teildisziplin Transgenetik zählt, denn auch getragen von positiven Zukunftsversprechen.

Die Synthetische Biologie, das heißt die Herstellung völlig neuer, in der Natur nicht vorkommender Moleküle, Stoffwechselwege oder Organismen, führt verschiedene naturwissenschaftliche Disziplinen (Molekularbiologie, Chemie, Biotechnologie, Informationstechnologie) zusammen und, wie es in einer gemeinsamen Stellungnahme der Deutschen Forschungsgemeinschaft, der Deutschen Akademie der Technikwissenschaften und der Deutschen Akademie der Naturforscher Leopoldina heißt, »verfolgt dabei ingenieurswissenschaftliche Prinzipien« (Deutsche Forschungsgemeinschaft 2009, 7). Die Biologie wird zur Ingenieurswissenschaft, der Biologe zum Bastler, der *bio-bricks*, einzelne DNA-Bausteine, herstellt und beliebig zusammensetzt. Demgemäß bedarf es auch einer Änderung der Ausbildungssysteme. Biologen müßten sich Kenntnisse der Informatik und Ingenieurswissenschaft aneignen, und deren Vertreter wiederum benötigten Einblicke in die Physiologie und Biochemie lebender Organismen (ebd., 25).

Die Biologie ist damit endgültig in das Zeitalter des Konstruktivismus eingetreten, zumal es mit der Synthetischen Biologie gelingen könnte, »neue Stoffe und Systeme, zum Beispiel neuartige polymere Moleküle, Gewebe, ganze Zellen und Organismen« zu schaffen (ebd., 11). Für letztere gilt, daß es gelingen »kann«, Organismen herzustellen, »die nur unter kontrollierten Bedingungen überleben können« (ebd., 7). Somit legitimiert sich die Synthetische Biologie, die sich noch auf der Ebene der Grundlagenforschung befindet, vor allem durch Zukunftsversprechen, durch Erwartungen, Möglichkeiten und Hoffnungen. Dabei stehen mögliche Anwendungen im Vordergrund, womit es zu völlig neuen Verbünden kommt. So ist in der zitierten Stellungnahme beispielsweise die Rede von der Herstellung eines kostengünstigen Malariamittels, an dem derzeit die NGO One World Health, das Biotechnologieunternehmen Amrys, die Bill Gates Foundation und der Pharmakonzern Sanofi-Aventis arbeiten. Daß es jedoch nicht nur um Humanität geht, zeigt sich an der Problematik der Patentierung: Denn wenn die Patentierung »neuer« Organismen vom Gesetzgeber verboten würde, bestünde für die an Gewinnen naturgemäß interessierten Unternehmen keine Motivation, in die Forschung und Produktion von Molekülen oder Organismen zu investieren. Umgekehrt kann die Patentierung zur Monopolisierung und damit Kostensteigerung führen, man denke etwa an die Geschichte der ersten patentierten Maus, der Onko-Maus.

Wie die transgenen Tiere den Konstruktcharakter der Experimentalobjekte vorführen und damit wissenschaftstheoretische Bestimmungen hinter sich lassen, so reflektieren die Akteure der Synthetischen Biologie auch die sprachliche Seite dieses neuen Dispositivs: Ausdrücke wie »lebendige Maschinen« seien problematisch, weil sie die »Grenze zwischen Lebendigem und ›toter Materie‹« zu verwischen scheinen, es bedürfe einer »möglichst eindeutigen Abgrenzung gegen das Nichtlebendige« (ebd., 40). Die Frage der sprachlichen Benennung ist aber nicht ohne Grund noch ungelöst: Die Synthetische Biologie wie auch die Transgenetik erzeugen nämlich etwas, das weder eindeutig Organismus noch eindeutig Maschine ist. So entsteht ein regelrechter Chiasmus: Wie lebende Organismen nun auch im realen – und eben nicht wie noch bei Pawlow oder anderen im metaphorischen – Sinn zu Maschinen werden, so werden Maschinen umgekehrt zu Organismen, die sich selbst fortpflanzen können. Die Grenze zwischen lebender und toter Materie läßt sich im postbiologischen Zeitalter nicht mehr eindeutig festlegen, für deren Akteure muß eine neue Seinsklasse erfunden werden (→ Insbot).

Daher ist die Aussage, die derzeitige Situation der Synthetischen Biologie sei in vielerlei Hinsicht vergleichbar mit den »very early days in the development of the computer industry«, wie es in einem Bericht des von der EU geförderten Forschungsprogramms New and Emerging Science and Technology (Europäische Kommission 2005, 12) heißt, sicherlich zutreffend. Zu erwarten ist wohl nicht nur ein völlig neues Feld für Forschung und Industrie, sondern ebenso eine Monopolisierung von Wissen und Techniken. Eine generelle Verdammung der Synthetischen Biologie und der Transgenetik wäre jedoch genauso fehl am Platz wie ein blinder Optimismus. Da sich diese Entwicklung ohnehin nicht aufhalten läßt, geht es vielmehr um die *politische* Auseinandersetzung mit diesen neuen Wissensformen, Techniken und machtvollen industriellen Verbünden. Denn entscheidend ist, daß die Idee, eine Etablierung der Synthetischen Biologie und der Transgenetik ließe sich vollziehen unter der Direktive »mit Ausnahme des Menschen«, eine Illusion darstellt. Es bedarf nicht erst der posthumanistischen Visionen von Mensch-Maschine-Systemen oder neuen Menschenrassen, da bereits die Transformation von Tieren in Bioreaktoren unsere soziale Wirklichkeit und damit unsere Selbstbestimmung als »Mensch« verändert.

B. B.

Draht

Die von dem Dichter selbst erhaltene Verskurve für *Das Buch* zeigt eine glatte geschliffene Lautfolge und ergibt eine bewegliche Sprachmelodie mit biegsamem Rhythmus. Diese Eigenschaften passen genau zu dem gemütlichen Charakter des Dichters selbst.

Scripture 1928, 251

Die damit in Verbindung stehenden Sieverschen Drahtfiguren, deren Anblick den Sänger zum richtigen, stilgemäßen Vortrag eines Liedes anleiten soll, kann ich leider nur als eine unbegreifliche Selbsttäuschung des berühmten Germanisten und Phonetikers einschätzen.

Stumpf, zitiert nach Meyer-Kalkus 2001, 107

Natürlich hat der Draht seine eigene Wirtschafts- und Technikgeschichte. Wann wer aus welchen Gründen und mit welchen Mitteln der Metallverarbeitung zum Drahtzieher wurde, wie es gelang, die Verfahren von der schweißtreibenden Handarbeit in der Manufaktur bis hin zur industriellen Großfertigung immer weiter auszudifferenzieren, all das könnte Gegenstand eines Beitrags sein, wie er im Führer eines Drahtmuseums seinen legitimen Ort hätte. Fernab einer solchen Geschichte steht die der jeweiligen Verwendung des Drahts (vgl. Düttmann/Sensen 2001). Und die beschert ihm eine Karriere, die nicht nur zu erwartbaren Drahtseilen und Transformatoren, Kettenhemden und Supraleitern, sondern auch zu weniger erwartbaren Aspekten führt. Um es gleich vorwegzunehmen: Die Stoffgeschichte des Drahtes bliebe ohne die Erzählung seiner kulturellen Phantasmatik und diese wiederum ohne die Sozialgeschichte der modernen Individualisierung unvollständig. In der Biegsamkeit des Drahtes findet die flexible Ausgestaltung des modernen Individuums seinen materialen Niederschlag. Weil diese wechselseitige Informierung legitimer Teil seiner Wissensgeschichte ist, soll sie hier im folgenden kurz erzählt werden – entlang einer Verwendung, die für den besagten Zusammenhang sachdienlich war, wenngleich ihr Anlaß selbst nur ein Strohfeuer in der Ordnung des Wissens blieb.

Gegen Ende der vorvorletzten Jahrhunderts, mithin zu einer Zeit, als die Ausdifferenzierung von Natur- und Geisteswissenschaften und mit ihr die Zählspiele um die Zahl der Wissenschaftskulturen zu beginnen begannen (vgl. dazu Snow 1967), erregte das Verfahren der sogenannten Schallanalyse die Gemüter der Zeitgenossen. Sein Erfinder war der deutsche germanistische Mediävist und Sprachwissenschaftler Eduard Sievers (1850-1932). Für ihn gilt, daß sowohl gesprochene als auch geschriebene Sprache im Sinne der Schallanalyse nachweisbare Spuren ihrer Verankerung in einem lebenden Organismus tragen. Weil diese Fundierung im Körper sowohl für die originale Herstellung als auch für mögliche Reproduktionen gelten soll, erscheint die Schallanalyse als Lösung für ein akutes Methodenproblem innerhalb des Disziplinengefüges: Sie verheißt den notorisch als subjektiv verschrienen Geisteswissenschaften den ersehnten Status der Objektivität (vgl. zu Sievers und der Schallanalyse ausführlich Rieger 2009). Anläßlich eines selbstexplikativen Vortrags aus dem Jahr 1924 hebt Sievers zwei Punkte besonders hervor.

> Erstens: Die Schallanalyse will versuchen, mit Hilfe planmäßig durchgeführter psychisch-physiologischer Reaktionsversuche festzustellen, unter welchen psychisch-physiologischen Bedingungen überhaupt geformte menschliche Rede zustande kommt und welche auch ungeschriebenen spezifischen Eigenschaften sie demgemäß besitzt. Dabei ist es einerlei, ob es sich um mündlich produzierte und demnach gehörte Rede handelt oder um Rede, die nur in schriftlicher Überlieferung vorliegt, also erst klingend reproduziert werden muß, ehe man an die eigentliche Untersuchung gehen kann. In beiden Fällen hat zweitens die Schallanalyse sich des Hilfsmittels der klingenden Reproduktion zu bedienen. Sowohl das Gehörte als auch das mit den Augen Gelesene ist also nachzusprechen (bzw. zu singen usw.), und zwar einmal instinktiv nach dem Eindruck, den man unbewußt bekommen hat, dann aber auch in bewußter Variation, damit man dabei beobachten und beurteilen lerne, inwiefern etwa diese Variation den Charakter des Vorgetragenen verändert. (Sievers 1924, 69 f.)

LAUTAUFNAHME DER SIEVERS'SCHEN TYPEN.
Herrn Geheimrat Sievers zu seinem 75. Geburtstage in herzlicher Erinnerung an die Lautaufnahmen in seiner Wohnung, Frühjahr 1925. Wilhelm Doegen.

Abb. 1: Eduard Sievers im Einsatz nach Germanica 1925.

Damit ist das phantasmatische Potential umrissen und in seinen Grundzügen erahnbar. Sprache, egal ob aktuell gebraucht oder welchen entlegenen Überlieferungszusammenhängen auch immer geschuldet, trägt Spuren des Körpers ihres Sprechers. Diese physiologische Erblast eines als einmalig konzeptualisierten Organismus gilt als unhintergehbar. Und es gibt Möglichkeiten, dieser Regelmäßigkeiten im Rahmen planmäßig durchgeführter Versuche objektiv habhaft zu werden. Es ist die sogenannte klingende Reproduktion, mittels derer die Schallanalytiker den psycho-physischen Bedingtheiten jeder geformten Rede auf die Schliche kommen wollen. Weil gilt, daß dieser Weg sowohl dann zu beschreiten ist, wenn die geformte Rede sowohl in mündlicher als eben auch in schriftlicher Form vorliegt, wird das Verfahren von der Verlaufszeit lebender Körper entkoppelt. Seiner Anwendung auf beliebig weit zurückliegende Gegenstände steht somit nichts im Wege – von der Bibel bis zur *Odyssee*, von der *Edda* bis zum *Parzival* (vgl. dazu etwa Sievers 1912 und 1921).

Eine bloße und als objektiv geltende Verfahrenstechnik soll darüber befinden, was keinem Positivismus in dieser Form zugänglich ist: über die für die Philologie so entscheidende Frage nach dem Autor. Derlei Klärung bei hochgradig unsicherer Daten- und Quellenlage zu verheißen, wird zum spektakulären Fluchtpunkt und vermag ein Aufsehen zu erregen, das weit über die Philologien hinausreicht. Um allerdings dorthin zu gelangen und damit schlußendlich auch dem Draht die nötige Referenz zu erweisen, bedarf es mehrerer Zwischenschritte und Vermittlungsstufen. Eine sehr weitreichende Vorannahme verschränkt dazu Körper und Repräsentation auf eine Weise, in der das sowohl datentechnische als auch operative Fundament begründet liegt.

Es zeigt sich nämlich bei weitergehender Untersuchung, daß jeder psychische Bewegungsvorgang sich nach außen hin in Gestalt einer körperlichen Begleitkurve projizieren läßt, und zwar immer nur in einer einzigen, also wieder spezifischen Art, mit Ausschluß aller andern Arten, wenn man nicht Hemmungen hervorrufen will. Mit diesen Begleitkurven mögen also auch unsere Einzelbetrachtungen beginnen. (Sievers 1924, 70 f.)

Mit dieser Gleichsetzung von Verallgemeinerung, Eineindeutigkeit und der Externalisierung in Form einer nach außen projizierten Kurve sind die Grundlagen für die weitere Durchführung benannt. Die Umsetzung des Verfahrens, also die klingende Reproduktion, besteht in ihrer einfachsten Variante darin, Texte von Versuchspersonen lesen (oder im weitesten Sinne aufführen) zu lassen und dabei deren Körperhaltung, Bewegung, Stimmführung und andere motorische Details in der Zeit technisch aufzuzeichnen – mittels eines Medienverbunds, bestehend aus Laryngographen, Phonographen oder Kinematographen. Das mittels klingender Reproduktion erhobene Datenmaterial gerät in einem nächsten Schritt an das Reich der Menschenwissenschaften und ihrer diversen Typenbildungen, wie sie die differentielle Psychologie variantenreich ausarbeitet. Jene Typenbildung, auf die Sievers zurückgreift, modelliert ihr Wissen in Form sogenannter *Personalkurven*, wie sie der Musikwissenschaftler Gustav Becking (1894-1945) zur Verfügung stellt – weswegen sie synonym auch Beckingkurven hießen.

Becking seinerseits gewinnt diese Kurven in Untersuchungen über den musikalischen Rhythmus und im Anschluß an Sievers,

Typus	Der vorklassische Rhythmus in Deutschland					
	Barock (kursorisch)			Aufklärung		
	Generation von 1580	–	Generation von 1680	Rokoko	Rationa-lismus	Sturm und Drang
I			 Arm! Die Abstriche barock aus-höhlend **Händel**			
II	 Schulter! starr **Schütz**		 Arm! Gebunden schwingend **Telemann**	 Hand! Frei schaukelnd **Hasse**	 Ohne Schnörkel. Schlicht **Ph. E. Bach**	
III	 Schulter! starr **M. Franck**		 Arm! Die Abstriche barock aus-höhlend **J. Seb. Bach**		 Nicht aus-höhlend. Spröde **Gluck**	 Ex-plosionen **Stamitz**

Abb. 2: Typenschema nach Becking 1928.

dessen Verfahren er bei ihm in Leipzig persönlich kennengelernt hat (vgl. dazu Becking 1928). Doch wie bei solchen Gelegenheiten immer wieder zu beobachten ist, verselbständigt sich das Grundanliegen über die Kasuistik der anfänglichen Fragestellung hinaus und verläßt den eingeschränkten Geltungsbereich musikwissenschaftlicher Details, um im Hypertrophen zu enden. In ihrer gänzlich unbescheidenen Universalisierung taugt sie Becking zu nichts weniger als zu einem geschlossenen Erkenntnissystem. »Sie – die Schallanalyse – stellte sich indessen nur als Bruchteil eines sich plötzlich schließenden Erkenntnissystems heraus.« (Ebd., 17)

Um die Erkenntnis in Form und damit den Draht ins Spiel zu bringen, muß einer sehr viel breiteren Operationsbasis Raum gegeben werden. Dies geschieht bei Becking unter Verweis auf zwei weitere Protagonisten: Joseph Rutz und Herman Nohl. Ausgehend von der Gesangslehre identifiziert der singende Zollinspektor Rutz drei körperliche Grundhaltungen, mit denen der Körper bei der Reproduktion den Vorgaben des Liedes oder eben auch des zu sprechenden Textes folgt. Auf der Grundlage dieser als unhistorisch geltenden Typen errichtet er ein Typenschema, das in seiner Universalisierung nichts nicht zum Gegenstand hat und das ein vielbeachteter Teil im allgemeinen Typisierungsbemühen der Moderne war. Vermarktet durch einen findigen Familienverbund, gelingt es dem Rutzschen Typenschema eine Aufmerksamkeit zu erzeugen, die in Rutz-Abenden die popularisierende Verbreitungspraxis nachmaliger Tupperware-Parties vorwegnimmt. Aber auch um den Anschluß an universitäre Autoritäten ist man bemüht, und so führt sie ihr Streben nach Legitimierung bis in die Höhen hermeneutischer Einzelkonzepte – und namentlich zu Wilhelm Dilthey als einem der prominentesten Vertreter einer wissenschaftlich fundierten Verstehenslehre. Im Rückgriff auf derlei Gewährsleute soll es nach dem überbordenden Selbstverständnis der Betreiber möglich sein, ganze Epochen und schlußendlich ganze Weltanschauungen auf Kurvenform zu bringen, wie es der Pädagoge und Philosoph Herman Nohl verheißt (vgl. dazu Nohl 1920).

Wie Sievers in seinem Zweipunkteplan deutlich macht, will er über bloße Beschreibung und Typenbildung hinaus den objektiven Nachweis der Wirksamkeit dieser Kurven erbringen. Dazu müssen die kulturellen Relikte aus Literatur oder Musik formalisiert und versprachlicht werden. Zur Beschreibung des Runden und Eckigen, des Kreisens oder Schleifens, des Drehens oder der Geradlinigkeit entwickelt er eine eigene Nomenklatur mit graphischen Siglen, die eine entsprechende Handhabung der Bewegungsformen erlaubt. Von der Beschreibung und der graphischen Darstellung ist es so nur noch ein Schritt hin zu ihrer Externalisierung (vgl. zur Bewegungsmodellierung mittels Draht im Rahmen von Pädagogik und Betriebswirtschaft Gilbreth/Gilbreth 1920). Unter Ausnutzung der Materialeigenschaften nehmen die Kurven im Draht vorzeigbare Gestalt an. Sievers macht sich dessen Biegsamkeit operativ zunutze, um die Freiheitsgrade umzusetzen, die den jeweiligen Kurven eignen: »Die Zeichen [oder Signale] bestehen, wie Sie sehen, einfach aus gebogenen Messingdrähten, an deren Enden vielfach (aber durchaus nicht immer) Pfeilspitzen angebracht sind, die auf den Beschauer eine gewisse Zugwirkung ausüben.« (Sievers 1924, 103)

Wollte man dem weiteren Verlauf seines Demonstrationsvortrags von 1924 folgen, so würde dies ebenso schnell wie einfach in eine wohlfeile Karikatur münden. Selbstredend ruft Sievers sein Publikum zum Mitmachen und das heißt zur nachvollziehenden Miteinfühlung auf. Jenseits der nachvollziehenden Miteinfühlung und all der Folgeprobleme, die um die methodische Diskrepanz zwischen behaupteter Objektivität und den Abgründen an Subjektivität kreisen, sollen experimentelle Reaktionsversuche Aufschluß über die komplexe Form der Datenverarbeitung geben. Dazu wird der Draht endlich wirksam, löst er doch bestimmte nachprüfbare Reaktionen aus – jedenfalls im Weltbild der Schallanalytiker. In diesem vorerst letzten Schritt werden die Daten nach ihrer Erhebung, nach ihrer Weiterverarbeitung an die Körper von Probanden weiterverwiesen und mit diesen rückgekoppelt. Unter dem Titel »Stimmgebungsstudien. Der Einfluß der Siever'schen Signale und Bewegungen auf die Sprachmelodie. Experimentalphonetisch untersucht« hebt der Sievers-Schüler Peters zum experimentellen Take off an. Zu klären ist durch die aufwendigen Untersuchungen die alles entscheidende Frage, ob, und wenn ja, was, der Draht bei den Versuchspersonen jeweils zu induzieren vermag. »Treten beim Anschauen Siever'scher Signale unter gleichzeitiger Ausführung Siever'scher Bewegungen durch sprechende Versuchspersonen in deren Sprachmelodie objektiv nachweisbare Reaktionen ein, und welcher Art sind sie?« (Peters 1917, 390) Der Nachweis erfolgt über eine Ver-

Abb. 3: Schema einer Experimentalanordnung nach Peters 1917.

bundschaltung technischer Medien und exponierter Drahtfiguren.

Die Apparateanordnung wurde vor jedem Versuche genau nachgeprüft. Sie bestand (vgl. Zeichnung Nr. 4) aus: A. einem gut laufenden Zimmermannschen Kymographion (K) zur Aufnahme von laryngographischen Kurven; B. aus Schreib- und Übertragungsapparat nach Krüger-Wirth (KS); C. einem Phonographen Modell Excelsior (Ph) mit einem dem Trichter (Tr) aufgesetzten Gestell, welches in bequemer Blickhöhe den Text und die konstant bleibende Zeichenanordnung (II groß kalt) darbot. (Peters 1917, 396)

Die Ergebnisse sind und bleiben umstritten. Darüber hinaus mehren sich Vorwürfe, die dem hochgradigen Subjektivismus der ganzen Veranstaltung gelten. Sievers wird zu einem Mastermedium mit besonderen, nur ihm eigenen und pädagogisch kaum zu vermittelnden Fähigkeiten stilisiert (vgl. dazu Ipsen/Karg 1928). Da Sievers derart unter Bedrängnis geraten war, führte die Auseinandersetzung zu einer Fülle von Beglaubigungsstrategien und Bewährungsproben. Eine davon spielt im Zentrum der Germanistik, und so kommt es dort zu einer philologischen Nagelprobe, die an Dramatik und an Prominenz nichts zu wün-

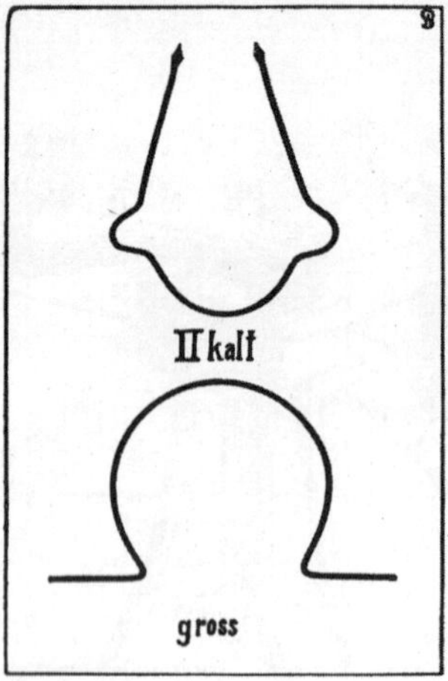

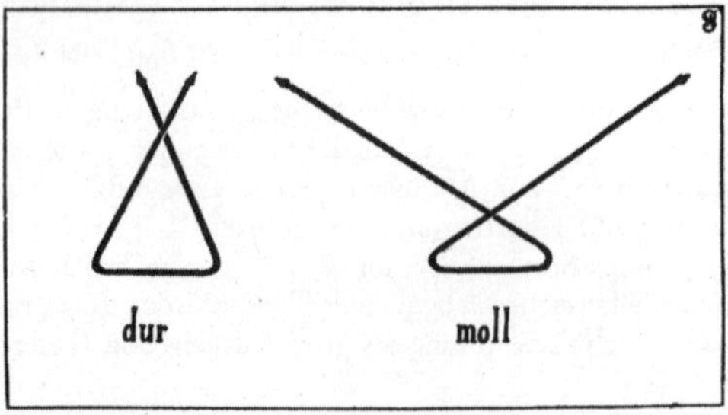

Abb. 4: Signalkurven nach Sievers 1914.

schen übrigläßt. Als der Germanist Julius Petersen sich die drängende Frage nach der Glaubwürdigkeit der von Goethe diktierten Gespräche mit Johann Peter Eckermann stellt, hat die Stunde höchstmöglicher Aufmerksamkeit geschlagen. Es kommt zum Showdown. Der technische Sachstand der Schallanalyse, mithin bloße Kurven und nicht mehr länger nur symbolträchtige Wörter sollen Auskunft ausgerechnet über jenen Dichterfürsten geben, der eine ganze Epoche auf Individualität und seinen Eigen-

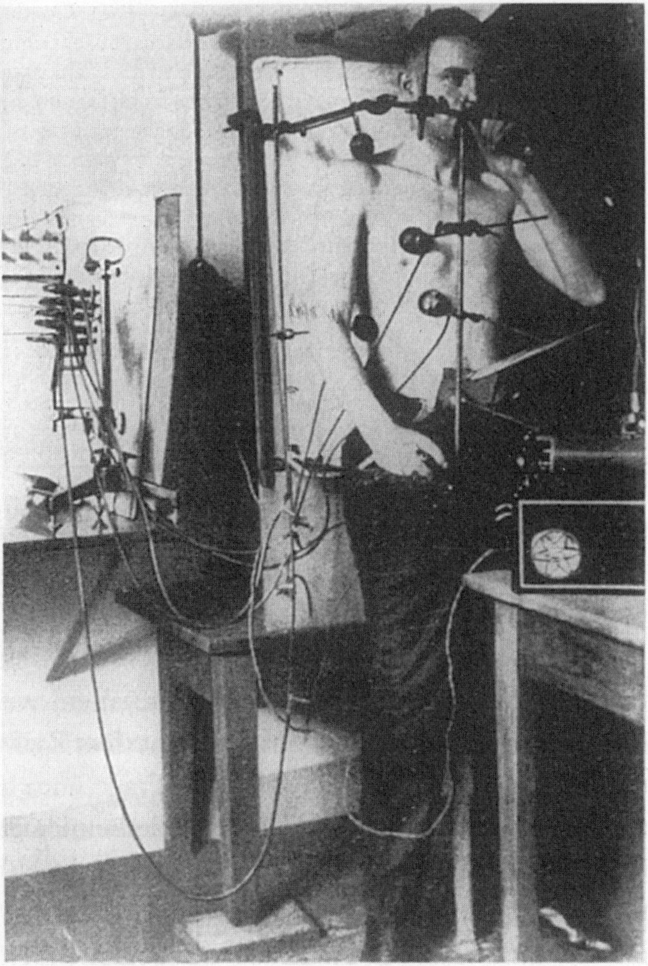

Abb. 5: Untersuchungssituation nach Schulte 1929.

namen verpflichtete. Was zur Urszene zwischen Sievers, Goethe und sich selbst werden sollte, schildert Petersen zunächst mit unverhohlener Skepsis, und die betrifft neben den Möglichkeiten des Verfahrens den Stellenwert des Sekretärs. »Es bleibt nun die Frage, ob es diesen unmittelbaren Aufzeichnungen gelungen ist, das gesprochene Wort Goethes wirklich in stenographischer Treue festzuhalten.« (Petersen 1925, 100) Diese letzte Frage nach der stenographischen Treue mit ihrer ganzen semantischen Schwere und mit ihrer ganzen methodischen Bürde adressiert Petersen kurz entschlossen an Sievers und dessen Verfahren der Schallanalyse.

Für die Untersuchung, ob Goethes oder Eckermanns Wortlaut vorliegt, bietet sich die schallanalytische Untersuchungsmethode an, die durch die neueste Veröffentlichung von Sievers dem motorisch veranlagten Beobachter zur Übung in die Hand gegeben ist. Da Goethes Ausdrucksform an die Personalkurve I gebunden ist, während Eckermann dem Typus II angehört, muß dieses Verfahren, dessen Geltung allerdings umstritten ist, bei längeren Partien zu klarer Erkenntnis führen. Im allgemeinen sind alle größeren Reden, die Eckermann Goethe in den Mund gelegt hat, nur in der Beckingkurve II zu lesen. Dieses Ergebnis ist nicht überraschend, da ja Ekkermann kein Stenograph war, und da alle Reden durch sein eigenes Medium hindurchgegangen sind. (Ebd., 100)

Petersen dekliniert Goethes Eckermann gekonnt durch sämtliche Register dessen, was Medien auszeichnet, und er nimmt Ekkermann als *Medium* auch beim Wort. Der notwendige Verzicht von Medien auf eigene Individualität – das, was Bernhard Siegert einmal als ihre Dummheit gegenüber Inhalten bezeichnet hat – wird von Petersen benannt und mit einem nur bedingt schmeichelhaften Psychogramm des Schreibers verbunden. Dabei wird ein Bild des so fleischlos fleischgewordenen Sekretärs gezeichnet, das ihn gegenüber den Gegebenheiten von Medien und Kulturtechniken positioniert, das aber auch die Frage nach den Abweichungsspielräumen stellt und schlußendlich vor den formgebenden Einflüssen des Dichterfürsten kapituliert. Weder verdrahtete Signalkurven noch fotografische Einstellungsregieanweisungen, sondern die Aura des in Realpräsenz vorhandenen Goethe führt über den Schreiber Eckermann Regie:

Eckermann hatte sich während der neun Jahre so vollgesogen von Goethe, daß auch für den Rest seines Lebens nur Goethesches in Anschauung und Wort aus ihm hervorgehen konnte. Dieses Hineinwachsen in Goethes Denkform war durch eine weiche Natur und leichte Anpassungsfähigkeit des Autodidakten begünstigt, der keine starke eigene Individualität zu opfern brauchte. (Ebd., 146)

Was Petersen darüber hinaus noch zur Sprache bringt, ist eine ganze Fülle sachdienlicher Details, die in ihrem schier aberwitzigen Positivismus Aufschluß darüber geben sollen, was Goethe an bestimmten Tagen nun tatsächlich gesagt und was in welcher Form der Vermittlung Eingang in den Text seines Sekretärs Eckermann gefunden hat. Im Gegensatz zu seiner Konturierung als individuationsschwach und medienstark beharrt Eckermann auf seiner Eigenwertigkeit: Er bescheidet sich nicht mit dem Status eines Phono- oder Stenographen, sondern will mit seiner eigenen Individualität gleichberechtigt wahr- und ernstgenommen werden. Zwischen Dichtung und Wahrheit, zwischen Selbstverwirklichung und medialer Reproduktion verläuft die Sache im Sand. Zwar buchstabiert Petersen die Möglichkeiten des Verfahrens nach, streift dabei auch den Philologentraum von der intraindividuellen Autorschaftsdatierung, damit hat seine Begeisterung dann aber auch schnell ihr Bewenden. Das Strohfeuer der Schallanalyse beginnt zu erlöschen. Nach anfänglicher Begeisterung rückt Petersen die Schallanalyse gar in die perfide Nähe von Spiritismus und Mediumismus, nennt den Gebrauch von Drahtfiguren in einem Atemzug mit dem von Wünschelruten. Damit ist das Urteil gesprochen: Sievers Schallanalyse ist und bleibt Episode.

Wenn auch von der Körperhaltung abhängige Typen des Vortrags auf bestimmte Kurven der Taktgebung festzulegen und willkürlich nachzubilden sind und wenn die Beobachtung durch den Gebrauch von Drahtfiguren, die der Wünschelrute gleichen, mit einer gewissen Autosuggestion unterstützt werden konnte, so blieb doch hier, wie beim Medium des Rutengängers, der eigentliche Aufnahmeapparat subjektiv und konnte bisher durch kein Instrument mechanischer Aufzeichnung ersetzt werden. Dieses Medium bleibt etwas Irrationales, und das Verfahren muß vorerst der Vergangenheit zugerechnet werden als ein Geheimnis, das Eduard Sievers mit sich ins Grab nahm, da es ihm trotz aller Bemühung und trotz der Übertragung auf einzelne Schüler doch nicht gelang, es als eine zuverlässig zu handhabende Methode allgemein zugänglich zu machen. (Petersen 1944, 106 f.)

Petersen scheint mit seiner abschließenden Beurteilung nicht nur die Möglichkeiten des Verfahrens, sondern auch ein wenig die eigene Begeisterung über dessen philologisches Potential zu relativieren. Die Rede von den Medien und den Wünschelruten, von Sievers und seinem im Grab verschwundenen Geheimnis beerdigen die Schallanalyse im Humus der operativen Bedeutungslosigkeit. Harsch und mit dem Unterton des Bedauerns versehen ist auch die Einschätzung durch den Psychologen Carl Stumpf. Anläßlich des Sieverschen Drahtfigurenkabinetts redet er von einer unbegreiflichen Selbsttäuschung und Autosuggestion des ansonsten durchaus wohlgeschätzten Philologen. Umgekehrt geht Sievers in die Offensive und berichtet vom geglückten Umgang anderer mit den Drahtfiguren, um so die eigene These durch intersubjektive Referenzen zu stärken:

> Sehr richtig hat der Referent der Vossischen Zeitung […] die Eindrücke, die er von gewissen von mir im Anschluß an eine Sitzung der Berliner Ortsgruppe der Internationalen Musikgesellschaft vorgeführten Versuche gewonnen hat, in die Worte zusammengefaßt: »Ein Gedicht vom Typus I etwa klang am besten und natürlichsten, wenn der Draht vom Typus I den Vortragenden unterstützte; der Draht des Typus II aber bewirkte deutlich wahrnehmbare Hemmungen, die sich kundgaben in veränderter Stimmlage, undeutlicher Artikulation, fremdartiger, unnatürlicher Sprachmelodie, Stockungen im Rhythmus u. dgl.« (Sievers 1914, 247)

Weil mit der operativen Bedeutungslosigkeit allerdings die Phantasmatik keineswegs verblaßt, gibt es immer noch Scharmützel und Auseinandersetzungen um die rechte Lehre. Sievers selbst bleibt in der Verfechtung der Schallanalyse so hartnäckig und stur wie sein Draht biegbar und flexibel. Eine letzte Szene zeigt ihn, den Drahtzieher der Schallanalyse und all der Anordnungen, die in deren Vollzug angestellt wurden, bei einer sonderbar anmutenden Überlegung (vgl. dazu Schulte 1929). In den Praxiszitaten der operationalen Zeugenschaft gewinnt sein Anliegen Kontur, und der Diskursbegründer positioniert sich unfreiwillig selbst darin noch einmal auf eine Weise, die für das Auseinandertreten von Selbstanspruch und disziplinärer Wahrnehmung kaum bezeichnender sein könnte. Während der Stern seiner Analyse bereits zu sinken beginnt, scheint Sievers von einer Expansion zu träumen, die das eigenhändige Biegen des Drahtes

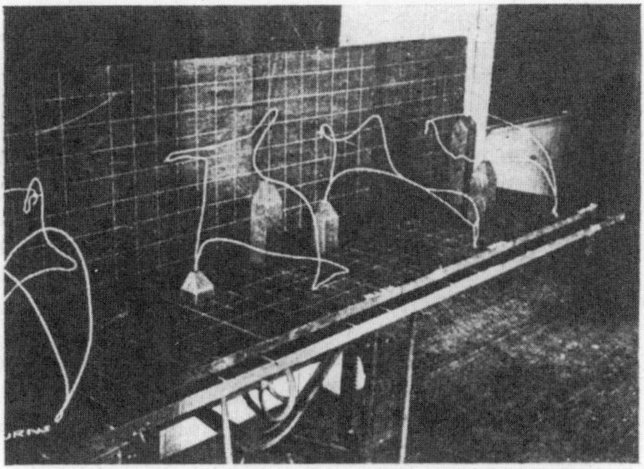

STANDARD WIRE MODELS

What the phonograph has been to the music lover in standardizing and aiding the study of music, these wire models have been to the mechanic in aiding the study of skilled motion.

Abb. 6: Drahtmodelle nach Gilbreth/Gilbreth 1920.

durch maschinelle Fertigung ersetzt. Für eine ins Große getriebene Herstellung von Signalkurven erwägt Sievers jedenfalls Drahtstärken, die dem Übergang von der Manufaktur- zur maschinellen Massenfertigung Rechnung tragen könnten. Materialiter stünde so der Massenanalyse der Signalkurven nichts mehr im Wege.

Bequem freihändig zu biegen ist Messingdraht noch bis zu einer Stärke von 1,75 mm, die ich gewöhnlich benutze; bei etwaiger maschineller Herstellung würde ich aber doch die Stärke von 2 mm mehr empfehlen, da die größere Breite des Metalls etwas ausgiebiger wirkt und doch auch beim Lesen usw. noch nicht stört. (Sievers 1914, 237)

S. R.

Hand

> Ich [...] erkannte vor allem meine eigene, ausgespreizte Hand, die sich ganz allein, ein bißchen wie ein Wassertier, da unten bewegte und den Grund untersuchte. Ich sah ihr, weiß ich noch, fast neugierig zu; es kam mir vor, als könnte sie Dinge, die ich sie nicht gelehrt hatte [...]. Aber wie hätte ich darauf gefaßt sein sollen, daß ihr mit einem Male aus der Wand eine andere Hand entgegenkam, eine größere, ungewöhnlich magere Hand, wie ich noch nie eine gesehen hatte. Sie suchte in ähnlicher Weise von der anderen Seite her, und die beiden gespreizten Hände bewegten sich blind aufeinander zu.
>
> *Rilke 1952 [1910], 115*

Die Hand operiert als Werkzeug, und zugleich dient sie dazu, Werkzeuge herzustellen – womit sich der Mensch gemäß einer gängigen kulturanthropologischen These vom Tier unterscheidet. Denn nur auf den ersten Blick erscheine der Mensch als das am schlechtesten zusammengesetzte Lebewesen, wie Aristoteles in seiner Schrift *De partibus animalium* ausführt. Während die übrigen Lebewesen nur über *ein* Verteidigungsmittel verfügten, könne der Mensch jedes Werkzeug und damit auch jede Waffe, die er wolle, und wann er wolle, besitzen: »Denn die Hand wird für ihn zur Klaue und zum Horn und zum Spieß und zum Schwert, zu jeder beliebigen anderen Waffe und jedem beliebig anderen Werkzeug. Denn sie kann dieses alles sein, weil sie alles ergreifen und festhalten kann.« (Aristoteles 2007, 108, 687b) Da die Hand aber nicht nur viele Werkzeuge verkörpert, sondern darüber hinaus diese auch herstellt, ist sie für Aristoteles das Werkzeug der Werkzeuge.

An der Wissensfigur der Hand zeigt sich, wie Techniktheorien eine »Arbeit der Reinigung« (Latour 1995, 67) leisten, das heißt Grenzen zwischen Tier und Mensch sowie zwischen Organischem und Technischem einziehen. Denn es ist die »Hand«, die Grenzen herstellt. Diese Funktionsweise der Hand als grenzherstellender Akteur wird jedoch doppelt unterlaufen: Zum einen schreiben sich in die Wissensfigur »Hand« immer wieder neu aufzulösende Paradoxien ein, weil sie zugleich Organ *und* Werkzeug ist. Zum anderen setzt »die Hand« nicht nur den Unterschied zwischen Tier und Mensch in einem entscheidenden Stadium der Evolution, sie fungiert darüber hinaus als Metonymie für die Technik überhaupt. Schon die erste ausgearbeitete Technikphilosophie führt diese doppelte Wendung vor.

An der Hand gewinnt Ernst Kapp seine berühmte Organprojektionsthese, die noch die Techniktheorien des 20. Jahrhunderts umtreibt (z. B. Marshall McLuhan oder Arnold Gehlen). Kapp führt in seinem Buch *Grundlinien einer Philosophie der Technik* (1877) die Technik und mit ihr überhaupt die Kultur des Menschen auf die Projektion menschlicher Organe nach außen zurück. Unter dem Begriff der Organprojektion versteht er das

> unbewusste Hinausversetzen eines Leiblichen in dessen stoffliche Nachbildung einerseits, und andererseits als Rückwärtsverwendung des Mechanismus zum Verständnis des Organismus bis zur möglichsten Steigerung des Bewusstseins über jene unbewusst zu Stande gekommene Ineinsfügung eines Inneren und Äusseren (Kapp 1978 [1877], 118 f.).

Demnach ist die Hand das natürliche Werkzeug, aus dessen Tätigkeit das künstliche Handwerkzeug hervorgeht. Gemeint ist damit dreierlei: Die Hand ist erstens ein angeborenes und vielfältig einsetzbares Werkzeug; zweitens dient sie der Herstellung von Werkzeugen, und drittens ist die Hand gemäß Kapp das Vorbild für die Herstellung weiterer Werkzeuge. Und nicht zuletzt ist auch für Kapp die Hand eine Metonymie: »Was aber in der Gliederung [des Organismus, B. B.] als Möglichkeit vorhanden ist, das vollstreckt und übersetzt die Hand in sinnliche Wirklichkeit von Zahl und Maass. Daher ist die Vielheit der Maschinenbildung die reale Verherrlichung der Universalität der *einen* Handfertigkeit.« (Ebd., 206) Kapp bindet damit die gesamte Technik auf *ein* menschliches Organ zurück.

Die Grenze zwischen Organischem und Technischem bleibt gleichwohl gewahrt, denn in Kapps Techniktheorie, die keine Katastrophen, Störungen oder Gefahren kennt, steht der Mensch im Mittelpunkt. Kapp spricht gar vom »anthropologischen Maassstab«, welcher eine »kosmisch erweiterte Egoistik« begründe (ebd., 13). Obgleich er somit der Ermächtigung der Natur durch den Menschen das Wort redet, unterläuft seine Organprojektionsthese sich selbst, wenn er von der Rückwirkung der Technik auf den Menschen spricht. Im Zuge der Entstehung erster Werkzeuge habe sich nämlich auch die Hand verändert: Der Hammer sei die Nachbildung der zur Faust geballten Hand, die sie von bislang ausgeübten Tätigkeiten entlaste, so daß sie weicher und beweglicher habe werden können. Der »Entwickelungsgeschichte der Werkzeuge« muß, so Kapp, die gleichzeitig vor sich gehende »Entwickelung des Organs« hinzugefügt werden: »Die Hand des Urmenschen war ohne Zweifel von der Hand des Culturmenschen sehr verschieden.« (Ebd., 52) Die Rückwirkung der technischen Dinge auf die Organe, von denen sie sich nach Kapp ableiten lassen, bezieht sich nicht nur auf anatomische Änderungen. Kapp beschreibt auch eine epistemische Rückkopplung. Da die Organprojektion unbewußt verläuft, muß der Mensch die Funktionsweise der Sinnesorgane nicht kennen, um sie nach außen zu projizieren und technische Apparate herzustellen. Umgekehrt aber dienen dann die technischen Objekte als Instrumente für die Erkenntnis der Sinnesorgane, denen sie ihre Existenz verdanken. So hätten nach Kapp das Monochord, ein mit Saiten bespannter Resonanzkasten, und das Klavier schon existiert, bevor

> sie von der Wissenschaft als Projectionen der betreffenden Sinnesthätigkeit erkannt und zur Rückerklärung der organischen Vorgänge verwendet wurden. Die Bedeutung der mechanischen Vorrichtung steigt mit der Einsicht in die Verschiedenheit und in den Umfang der physiologischen Vorgänge. (Ebd., 84)

Als Gewährsmann dient Kapp Hermann von Helmholtz, der in seinen Arbeiten zur Akustik das Corti'sche Organ anhand der Funktionsweise des Klaviers beschreibt. Kapp führt somit das vor, was heute, etwas vereinfacht gesagt, Wissenschaftshistoriker und historische Anthropologen tun: die Rekonstruktion der physiologischen Modellierung menschlicher Sinnesorgane nach dem Vorbild technischer Objekte. Laut Kapp haben sämtliche Organe die Bestimmung, sich nach außen zu projizieren, »um als wissenschaftlicher Forschungsapparat retrospectiv zur Selbstkenntniss und zur Erkenntniss überhaupt verwendet zu werden« (ebd., 96). Letzteres erscheint zwar durchaus avanciert, resultiert daraus doch die These, daß das jeweilige *Bild* vom Menschen aus dem jeweiligen Stand der Technik folgt. Doch Kapp beharrt auf der Vorrangigkeit des Menschen.

Wo also in der heutzutage vorherrschenden Ableitung des Menschen aus der Technik Hybride und Quasi-Objekte, lebende Maschinen und technische Lebewesen entstehen, akzentuiert Kapp die eindeutige Trennung von Mechanischem und Organischem, wie er anhand der eisernen Hand des Ritters Götz von Berlichingen erläutert, womit er auf eine für die damalige Zeit ganz außergewöhnliche Prothese rekurriert. Nachdem der Ritter die rechte Hand 1504 bei der Belagerung der Stadt Landshut verloren hatte, ließ er von seinem Waffenschmied eine eiserne Hand herstellen, mit der Götz auch fortan in den Kampf ziehen konnte.

Durch das Drücken von Knöpfen oder mit Hilfe der gesunden Hand nehmen die vier Finger mit jeweils drei Gelenken sowie der Daumen gebogene Haltungen ein bzw. springen durch eingebaute Federn in die ausgestreckte Richtung zurück (vgl. zur Funktionsweise Berlichingen-Rossach 1861, 475-478). Für Kapp ist diese mechanische Hand, deren metaphorisches Potential Goethe in seinem Drama *Götz von Berlichingen oder Der Ritter mit der Eisernen Hand* (1773) exzessiv ausnutzte, gleichwohl nur ein »Gestell«, das sowohl gegenüber der Hand selbst als auch gegenüber dem Hammer, den die eiserne Hand führt, nichts als ein »mit ängstlicher Treue nachgemachtes Modell« sei (Kapp 1978 [1877], 103). Der Hammer ist für Kapp eine »metamorphosirte Hand«, die Prothese dagegen ein »Handgestell« (ebd., 104). Die Hand läßt sich in Kapps Theorie nicht durch eine Prothese ersetzen, womit er auf der expliziten Ebene eine Grenze gegen das Eindringen des Technischen in den Bereich des Organischen errichtet. Allerdings unterläuft seine eigene Theorie diese Grenze, wenn man an seine Ausführungen zur Bedeutung des Technischen für die Erkenntnis der Sinnesorgane sowie seine Konzeption der Hand als Metonymie für die Technik überhaupt denkt.

In diesem Sinn diskutiert Ernst Cassirer in seinem Essay »Form und Technik« aus dem Jahr 1930 Kapps Ausführungen. Cassirers Text entzieht sich gängigen Positionen, weder spricht

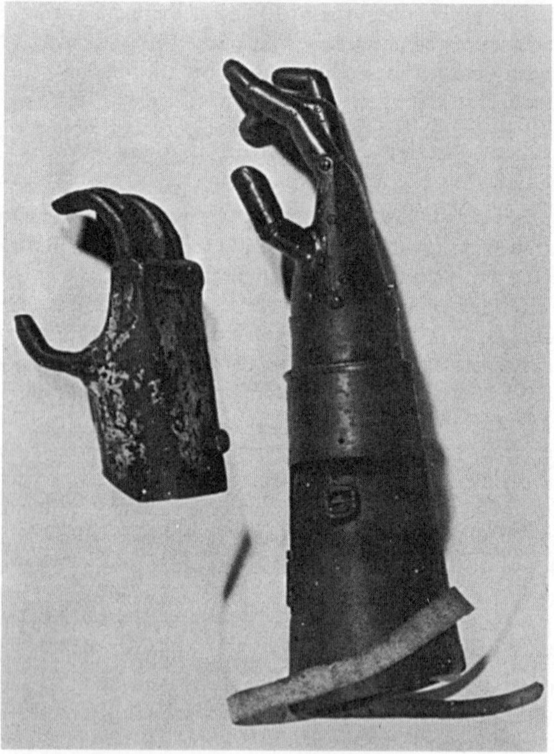

Abb. 1: Die beiden Handprothesen des Götz von Berlichingen nach Lang 1825.

er euphorisch von der Technik noch verdammt er sie. Ihm geht es vielmehr darum, die »formbildende Kraft« der Technik aufzuzeigen. Wie die Sprache gemäß Humboldts Konzeption »Weltschöpfung«, »Erhebung der Welt zur Form« sei, und wie die Verschiedenheiten der Sprachen immer auch Verschiedenheiten der Weltansichten seien, so erzeuge auch die Technik *Form*. Erst durch die Technik gelange der Mensch zur »objektiven Anschauung«, das heißt, durch die Distanzierung von der Natur könne er die Natur als »selbständiges charakteristisches Gefüge« wahrnehmen (Cassirer 1996 [1930], 180). Dabei erzeugt nach Cassirer bereits der Werkzeuggebrauch eine Mittelbarkeit des Tuns und somit den entscheidenden Bruch zwischen Natur und Technik:

Denn der Abstand zwischen jeglichem noch so ungefügen und unvollkommenen Werkzeug, dessen sich der Mensch bedient, und den höchsten Erzeugnissen und Errungenschaften technischen Schaffens mag in rein inhaltlicher Hinsicht noch so gewaltig erscheinen: er ist dennoch, wenn man lediglich das *Prinzip* des Handelns ins Auge faßt, nicht größer, sondern geringer als die Kluft, die die erste Erfindung und den ersten Gebrauch des rohesten Werkzeugs vom bloß tierischen Verhalten trennt. (Ebd., 181)

Im Übergang zum ersten Werkzeug liegt nach Cassirer der »Keim zu einer neuen Welt*beherrschung*« und zur »Weltwende der *Erkenntnis*«, denn jene Mittelbarkeit des Handelns übersetzt sich in die Mittelbarkeit des Denkens (ebd., 181 f.). Im Gebrauch des ersten Werkzeuges wird der Mensch zum Menschen, wofür auch nach Cassirer ein doppelter Kreisprozeß entscheidend ist: Das Werkzeug sei nicht nur Mittel zur Umgestaltung der Gegenstandswelt, sondern in seinem Gebrauch verändere sich auch das Werkzeug selbst – und an »*diesem* Wandel erlebt nur der Mensch eine fortschreitende Steigerung, eine eigentümliche Potenzierung seines Selbst-Bewußtseins« (ebd., 187). Demnach wirkt die Technik auch nach innen, weshalb gilt: »[D]as *Wissen* vom Ich [scheint] in einem ganz besonderen Sinne an die Form des technischen *Tuns* gebunden zu sein« (ebd., 192). Genau hier zitiert er ausführlich Kapps These der Organprojektion, sich jedoch vor allem für deren letzteren Teil interessierend, wonach die Technik ein »Medium« der Selbsterkenntnis des Menschen sei (ebd., 194).

Für Cassirer kommt demnach die Technik insbesondere durch ihre »Emanzipation vom Organischen« zu sich, womit er gerade an Karl Marx anschließt:

So wurde [...] mit der Nähmaschine zugleich eine neue Nähweise, mit dem Walzwerk eine neue Schmiedeweise erfunden – und auch das Flugproblem konnte erst endgültig gelöst werden, als das technische Denken sich von dem Vorbild des Vogelflugs freimachte und das Prinzip des bewegten Flügels verließ. (Ebd., 195)

Der Sinn technischer Dinge tritt solchermaßen durch ihre Ablösung von natürlichen Vorbildern zutage. Wenn nach Cassirer die Maschine nicht mehr die Handarbeit oder die Natur nachzuahmen sucht, dann ordnet er die Hand hier dem Bereich des Organischen zu. Der Handwerker kann nach Cassirer noch das technische Ding in den »Kreislauf des natürlichen Daseins« einbeziehen, aber je weiter die Technik voranschreite, desto stärker zerbreche diese Einheit.

Dabei hebt Cassirer immer wieder die Grenzlinien hervor. Der Grenze zwischen organischem »Wirken« und technischem »Tun« entspreche die »Demarkationslinie« in der Entwicklung des »Ich-Bewußtseins« und der »eigentlichen Selbst-Erkenntnis« (ebd., 192); der Versuch der Technik, ihre Normen absolut zu setzen und anderen Gebieten des »Geistes« aufzuzwingen, verlange eine »Grenzsetzung innerhalb des Geistes selbst« (ebd., 201) und nicht zuletzt gelte es, die »*Differenz*« zwischen technischem und künstlerischem Schaffen aufzuzeigen (ebd., 206). Während somit Kapp noch die Maschinen auf die Hand zurückführt, verweist bei Cassirer die Hand auf den Bruch der Technik mit dem Organischen.

Cassirer betont die produktiven Folgen des Bruchs zwischen Natur und Technik. Denn wo alles Tun des Menschen darin aufgehe, die Welt zu »ergreifen«, könne er sie noch nicht als solche »begreifen« (ebd., 182), erst mit der Technik vollziehe sich die Formung des Menschen, und diese Formung sei die noch lange nicht erfüllte Mission der Technik (ebd., 213). Dagegen macht Elias Canetti in seinem kulturanthropologischen Werk *Masse und Macht* (1960) gerade am Moment des *Greifens* den Übergang vom Tier zum Menschen fest.

Beim jagenden Urzeitmenschen folgte gemäß Canettis Beschreibung nach der ersten Berührung der Beute das Ergreifen derselben mit der Hand. Canetti erkennt hier aber weitaus mehr als die Geschichte von Fangtechniken: »Bei vielen Tieren ist es, statt der Krallen oder Hand, gleich das bewaffnete Maul, das die Ergreifung besorgt. Bei den Menschen wird die Hand, die nicht mehr losläßt, zum eigentlichen Sinnbild der Macht.« (Canetti 1996 [1960], 239) Die Hand ist in Canettis Kulturanthropologie der entscheidende Transformator von Natur in Kultur.

Denn die Hände sind nach Canetti (neben dem Gesicht) die Vehikel der Verwandlung, also des Vorgangs, der, so die zentrale These in *Masse und Macht*, den Menschen zum Menschen macht und der seine Kultur erzeugt (ebd., 255).

Die Verwandlung in Tiere etwa in Ritualen meint keineswegs, daß ein Mensch zum Wolf oder zum Känguruh wird, vielmehr bezieht Canetti die »Gleichsetzung der Körper« (ebd., S. 402) auf *Zeichen* – und eben diese zeichenvermittelte Verwandlung in etwas anderes ist der Vorgang, welcher Kultur erzeugt und zugleich Macht über das konstituiert, in das sich der Mensch verwandelt. An dieser Systemstelle hat die Hand als vermittelnde Instanz ihren Einsatz: Man könne sich vorstellen, daß hergestellte Gegenstände zuerst als »*Zeichen der Hände*« bestanden (ebd., 255): »Worte und Gegenstände wären demnach Ausfluß und Ergebnis eines einzigen einheitlichen Erlebnisses, eben der *Darstellung durch die Hände*.« (Ebd.) Das gilt dann auch für die Instrumente: Der abgerissene Ast, an dem man sich zuvor noch beim Klettern festhielt, wird dann als Waffe genutzt, als Schlagstock oder, zugespitzt, als Lanze oder Pfeil. Der Ast ist somit ein »Instrument, mit dem man Distanz schafft« (ebd., 249), weshalb der Stock verwandelt wiederauftrete in Form des Zauberstabs oder Zepters, womit er als Attribut zweier wichtiger Formen der Macht fungiert.

Für Canetti ist die Hand somit nicht nur ein Instrument im Sinne eines sich verwandelnden Werkzeugs, ihr Erscheinen markiert nicht nur ein epochales Datum in der Entwicklungsgeschichte des Menschen, sie ist vielmehr selbst ein semiotischer Transformator. Ganz in diesem Sinn haben Gilles Deleuze und Felix Guattari an den Paläontologen und Anthropologen André Leroi-Gourhan angeschlossen. Der hatte in einem einzigen Abschnitt seines Werkes *Le geste et la parole* (1964/65) die gesamte Humanevolution anhand der Funktion der Hand vorgeführt – von den Primaten, bei denen Geste und Werkzeug vermischt seien, über das direkte Führen des Werkzeuges, wobei die Hand den motorischen Antrieb beisteuere, bis die Hand nur noch den motorischen Prozeß in den tierischen Maschinen oder automotorischen Maschinen in Gang setze: »Im letzten Stadium schließlich löst die Hand einen programmierten Prozeß in den automatischen Maschinen aus, die nicht nur das Werkzeug, die Geste und die Motorik exterriorisieren, sondern auch das Gedächtnis und das mechanische Verhalten usurpieren.« (Leroi-Gourhan 1980 [1964/65], 302) Die Hand muß solchermaßen, wie Deleuze und Guattari im Anschluß an Leroi-Gourhan schreiben, als Codierung betrachtet werden, als eine »dynamische Strukturierung, eine dynamische Formation« (Deleuze/Guattari 1992 [1980], 87). Die Hand ist demnach nicht einer bestimmten Seite – Natur oder Technik, Tier oder Mensch – zuzuschlagen, sondern tritt als ein beschleunigender Operator auf, »der in sich selber ein bewegliches Wechselspiel von zunehmenden Deterritorialisierungen und Reterritorialisierungen erlaubt« (ebd., 87).

Die entwicklungsgeschichtliche Konsequenz solcher Überlegungen liegt in der Folgerung einer Gleichursprünglichkeit von Hand und Werkzeug. Wenn Leroi-Gourhan entlang der Evolution funktioneller Elemente die Entwicklung menschlicher Spezifika, des Werkzeugs oder der Technik, untersucht, zeigt er diese Herkunft auf. Die Organisation der Extremitäten, die Aufhängung des Schädels, das Gebiß, die Hand und das Gehirn wirken zusammen, das heißt: Die Evolution des Körperapparates und des Gehirns sind untrennbar miteinander verknüpft, weshalb das Gehirn nicht alleine Generator menschlicher Evolution sein könne.

Fungiert in kulturanthropologischen Überlegungen die Hand als Transformator und Beschleuniger menschlicher Evolution, so verweist in gesellschaftstheoretischen Zusammenhängen die Hand als Metonymie auf ökonomische Entwicklungen. Besonders deutlich wird letzteres bei dem schon von Cassirer angeführten Karl Marx. Mit der Entstehung der Manufaktur setzt nach Marx ein Prozeß ein, der die selbständige Arbeit unabhängiger Handwerker zu einem »Produktionsmechanismus« mache (Marx 1966 [1867], 358). Indem sich die einzelnen Detailarbeiter aufgrund des räumlichen Neben- und des zeitlichen Nacheinanders (ein Arbeiter liefert mit seiner Tätigkeit das Rohmaterial für den nächsten) zu einem »Gesamtarbeiter« zusammenfügen (ebd., 365), werde der einzelne Arbeiter zur Funktion in einer »Maschinerie« (ebd., 369), womit die Manufaktur eine Hierarchie der Arbeitskräfte und dementsprechend eine der Arbeits-

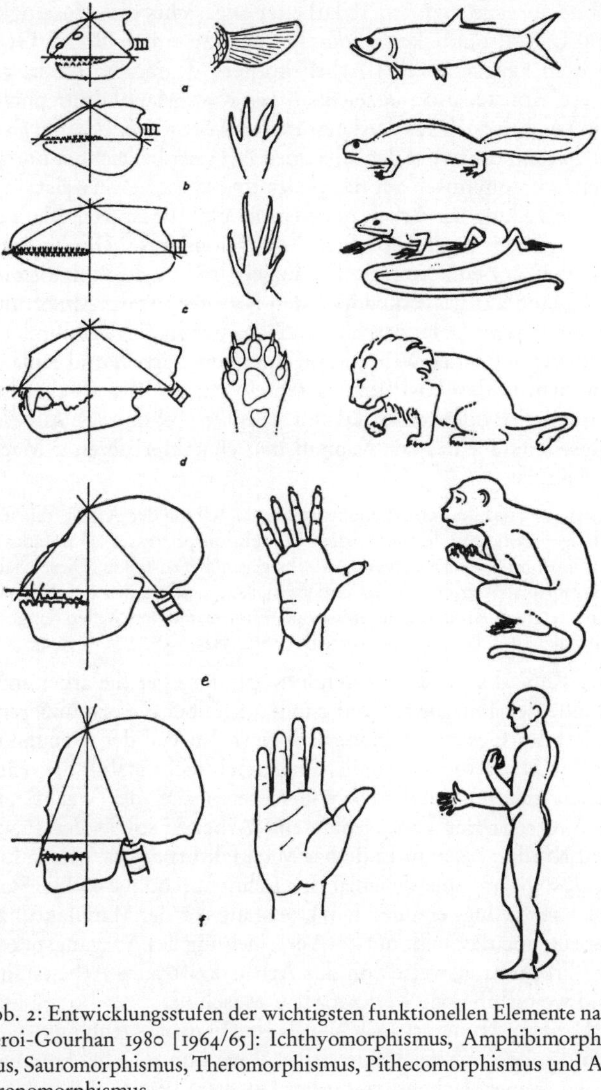

Abb. 2: Entwicklungsstufen der wichtigsten funktionellen Elemente nach Leroi-Gourhan 1980 [1964/65]: Ichthyomorphismus, Amphibimorphismus, Sauromorphismus, Theromorphismus, Pithecomorphismus und Anthropomorphismus.

löhne erzeuge und den Teilarbeiter angesichts der Einseitigkeit und Unvollständigkeit seiner Tätigkeit zu einem bloßen Organ in dem »gegliederte[n] Arbeitskörper« degradiere (ebd., 367). Diese Konstellation bezeichnet das Wort Manufaktur präzise, leitet es sich doch aus den lateinischen Wörtern *manus* und *facere* her, womit die Hand den einzelnen Arbeiter bezeichnet und zugleich metonymisch auf die Gesamtmaschinerie verweist.

Die Teilung der Arbeit in einer Manufaktur ist nach Marx das Ergebnis der kapitalistischen Produktionsweise. Der Teilarbeiter wird auf eine Funktion reduziert und zugleich deformiert. Die Manufaktur »verkrüppelt den Arbeiter in eine Abnormität, indem sie sein Detailgeschick treibhausmäßig fördert durch Unterdrückung einer Welt von produktiven Trieben und Anlagen, wie man in den La-Plata-Staaten ein ganzes Tier abschlachtet, um sein Fell oder seinen Talg zu erbeuten« (ebd., 281). Auf diese Weise entstehe das den Kapitalismus charakterisierende Machtverhältnis:

> Es ist ein Produkt der manufakturmäßigen Teilung der Arbeit, ihnen die geistigen Potenzen des materiellen Produktionsprozesses als fremdes Eigentum und sie beherrschende Macht gegenüberzustellen. Dieser Scheidungsprozeß beginnt in der einfachen Kooperation, wo der Kapitalist den einzelnen Arbeitern gegenüber die Einheit und den Willen des gesellschaftlichen Arbeitskörpers vertritt. (Ebd., 382)

Der Kapitalist ist der führende Kopf, der über die arbeitenden Hände der Teilarbeiter und damit auch über die produzierende Hand der Gesamtmaschinerie regiert. Im Fall der Manufaktur ist das Machtverhältnis allerdings noch nicht stabil, die männlichen gelernten Arbeiter widersetzten sich der wachsenden Konkurrenz der »ungeschickten« Arbeiter sowie der Frauen und Kinder; bis zum Ende der Manufakturperiode galt in England, so Marx, eine siebenjährige Lehrzeit (ebd., 389). Die Stabilisierung gelinge erst mit dem Übergang von der Manufaktur zur Fabrik, und das heißt mit der Verschiebung des Ausgangspunkts der Produktionsweise von der Arbeitskraft zum Arbeitsmittel und weiterhin vom Werkzeug zur Maschine.

Die Hand fungiert auch hier als eine Figur des Anfangs – nämlich des Beginns der industriellen Revolution. Dabei kommt es zu einer mehrfachen Ersetzung. Die erste lautet: »Nach Übertragung des eigentlichen Werkzeugs vom Menschen auf einen Mechanismus tritt eine Maschine an die Stelle eines bloßen Werkzeugs.« (Ebd., 394) Denn die Anzahl der Werkzeuge, mit denen der Mensch arbeiten kann, ist durch die Anzahl seiner körperlichen Organe beschränkt. Während zum Beispiel die Spinnmaschine Jenny mit 12 bis 18 Spindeln auf einmal spinnt, scheitert der Mensch schon am gleichzeitigen Bedienen zweier Spinnräder. Demnach setzt die industrielle Revolution an der Hand an:

Zum Beispiel beim Spinnrad wirkt der Fuß nur als Triebkraft, während die Hand, die an der Spindel arbeitet, zupft und dreht, die eigentliche Spinnoperation verrichtet. Gerade diesen letzten Teil des Handwerksinstruments ergreift die industrielle Revolution zuerst und überläßt dem Menschen, neben der neuen Arbeit die Maschine mit seinem Auge zu überwachen und ihre Irrtümer mit seiner Hand zu verbessern, zunächst noch die rein mechanische Rolle der Triebkraft. (Ebd., 395)

Die nächste Ersetzung betrifft die Triebkraft. Worin die Antriebskraft besteht, ist zwar zuerst einmal sekundär – Mensch, Wind, Wasser oder Tiere sind als Triebkräfte austauschbar (→ Laufrad) –, allerdings vollzieht der Einsatz der Dampfmaschine als Triebkraft tatsächlich einen Entwicklungssprung, denn damit war die Maschine nicht mehr abhängig von störrischen Pferden, dem unkontrollierbaren Wind oder dem persönlichen Geschick eines Arbeiters (ebd., 403; → Kohle). Die dritte Ersetzung leistet der Einsatz des *slide rest*, des Werkzeugschlittens, den Marx auf den englischen Werkzeughersteller Henry Maudslay (1771-1831) zurückführt, der zwar nicht den *slide rest* erfunden, aber die erste Metalldrehbank gebaut hat. Durch den Werkzeugschlitten konnte Maudslay Schrauben und andere Teile mit höchster Präzision herstellen, was durch das Aufkommen der Dampfmaschine von größter Bedeutung war (vgl. Strandh 1992, 82).

Wie Marx ausführt, ersetzte der Werkzeugschlitten nicht einfach ein Werkzeug, »sondern die menschliche Hand selbst, die eine bestimmte Form hervorbringt durch Vorhalten, Anpassen und Richtung der Schärfe von Schneidinstrumenten usw. gegen oder über das Arbeitsmaterial, z. B. Eisen« (ebd., 406). Die Hand erweist sich solchermaßen auch für den Anfang der industriellen

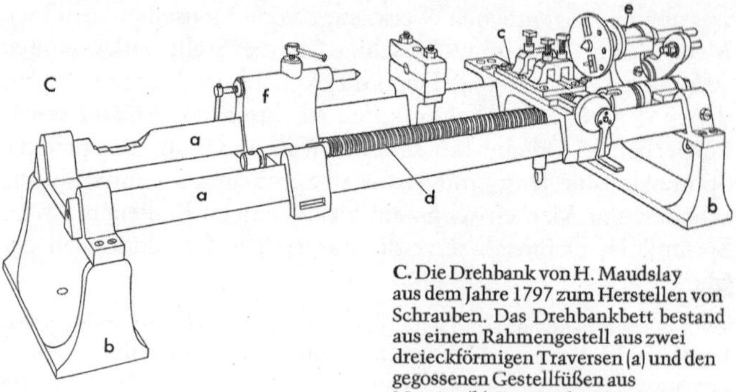

C. Die Drehbank von H. Maudslay aus dem Jahre 1797 zum Herstellen von Schrauben. Das Drehbankbett bestand aus einem Rahmengestell aus zwei dreieckförmigen Traversen (a) und den gegossenen Gestellfüßen aus Messing (b). Der Werkzeugschlitten (c) mit Querschlitten wurde von einer Leitspindel (d) geführt. (e) Spindelkasten mit Arbeitsspindel und Spannfutter. (f) Reitstock.

Abb. 3: Die Drehbank Henry Maudslays nach Strandh 1992.

Revolution als Schlüsselelement, indem die ihr eigentümliche Tätigkeit, Werkzeug aller Werkzeuge zu sein, durch die »Fabrikation von Maschinen durch Maschinen« (ebd., 405) ersetzt wird. Da die Maschine somit an die Stelle der Hand tritt, muß umgekehrt die Hand zur Maschine werden, weshalb sich der Taylorismus und die Psychotechnik mit »Bedienungsgriffen« beschäftigen werden, zum Beispiel, wie der Psychotechniker Robert Musil ausführte (1922, 195), mit dem Abstand der Hände am Schaufelstiel, der Bedienung von Straßenbahnbremsen oder mit den Schieß- und Ladegriffen eines Soldaten (→ MUSKETE). Ganz in diesem Sinn stellte der Psychotechniker Fritz Giese zwei Jahre nach Musil in dem Aufsatz »Arbeitshand und Ausdruckshand« eine »Handkultur« fest, die den Weg zur Erziehung eröffne. Da die Hand dabei auch für Giese metonymisch für den gesamten Körper steht, ist die von ihm als pädagogische Aufgabe ausgemachte »Handerziehung« zugleich Erziehung des ganzen Menschen (zitiert nach Rieger 2001, 440).

Der metonymische Gebrauch der Hand organisiert aber auch die Gegenseite von Marx' Position, so etwa in Oswald Spenglers Buch *Der Mensch und die Technik* (1931). Nachdem Spengler sich dem Unterschied der »Gattungstechnik« der Tiere und der »Menschentechnik« sowie der Gleichursprünglichkeit von Hand und Werkzeug gewidmet hat, gelangt er zur Trennung der Tätigkeiten von Denken und Hand, Führerarbeit und ausführender Arbeit. Dieser Unterschied konstituiert zum einen zwei unterschiedliche Techniken, die des Führens und die des Ausführens, zum andern zwei »Arten von Menschen« (ebd., 50), womit Spengler zum Bereich der Politik und Wirtschaft überleitet, geht es doch nun um »Subjekte und Objekte der politischen und wirtschaftlichen Verfahren« (ebd., 50). Für Spengler sind die »Führer« Verkörperungen des faustischen Willens zur Macht, was weitaus mehr ist als ein Verweis auf Goethes Faust-Figur. Denn mit dem Projekt der Landnahme im zweiten Teil des *Faust* hatte Goethe als einer der ersten die technischen Großunternehmen des 18. Jahrhunderts zum Gegenstand der Literatur gemacht: In der *Italienischen Reise* spricht er von dem Projekt der »Austrocknung« der Pontinischen Sümpfe (Goethe 2007 [1816/17], 179), laut Eckermann zeigte er zudem besonderes Interesse am Bremer Hafenbau. Goethes Tagebuch berichtet von einem »Reisediarium« Eckermanns, der gemeinsam mit einem Wasserbauingenieur Landgewinnungsarbeiten in Norddeutschland besichtigt hatte, und schließlich hätte Goethe noch gerne, wie Eckermann notiert, den Bau des Panama- und des Suezkanals sowie der Verbindung von Donau und Rhein erlebt (vgl. Schöne 1994, 707 f.). Die Rede vom »freien Volke« auf »freiem Land« im zweiten Teil des *Faust* könnte sich vor diesem Hintergrund auf eine Siedlergemeinschaft beziehen (ebd., 748), denn sogenannte Freisassen besiedelten unter anderem das Oderbruchtal nach dessen Trockenlegung im Jahr 1753. Über diesen technikgeschichtlichen Bezug hinaus erzählt Goethes *Faust* auch, wie aus einem technischen Projekt eine totalitäre Utopie wird: »Daß sich das größte Werk vollende, / Genügt ein Geist für tausend Hände.« (Goethe 1994 [1832], Vers 11509-10) Die Hand verweist hier metonymisch auf die Arbeiter, die Mephisto auf Fausts eindeutige Anweisung hin zu besorgen hatte: »Bezahle, locke, presse bei!« (Ebd., Vers 11554)

Ganz in dieser Tradition steht auch Spenglers »faustischer Mensch« (Spengler 1931, 87) mit seinem grenzenlosen Streben nach Macht, wobei Spengler das Verhältnis von Führer und Geführtem als natürlichen Rangunterschied ausweist. Dabei wird das Verhältnis des einen Kopfes und der vielen Hände in Spenglers Schrift zu einem Selbstläufer: Während etwa für Ortega y Gasset die Technik »die Anstrengung ist, Anstrengung zu ersparen« (Gasset 1949 [1939], 42), damit der Mensch die Muße hat, seinen geistigen Interessen nachzugehen, erzeugen nach Spengler die Maschinen mehr Arbeit, da der »technische Luxus« überhaupt den Luxus befördert (Spengler 1931, 72 f.). Zugleich erzeugen die »zahllosen Hände« zunehmend Dinge, von denen sie nichts wissen und an deren Herstellung sie nicht mehr »inneren Anteil« nehmen (ebd., 74). Der »Herr der Welt« werde dadurch zum »Sklaven der Maschine« (ebd., 75). Die Maschinentechnik »züchte« Menschenmassen, die von ihr leben und für sie arbeiten (ebd., 76), bis die Zivilisation selbst zur Maschine werde (ebd., 79). Spengler entwirft dann das bekannte Szenario vom Untergang des Abendlandes entlang der metonymischen Rede von den Händen:

> Es beginnt in zahllosen Formen, vom Attentat über den Streik bis zum Selbstmord, die Meuterei der Hände gegen ihr Schicksal, gegen die Maschine, gegen das organische Leben, zuletzt gegen alle und alles. Die Organisation der Arbeit, wie sie seit Jahrtausenden im Begriff des Tuns zu mehreren liegt, und welche den Unterschied von Führern und Geführten, von Köpfen und Händen zur Grundlage hat, wird von unten her aufgelöst. (Ebd., 83)

Vor allem aber begännen die Führer damit, das technische Wissen auf Schulen und Universitäten zu offenbaren, man exportiere Verfahren, Methoden, Ingenieure und Organisatoren und verrate damit die »Vorrechte der weißen Völker« (ebd., 86), so daß die »unzähligen Hände der Farbigen [...] die Grundlage der weißen wirtschaftlichen Organisation erschüttern können« (ebd., 87). Die »faustische Technik« (ebd.) unterminiere sich durch diese Überschreitung der Grenze zwischen den wenigen Köpfen und den vielen Händen selbst unwiderruflich.

Während somit Spengler die Veröffentlichung technischen Wissens und technischer Fertigkeiten als Verrat an der faustischen Führerschaft ansieht, zielt Marx auf die Instrumentalisierung dieses Wissens durch das Kapital; während für Spengler die

Hierarchie von Kopf und Händen Motor der Kultur ist, ist sie für Marx die Ausbeutung der Arbeiter durch das Kapital. Für beide markiert die Hand gleichwohl eine Figur des Anfangs, für Marx den der industriellen Revolution, für Spengler den des faustischen Menschen.

Die Differenz zwischen dem die Werkzeuge noch in den Kreis des Organischen integrierenden Handwerk und der sich vom Organischen emanzipierenden modernen Technik hat ihren Fluchtpunkt in der Schrift, stellt sich hier doch die Frage, ob sich der Mensch trotz der Operation des Schreibens selbst ausdrückt oder ob das Medium seine Selbstäußerung formiert. So gilt die Handschrift immer wieder als Garant für Unmittelbarkeit, wenn man etwa die Briefkultur hochhält oder Personalberater Graphologen zur Charakterbestimmung von Bewerbern heranziehen. Daß dabei auch über die schreibende Hand Reinigungsarbeit durchgeführt wird, hat Jacques Derrida in seinem Text »Heideggers Hand« ausgeführt. Wie Derrida schreibt, habe Heidegger nur mit der Feder schreiben wollen, »mit der Hand eines Handwerkers und nicht der eines Mechanikers« (Derrida 1988, 58). Auf den Fotografien Heideggers fällt Derrida denn auch die Positionierung der Hand auf, zum Beispiel die Handhabung der Feder, des Spazierstocks, eines Wassereimers oder die gestische Begleitung der Rede.

Die Hand, so Derrida, erscheine Heidegger als das »Eigene des Menschen«. Dementsprechend sei für Heidegger das Handwerk nicht auf Nützlichkeit oder Profitstreben zu reduzieren, vielmehr beziehe es sich auf den Denker und auf den Lehrer, der das Denken lehrt, nicht zuletzt sei für Heidegger das Denken ein Handwerk. So zieht Heidegger über die Hand eine Grenze sowohl zum Technischen als auch zum Tierischen ein, unterscheide die Hand doch den Menschen von jedem anderen Geschlecht und »zuvorderst vom Affen« (ebd., 59). Heidegger etabliert nach Derrida eine »absolute, über eine Opposition gebildete Grenze« bzw. ein »System der Grenzen« (ebd., 67), verweise die Hand doch auf das Sprechen, Denken und die Offenheit für die Gabe – mit der Problematisierung der Hand stehe somit auch der Name des Menschen auf dem Spiel. Diese von Heidegger aufwendig eingezogenen absoluten Grenzen gegen

Abb. 4: Martin Heidegger schreibend nach Meller Marcovicz 1978.

das Technische zum einen und das Animalische zum anderen entwerfen die Geschichte nicht nur als eine Verfallsgeschichte, sie sind auch nicht stabil. Diese Instabilität sowie Heideggers Handobsessionen hat auch Thomas Bernhard in den Blick genommen, wenn auch etwas anders als Derrida. So stellt sich der Protagonist in Bernhards Roman *Alte Meister* (1988) Heidegger auf einer Hausbank seines Schwarzwaldhauses vor, »neben sich seine Frau, die ihn zeitlebens total beherrscht und die ihm alle Strümpfe gestrickt und alle Hauben gehäkelt hat und die ihm das Brot gebacken und das Bettzeug gewebt und die ihm selbst seine Sandalen geschustert hat« (Bernhard 1985, 87 f.). Die Handarbeit konstituiert somit in dieser satirischen Perspektive die Macht der Frau über den denkenden Handwerker Heidegger.

Die Maschinenschrift, in der, so Heidegger, »alle Menschen

gleich« aussehen (zitiert nach Derrida 1988, 75), verdrängt die handgeschriebene Schrift, und inzwischen haben schon, wie der prominente Computerexperte David Gelernter in einem Vortrag ausführte, Programme das Schreiben übernommen: Schreibweisen werden übersetzt in Algorithmen, die uns das Schreiben abnehmen, womit, folgt man der Marxschen Analyse, die Maschinen nicht nur die Arbeit, sondern auch das Denken übernommen haben. Während diese Ersetzung im zeitgenössischen medientechnischen Wandel erfolgt, ist die Grenze zwischen Greiforgan und Schreibhand zumindest im Feld des Symbolischen längst schon eingerissen, wie exemplarisch E. T. A. Hoffmanns Roman *Lebens-Ansichten des Katers Murr nebst fragmentarischer Biographie des Kapellmeisters Johannes Kreisler in zufälligen Makulaturblättern* (1819/21) zeigt, in dem sich die menschliche und die tierische Schrift über- und durchkreuzen. Der Kater Murr zerreißt ein Buch und benutzt die Seiten als Unterlage, versehentlich, wie der Herausgeber schreibt, habe man dann diese »Lebensansichten« mit den herausgerissenen Blättern des Buches gedruckt. So entsteht ein Buch, in dem die Vorderseite eines Blattes die Schrift des Katers, die Rückseite aber die Biographie des Kapellmeisters Johannes Kreisler enthält. Die beiden Lebensgeschichten sind darüber hinaus noch vielfach ineinander verschlungen, worauf es hier jedoch ankommt, ist das Schreiben des Katers. Nach der Erkenntnis, wie schwer die »Kunst des Schreibens« sei, stellt er fest:

> Ich vermutete, daß die Unmöglichkeit, die Feder, den Stift so zu halten wie mein Meister, wohl in dem verschiedenen Bau unsrer Hände liegen könne, und diese Vermutung traf ein. Ich mußte eine andere, dem Bau meines rechten Pfötchens angemessene Schreibart erfinden und erfand sie wirklich, wie man wohl denken mag. – So entstehen aus der besonderen Organisation des Individuums neue Systeme. (Hoffmann 2001 [1819/21], 42)

Die aus der Organisation der Hand resultierende Kulturtechnik des Schreibens organisiert demnach Theorien und Denksysteme, womit der Verfasser von Werken wie dem philosophisch-sentimental-didaktischen Roman *Gedanke und Ahnung oder Katze und Hund* ein zentrales Theorem der Medientheorie vorwegnimmt. Hoffmanns Erzählung über den schreibenden Kater geht daher über das schon von Plutarch angestimmte Lob der

Vorzüge des Tiers hinaus (vgl. dazu Kofman 1985). Hier stehen nicht bestimmte Fähigkeiten wie Mäßigung und auch nicht deren natürliche Moralität im Mittelpunkt, sondern die *Fertigkeit*, die das Eigenste des Menschen zu sein scheint, dem aber durch seine Abhängigkeit von der Hand als beschleunigendem Transformator von Natur in Kultur immer auch sein Anderes, das Materielle, das Technische oder das Tierische, eingeschrieben ist.

Die Hand ist kein einfaches Unterscheidungsmerkmal zwischen Mensch und Tier oder Mensch und Maschine, vielmehr ist sie eine Wissensfigur, die in den angeführten Theorien zur Entstehung der Technik und damit zum Ursprung des Menschen auf der jeweiligen Grenze verortet ist. Diese Position zeigt sich nicht zuletzt in der Geschichte der Prothese, in der die Grenze zwischen dem Fleisch des Arms und dem Stoff der Prothese zunehmend verschwindet und die Prothese von einem passiven Hilfsmittel zu einem aktiven *Organ* des Körpers wird, von der eisernen Hand des Götz über den Sauerbrucharm und die myoelektrische Handprothese, bei der die Fertigkeiten nahezu jenen der natürlichen Hand gleichen, bis zur allerdings noch zukünftigen Cyberhand, die durch bidirektionale Schnittstellen auch das Fühlen ermöglichen soll (Hoffmann et al. 2007; → PROBEKÖRPER). Im Sinne Cassirers stellt sich hierbei nicht die Frage, ob die Technisierung des Körpers gut oder schlecht ist, zumal für Opfer von Arbeitsunfällen und für Kriegsverletzte die Perfektionierung der Prothesen mit Sicherheit einen Segen darstellt. Hier zeigt sich vielmehr, was bereits die Lektüre der theoretischen Schriften von Kapp bis Leroi-Gourhan ergab, nämlich daß die Hand als Körperorgan *und* technisches Objekt den Menschen zum Menschen macht. Versuche, die Menschwerdung aus dem Werkzeuggebrauch herzuleiten, setzen somit voraus, was sie herleiten wollen.

In die Grenzfigur der Hand ist eingeschrieben, daß Körperorgane immer auch technische Dinge sind, weshalb technische Dinge zunehmend das vermeintlich natürliche Organ ersetzen können, wenn man etwa medizinische Operationen oder Arbeiten im nanotechnischen Bereich nur noch mit elektronischen oder molekularen Maschinen durchführen kann. Die Geschichte des Verhältnisses von Hand und Werkzeug vollzieht somit eine chiastische Bewegung – war die Hand einmal das Werkzeug der Werkzeuge, so ist nun, in *eigentlicher* Hinsicht, die Maschine die Hand der Hände.

B. B.

Insbot

A »Biobot« is a robot that is designed to: (1) imitate the structure or physiology of a biological organism; (2) connect and integrate biological and mechanical components in its operation; or (3) both. Biological functions and processes imitated or integrated with mechanical systems can include: movement (e. g. walking), power generation (e. g. digestion), sensing and communication (e. g. language recognition and formation), and learning and control (e. g. neural adaptation).

Globale Taxonomie-Initiative 2006

Die Ameisen haben den Menschen in der Kultur insoweit überflügelt, daß ihre Haustiere nicht nur zur mechanischen, sondern auch zur intellektuellen Arbeit abgerichtet werden.

Laßwitz 1979 [1908], 189

Die Entscheidung darüber, wem von den Bewohnern gemischter Gesellschaften der Vortritt und damit auch der Eintrag in ein *Machinarium des Wissens* gebührt, ist einigermaßen willkürlich, so viel sei hier schon einmal vorab zugestanden. Man hätte natürlich auch der Kakerlake, die mit dem sogenannten Insbot nach dem Willen ihrer Sozialkonstrukteure in solch einer Mischgesellschaft aus Insekten und Mikrorobotern lebt, den Vorzug geben können, und auch diese Wahl hätte ihre Berechtigung. Zwar wäre das Insekt ebenso als Tier-Lemma im *Bestiarium* denk- und dort vielleicht erwartbar gewesen, aber als Eintrag im *Machinarium* taugt er besonders gut, um das Anliegen der gesamten Tetralogie noch einmal zu verdeutlichen. In deren Zusammenhang interessiert die Kakerlake weniger als Objekt taxonomischer Bestimmungen, sondern als Attraktor eines bestimmten Typs kulturellen Wissens und seiner Phantasmatik (→ BIOREAKTOR).

Abb. 1: Elimin nach Werbepostkarte um 1893.

Dabei hat es der Schwabenkäfer, wie ihn der Volksmund abschätzig nennt, in der allgemeinen Wahrnehmung denkbar schwer. Als ungeliebter Vorratsschädling wußte er eine ebenso umtriebige wie scharfsinnige Sorgfalt zu seiner Bekämpfung auf sich zu vereinigen und war auch sonst zu allerlei Diskreditierungen gut. Die gemeine Küchenschabe gilt als unheimlich, als Bedrohung – das weiß jeder, der selbst schon einmal mit ihr hat leben und sie vielleicht auch hat jagen müssen. Erst jüngeren Inszenierungen blieb es vorbehalten, ein positiveres Bild von ihr zu zeichnen: Der Film *Joe's Apartment* (USA 1996, Regie: John Payson) führt liebenswürdig sprechende Kakerlaken ins Feld, die ihrem Hausherren bei dessen Lebensbewältigung mit aller tierischen Tatkraft zur Seite stehen und so das Image dieser Art entsprechend aufpolieren.

Die Geschichte der Kakerlake zu erzählen wäre ein recht umfängliches Unterfangen. Wo auf welchem Weg welcher Vertreter welcher Gattung an welchem Ort welchen physischen Schaden anrichtet, welche Eigenheiten das Insekt dazu prädestinieren, im Haushalt kultureller Ängste einen so großen Schaden anzurichten, welche Rolle seine übertierhaften Eigenschaften spielen, etwa seine im animalischen Dreisatz (→ STEINLAUS) festgehaltene Geschwindigkeit, sein verschlagenes Innehalten, seine Fähigkeit zur Tarnung, seine Resistenz gegenüber allen denkbaren Umwelteinflüssen – all das sind Details, die eine solche Geschichte ebenso langwierig wie kurzweilig halten würden. Doch weil das Interesse hier nicht dem Katz- und Mausspiel zwischen Mensch und Tier gilt, kann sie vergleichsweise knapp ausfallen. Ihr Schauplatz ist das Amerika am Ende eines verklingenden Jahrtausends. Anläßlich der Millenniumsfeiern wurde dort von der *New York Times* und dem Museum of Natural Science ein Wettbewerb unter dem Titel »New York Times Capsule« ausgelobt, der darauf abzielte, den Ist-Zustand der zweiten Jahrtausendwende für eine wie auch immer geartete Nachwelt festzuhalten (vgl. zu den Problemen einer Kommunikation mit der Zukunft Sprenger 2010). Von den Initiatoren abgelehnt wurde der Entwurf des amerikanischen Virtual Reality-Apologeten Jaron Lanier. Unter dem Titel »Cockroach Libraries« stellt er vor, was man mit einer abgewandelten Paraphrase Immanuel

Abb. 2: Film-Cover zu *Joe's Apartment*.

Kants als eine Revolution der Merkart bezeichnen könnte, ersetzt Lanier doch kurzerhand die physikalischen Trägermedien kultureller Überlieferung durch biologische.

Was Lanier in seinem Beitrag vorschlägt, ist nicht weniger als der Versuch, im Herzen New Yorks ein lebendiges Archiv auf Grundlage der Transgenetik zu implementieren. Philippe Codognet skizziert dieses Projekt einer Gedächtnisarbeit, die, gerade durch die Entwicklung technischer Speichermedien vorangetrieben, an einen Punkt gelangt ist, der nach Alternativen verlangt: »Lebendige organische Speicherung«, so die Einschätzung des französischen Philosophen, »könnte schnell wesentlich handlicher und nützlicher werden als digitale Archive und die Plastikunterstützung von CD, DVD oder Sonys Memory Stick.« (Codognet 2003, 224; vgl. auch Codognet o. J.) Zu ergänzen wäre dieser Befund um den Verweis auf die Tradition der schriftlichen Überlieferung, also auf Tontafeln, Pergament oder Papier, auf Schriftrollen oder in Büchern, niedergelegt in Bibliotheken oder Archiven – also durch Verweis auf jene Versatzstücke der Gutenberg-Galaxis, die zu jener kulturellen Semantik führen sollte, die sich das Projekt der Genetik auf die Fahnen geschrieben hat. Allen voran ist hier die Rede vom Buch des Lebens ins Gedächtnis zu rufen, nach dessen Autorschaft etwa die Wissenschaftshistorikerin Lily E. Kay in ihrer einflußreichen Monographie unter genau diesem Titel fahndete und so der Genetik einen Weg ins Bewußtsein der Öffentlichkeit bahnte (vgl. zu den ästhetischen Qualitäten der DNS Roof 2007). Laniers Projekt nimmt diese Semantik beim Wort, und er nimmt sie wörtlich. Das lebendige Archiv seiner Schwabenkäfer-Bibliothek basiert auf einer bestimmten Eigenschaft der DNS, ihrer Redundanz. Angelegt ist diese in den sogenannten Intronen, die einen Großteil des Erbguts ausmachen und deren Information scheinbar ohne ersichtlichen Zweck intergenerationell weitergegeben wird. Lanier beschreibt die technischen Abläufe wie folgt: »Ist einmal ein Archiv ausgewählt, wird es in eine Computerdatei geschrieben und in ein DNS-Basenpaar kodiert. Die Sequenzen werden dann durch konventionelle Protokolle synthetisiert. Dann wird die Archiv-DNS durch Injektion in die Eier in die Kakerlaken-Intron-DNS eingeschleust.« (Zitiert nach Codognet 2003, 228)

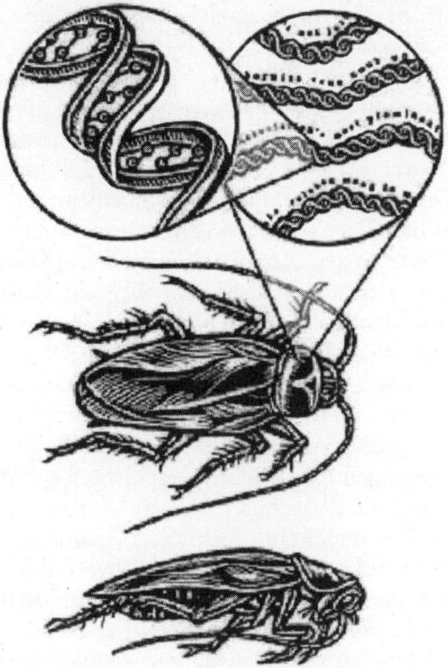

Jaron Lanier's Archival Cockroaches

Abb. 3: Kakerlakenarchiv nach Codognet o. J.

Doch weil keine Überlegung über das Speichern ohne Zahlen auskommt, gerät auch hier die Frage nach den auf dieser Weise umsetzbaren Kapazitäten ebenso auf den Plan wie die nach ihrem Preis (→ PAPIER). Um die Kapazität der Tiere sei es, so jedenfalls versichert Lanier, bestens bestellt. Rechenspiele der Codierung führen vor, welche Menge an Information man den Kakerlaken einprogrammieren könnte und welche Kosten das verursachen würde. »Ein einziges Intron einer Kakerlake wird locker in der Lage sein, die Artikel, Briefe und andere Primärtexte einer ganzen Jahresauflage des Time Magazine zu enthalten. [...] Die Kakerlake hat locker über eine Million Basenpaare in ihren Introns, die die Kapazität haben, über 250 Millionen Buchstaben zu repräsentieren.« (Ebd.)

Was den Kostenfaktor angeht, verweist Codognet auf einschlägige Berechnungen amerikanischer Biotechnik-Firmen, die bei der Bildung von DNS-Sequenzen das Basenpaar mit einem halben Dollar veranlagen – jedenfalls zum Zeitpunkt seiner Überlegungen. Die Codierung eines Buchstabens im ASCII-Format, also auf der Grundlage von sieben Bit, würde im Zuge dieses Kalküls zwei Dollar kosten. Ausgestattet mit dem Effekt der Selbstreproduktion, hätte man auf diesem Weg ein kostengünstiges kulturelles Gedächtnis, das sich um seinen eigenen Fortbestand ebensowenig Gedanken machen muß wie seine Träger über mögliche Inhalte. Die Kakerlake gliche dem tätowierten Boten aus der griechischen Antike oder den Keulenkäferchen aus dem Tagebuch einer Ameise von Kurd Laßwitz – aber das ist ein anderes Tier, und es ist auch eine andere Geschichte (vgl. dazu Rieger 2012). Und noch einen weiteren Vorteil hätten die Cockroach-Libraries: Sie wären nicht nur nicht zerstörbar, sondern würden darüber hinaus im Laufe der Zeit natürlicher Teil ihrer kulturellen Umwelt. Oder in den Worten Laniers: »Innerhalb von etwa vierzehn Jahren werden die Archivkakerlaken zwangsläufig so endemisch geworden sein, daß sie eine omnipräsente und permanente Eigenschaft der Insel Manhattan wären.« (Zitiert nach Codognet 2003, 229) In den Kakerlaken Manhattans, die willfährig als unbewußte Agenten eines ihnen selbst unzugänglichen Archivs operieren, ist die Rede vom Buch des Lebens Fleisch oder, entomologisch korrekter, Chitin geworden.

Diese kulturelle Inkarnation der Kakerlake zur Jahrtausendwende ist ob einer zeitlichen Nähe frappierend, gilt doch 2002 als das Stichjahr, in dem die digitale der analogen Speicherung unwiderruflich den Rang abgelaufen hat. Aber noch andere Faktoren weisen den Einsatz der Kakerlaken als hochgradig plausibel aus. Ob ihrer enormen Strahlenresistenz wären mit ihnen postapokalyptische Speicher auf den Weg gebracht, die Naturkatastrophen und auch nukleare Szenarien mühelos zu überleben in der Lage sind. Diese Eigenschaft der trögen Küchenschabe wird jedenfalls anläßlich amerikanischer Atombombentests auf dem Bikini-Atoll berichtet, und so ist es kaum verwunderlich, daß dieses lichtscheue und sich extrem schnell bewegende Insekt die Begehrlichkeiten unterschiedlich interessierter Parteien weckt. Als Cyborg-Käfer verbaut, figurieren sie längst als leibhaftige Schnittstelle zwischen Organ und Technik, zwischen Roboter und Lebewesen (vgl. dazu Singer 2009). Aber es geht dabei nicht nur um technisch auf- und ausgerüstete Käfer, die ferngesteuert aus welchen Gründen menschlicher Sachdienlichkeit auch immer alle möglichen Aufgaben für ihre Dienstherren übernehmen und so etwa, mit Strahlenmeßgeräten in Rucksackform versehen, kontaminiertes Gelände untersuchen (vgl. Drummond 2010; Wright 2010). Während an unterschiedlichen Orten über die Steuerbarkeit der Tiere verhandelt wird – von frühen Experimenten mit japanischen Küchenschaben bis hin zu einem Stimulatorgerät, mit dem chinesische Forscher dem Tier auf die ferngesteuerten Sprünge helfen –, gerät anderenorts zunehmend die Kommunikation und Interaktion mit den Tieren in den Blick (vgl. dazu Wei-Guo et al. 2006; Sempo et al. 2006).

Während die Kommunikation mit Tieren eine gern verhandelte Sache für sich ist und ein reiches Narrativ der kurzweiligsten Teil- und Tiergeschichten zur Folge hat, ist die Untersuchung des Sozialverhaltens neu – dann jedenfalls, wenn die Ethologie sich nicht auf den Umgang mit Artgenossen oder artnahen Verwandten beschränkt (vgl. dazu die Zeitschrift der Gesellschaft für Medienwissenschaft 2011). Wie die Tiere mit ihresgleichen und ihrem teilnehmenden Beobachter, dem oft gönnerhaft auftretenden Menschen, umgehen, das war natürlich immer schon von Belang. Aber nicht die Graugans unter Graugänsen und unter Observation durch Konrad Lorenz interessiert, sondern ihr soziales Verhalten in einer Umgebung mit Wesen anderer Dignität oder Bauart (→ Graugans). Im Zuge der Biorobotik soll daher endlich auch das Sozialverhalten der Schaben erforscht werden, und das ist die Geburtsstunde der hier verhandelten Insbots (vgl. Caprari et al. 2004). Mit ihnen treten streichholzschachtelgroße Kleinroboter auf den Plan, die vollkommen untheatralisch die Möglichkeit einer Mimesis an der realen Kakerlakengestalt gar nicht erst ignorieren. In einer gegenüber den Tieren auf fast schon brüskierende Weise ausgestellten Technizität verweigern sie die Annäherung an deren Gestalt und suchen zugleich deren Nähe, werden sie doch mit dem doppelten Ziel eingesetzt, das Sozialverhalten der Tiere zu imitieren und zu stimulieren (vgl. zur Gestaltähnlichkeit, über die im Reich künstlicher Tiere und animalischer Apparate wie der Batterie Voltas gerne diskutiert wird → ZITTERAAL).

Zu diesem Zweck hat man die Insbots in die Lage versetzt, sowohl Kakerlaken als auch andere Roboter, deren Umwelt und darin verbaute Schutzvorrichtungen voneinander zu unterscheiden. Wie die Verfasser der Studie schreiben, ist die Zielsetzung hoch und besteht darin, »to establish a social interaction with them« (Asadpour et al. 2006, 93). Ist die Rede von der sozialen Interaktion noch verhalten und sind die Versuche auf die Dimensionen des experimentellen Settings eingegrenzt, so nehmen andere Forscher die Konsequenzen für eine veränderte Sozialordnung zwischen Organismus und Technik durchaus beim Wort. Unter dem Titel »Animal and Robot. Mixed Societies. Building Cooperation Between Microrobots and Cockroaches« skizzieren die Autoren eine Sachlage, die für das Forschungsprojekt LEURRE sowie für die europäische Forschungspolitik insgesamt zu einem zentralen Thema geworden ist. Dabei steht der Entwurf einer neuen Ökologie auf der Grundlage von Mischgesellschaften auf der Agenda (vgl. zu Forschungen zur *social ecology* CENOLI o. J.). Das Vorhaben ist ehrgeizig und umfaßt neben der Beschäftigung mit Verhaltensmodellen gemischter Gesellschaften auch deren globale Kontrolle und schlußendlich »a general methodology for the design and control of mixed societies« (Caprari et al. 2005, 58).

Mit dieser Wendung zur Interaktion, zum Sozialverhalten zwischen Kakerlake und Insbot, ist der Weg zu einer neuen Ökologie vorgezeichnet, die mit der Integration neuer Wesen zur Nagelprobe auf ein verändertes Sozialverhalten wird. Die Folge ist ein Multikulti zwischen Tier und Maschine, zwischen Schwabenkäfer und Insbot, das selbst noch in der Lage ist, die ihrerseits wirkmächtige Formel, mit der Norbert Wiener das Programm seiner Kybernetik überschrieben hat (Wiener 1948), auf einen neuen Sachstand zu bringen: Aus dessen syntaktischem Gefüge *Cybernetics: or Control and Communication in the Animal and the Machine* ist innerhalb eines guten halben

Abb. 4: Mixed Society nach Caprari et al. 2005.

Jahrhunderts *a general methodology for the design and control of mixed societies* geworden. Oder anders gesagt: Die Kommunikation ist durch Design und die sich selbst kontrollierenden und miteinander kommunizierenden Einheiten Tier und Maschine sind durch eine veränderte Gesellschaftsform ersetzt worden.

Die vermeintliche und oft herbeigeredete Hybridität der Mischgesellschaften erschöpft sich damit gerade nicht mehr in der Differenz ontologisch verbriefter Seinsarten, wie es häufig dort der Fall war, wo in selbstgenügsam wirkenden Anordnungen allerlei artifizielles Getier wie die künstlichen Schildkröten Heinz Zemaneks oder William Grey Walters auf ihr System- und Umweltverhalten hin geprüft wurden (vgl. Rieger 2008a;

→ SCHILDKRÖTE). Aber es geht weder um die Fähigkeit, aus gemachten Fehlern zu lernen, noch um Formen rudimentärer Intelligenz, die im Setting umweltabhängiger Automaten selbst verbleiben, sondern um die Entlassung solcher oder ähnlicher Verhaltensweisen in eine Welt, deren Fall weder die Grenzen irgendwelcher Anordnungen noch die irgendwelcher Seinsarten sind. Statt auf künstlich eingeschränkte Umwelten zu reagieren, sind die Insbots längst systemintegrative Bestandteile von neuen, von ihnen mit gestalteten Umwelten – und als solche gelten sie auch. Fast scheint es so, als ob das neue Interesse für Mixed Societies die Einlösung jenes *Parlaments der Dinge* sein könnte, mit dem Bruno Latour für seine symmetrische Anthropologie zu werben wußte. Die Mischgesellschaften sind gelebte Veranstaltungen jener Aushandlungen, denen sich die Actor Network Theory mit großer Verve verschrieben hat (vgl. dazu Latour 2001).

Doch geht es in den Beobachtungen und methodologischen Überlegungen nicht um Akte der Gerechtigkeit gegenüber anderen Agenten, Dingen und Akteuren (oder gar um deren politische Repräsentation), sondern um den möglichen Normalfall einer künftigen Ökologie. Unter den Auspizien eines oft beschworenen Posthumanismus und den darin angelegten Kapriolen, etwa dem Extropianismus des amerikanischen Technikvisionärs Max More, werden diese in der Zukunft die Regel und nicht mehr eine anthropozentrisch veranlagte Ausnahme sein (vgl. zur philosophischen Selbstverortung More 2010; vgl. auch Sorgner 2009). Entsprechende Diskussionen verlaufen dabei sehr viel unaufgeregter, als es irgendwelche Szenarien der Konfrontation mit Aliens, Cyborgs oder welchen Wesenheiten auch immer nahelegen – Interkulturalität der ganz eigenen und für unsere Ohren ungewohnt tönenden Art.

Und noch etwas ist dabei zumindest theoretisch gewöhnungsbedürftig: Ein derart veranschlagter Posthumanismus verläuft nicht – wie gern argumentiert wird – entlang der Achse einer zunehmenden Entmaterialisierung, einer Entkörperlichung und schier allgegenwärtigen Virtualisierung, wie sie Kathrin Hayles unter dem Titel *How We Became Posthuman. Virtual Bodies in Cybernetics, Literature and Informatics* beschrieb (vgl. dazu

Hayles 1999) und wie sie die Visionen vom *upgrading* im Rahmen des Extropianismus prägt, Visionen, zu denen Filme wie *The 6th Day* (USA /Kanada 2000, Regie: Roger Spottiswoode) die Blaupausen lieferten (vgl. dazu Krüger 2004). Vielmehr schafft ein solcher Posthumanismus sich neue Materialitäten, Materialitäten sui generis. Aber nicht nur in Experimenten bilden Tiere und Roboter neue Gemeinschaften, neue Verhaltensweisen und neue Denkformen aus. Anläßlich solcher Kopplungen ist selbst von der Ausgestaltung neuer Intelligenzformen die Rede, die im Unterschied zur konjunkturell umschwärmten Schwarmintelligenz gerade das Zusammenspiel unterschiedlicher Seinsarten als Kriterium bemüht. Weil Mischgesellschaften auch ihre Vernunft teilen, ist die neue Mischintelligenz zwangsläufig kollektiv (vgl. de Shutter 2001). Das Tierwerden der Medien und das Medienwerden der Tiere, im Anschluß an Deleuze/Guattari eine der wirkmächtigen Faszinationsfiguren poststrukturalistischer Theoriebildung, hat längst auch die theoretischen Bemühungen einer biologisch aufgeklärten Medienwissenschaft erreicht. Deren Konzepte reichen von Eugene Thackers *Biomedia* (Thacker 2004) bis hin zu Jussi Parikka, der unter dem Titel *Insect Media* eine Archäologie von Tier und Technologie vorlegt und dabei der Spezifik der Insekten Rechnung trägt (Parikka 2010).

Posthumanistische Kunst scheint derlei Lektionen nicht zuletzt in Formen wie der BioArt längst schon internalisiert zu haben. Ihr ist Begriff und Sache des Biobots geschuldet, wie ihn der brasilianische Bio-Art-Künstler Eduardo Kac mit seinen transgenetisch manipulierten Leuchtfischen und seinem Leuchthasen Alba in die Diskussion gebracht hat (vgl. zu Alba, dem grünen Leuchthasen Hauser 2008; → PHOSPHOR). Um die kombinatorisch möglichen Wortfügungen auch noch um eine zu bereichern, die der dramatischen Person dieses Eintrags, nämlich der Kakerlake selbst gilt, darf der Verweis auf einen sogenannten Roachbot nicht fehlen. Vom Konzeptkünstler Garnet Hertz entwickelt, ist der Roachbot eine Umkehrung der ferngesteuerten Kakerlake, dient doch hier eine Küchenschabe als Steuereinheit für einen Roboter. Das auf eine sich nach allen Seiten drehende Kugel verbrachte Insekt steuert mit seinen Bewegungen auf der Kugeloberfläche die Geschicke und Laufwege seines technischen Gefährten (Hertz 2008; vgl. zu Companian Species Haraway 2003 und 2007). Hertz, der den Internetauftritt seiner Roachbots mit dem Untertitel »Control and Communication in the Animal and the Machine« aus Wieners Kybernetik versieht, findet selbstredend Beachtung in Parikkas *Insect Media* und belegt dort nicht nur die Übergängigkeit zwischen scheinbar ordentlich getrennten Naturreichen, sondern auch die zwischen den für die wissenschaftliche Aufarbeitung zuständigen Disziplinen.

Ob künstliche Schildkröten oder Leuchthasen, Insbots oder Roachbots: Die eindrucksvolle Produktpalette der evolutionären Robotik (vgl. dazu Braitenberg 1984) und der transgenen Biologie stellen eine Herausforderung für die Belange einer neuen Ökologie dar (vgl. zum Begriff des Environmentalism Hörl 2011). Sie teilen die Welt des Menschen – und die Rede vom Umweltdesign erhält spätestens hier eine gänzlich neue Bedeutung.

S. R.

Laufrad

> Jede Maschine, in die man nur eingeben kann, die gleichsam alles bei sich behält, nichts herausläßt, korrumpiert die Arbeitswelt, bedeutet wie jeder Leerlauf einen Gegenzug zur Industrie, treibt die Kategorie des Nutzens in den Schatten zurück, vernichtet die Gewinne, die Mehrwerte, die Ausbeutung, das Unrecht der Gesellschaft, den Ekel und stellt mit einem zärtlichen Zug zur Anarchie eine Beziehung zum Schöpferischen, zur Kunstwelt her.
>
> *Bense, zitiert nach Harig 1999*

> Hamsters are born to run!
>
> *McLeod o. J.*

Was sich in den Schaufenstern von Zoohandlungen als Publikumsmagnet erweist, hat eine ebenso theorielastige wie praxistaugliche Vorgeschichte. Dem *Oxford English Dictionary* zufolge ist das Hamsterrad zeitlich wie konzeptionell ein Produkt der Moderne, wird es doch am 9. Oktober 1949 im Anzeigenteil der *Los Angeles Times* erstmalig unter dem Begriff »hamster wheel« für den Unterhaltungsmarkt amerikanischer Nachkriegshaustiere eigens beworben. Laufräder, in denen Tiere in der Regel ohne die Hervorbringung eines energetischen Mehrwertes sich und das Rad am Laufen halten, sind zum Inbegriff dessen geworden, was unter den Schlagworten Selbst- und Leerlauf vermeintliche Verstöße gegen ein scheinbar ehernes Gesetz der Ökonomie ahndet. Wo immer diese Laufweisen auftreten, sind sie umgeben von einem Verdikt, das die energetische Verschwendung und überhaupt ein Ausscheren aus geschlossener Systemhaftigkeit unter Kuratel stellt.

Der bloße Vorhalt, daß Dinge wie von selbst oder ohne Anbindung an Ziel und Zweck leerlaufen könnten, läßt die Laufräder zur Irritation, aber auch zur Herausforderung allzu geglückter Regelungsszenarien werden. Deren Versprechen für eine positive Ausgestaltung schier sämtlicher Lebensumstände hat das 20. Jahrhundert so nachhaltig geprägt, daß die Erfahrung seines

Scheiterns am Beginn des 21. Jahrhunderts zu einer großen Ernüchterung gegenüber den vollmundigen Verheißungen führen mußte. Als gesellschaftliches Breitenphänomen blieb von den Regelungsszenarien kaum etwas unerfaßt. Ob Ökonomie oder Technik, ob Pädagogik oder Politik, ob Psychologie oder Soziologie: In all den genannten Bereichen stehen den Verheißungen der Regulierbarkeit Aspekte ihres Prekärwerdens und mit ihnen unterschiedliche Weisen der Ernüchterung gegenüber. Der Traum, alle Belange dieser Welt regeln und also auch optimieren zu können, wie ihn noch der deutsche Kybernetiker Hermann Schmidt geträumt und mit der Gründung eines Instituts für Regelungstechnik im Modus einer Denkschrift auch in den institutionellen Konsequenzen erwogen hat, scheint zunehmend ausgeträumt (Schmidt 1961 [1941]; vgl. zum Imaginären von Regelung Rieger/Schneider 2012; → STAAT).

Was man neben einer solchen Großgeschichte allumfänglicher Regelungsprojekte am und im Hamsterlaufrad lernen kann, ist zunächst eine kleine Lektion über jene Techniken, die das Dispositiv der Drehung um eine Mittelachse systematisch ausreizen. Diese reichen von einfachen Holzstämmen zur Lastenbewegung bis zu den Generatoren der Energiegewinnung und den Rädern aller nur möglichen Fortbewegungsvehikel, von den Antriebstechniken der Dampfmaschinen bis zu all den Verwendungsweisen in elektrischen Spulen, von den Rotationspressen eines beginnenden Informationszeitalters bis zu den automatisierten Fabriklandschaften eines endenden Industriezeitalters, von Windmühlen bis zu Wellensirenen und Windrädern, von Propellern und Turbinen der Flugtechnik bis zu den Ventilatoren der Raumkühlung, von den Tretmühlen alter Disziplinarmächte bis zu den Karussellen der Jahrmärkte und den Flugsimulatoren der Aviatik und Weltraumforschung. Sie reichen ferner von den rotierenden Expositionsapparaten bis hin zu den Cyclostaten der psychophysiologischen Labors und machen so ein Spektrum an Applikationen sichtbar, das sich um die Drehung dreht und mit ihr alles und damit auch das Wissen selbst am Laufen hält (→ OTOLITH). Die stufenlose Regulierung der Rotation in einer Zeiteinheit ist wohl der sinnenfälligste Ausdruck dafür, wie sehr die Drehung nicht weniger als die Wahrnehmung von

Abb. 1: Tretmühle mit Menschenantrieb aus dem Bestand des Deutschen Museums in München.

Zeit und Raum zu organisieren vermag, ein Effekt, der den kinematographischen Apparatebau mit den Drehungen von Filmkameras und ihren Projektoren mit denen von Stroboskopen und Farbkreiseln der Wahrnehmungspsychologie verschränkt. Als Effekte manipulierter Frequenzen wird die Dehnung von Zeit ebenso augenscheinlich wie deren Raffung (→ SCHNECKE).

Natürlich wäre es reizvoll, diesen Aspekten im Rahmen einer Kulturgeschichte der Drehung systematisch nachzugehen. Denkbar wäre ein Narrativ, das detailreich davon handeln würde, wie diese immer reibungsloser werden konnte, wie mechanische Widerstände und die damit einhergehenden Reibungsverluste zunehmend minimiert wurden, welche Rolle etwa dem Kugellager und diversen Verfahren zur Schmierung dabei zukam. Und natürlich wäre es reizvoll, in die Theorie wie auch in die Praxis entsprechender Bewegungslehren abzutauchen und etwa zu rekonstruieren, was die frühe Kinematik eines Franz Reuleaux an Aussagen und Verwendungsweisen für die Drehung parat hielt (vgl. dazu Reuleaux 1875 und 1895). Und natürlich hätte es im Zuge einer theoretischen Selbstreflexion und in Form einer abgewandelten Selbstnabelschau einen gewissen Charme, dem Kulturwissenschaftler älterer Bauart in seinen zahlreichen Entwicklungsgeschichten über die Schultern zu schauen. Man würde so mit ihm das Prinzip Drehung über die allmähliche Verfertigung von Hölzern beim Pyramidenbau bis zur modernen Motorisierung verfolgen und als großangelegte Fortschrittsgeschichte des objektiven Geistes feiern – mit ihm selbst als veritablem Teil davon (vgl. zum titelgebenden *Triumph des Rades* Patzelt 1979). Und natürlich wären auch die daran anschließbaren theoretischen Überlegungen nicht ohne Reiz: so etwa die Lösung der scheinbar paradoxen Frage, warum es in der Natur keine Räder gibt (vgl. dazu Meyer/Halbeisen 2006).

In den Blick geraten könnte bei einem solchen Durchgang zudem jene eigentumsrechtsgeschichtliche Absonderlichkeit, die dazu führte, daß das Rad, das sich so lange schon gedreht hat, erst ausgesprochen spät Gegenstand einer eigenen Patentierung hat werden können – nämlich im Jahr 2001 durch den Australier John Michael Keogh, unter der Nummer AU 2001100012 A4, unter dem Titel »Circulation Transportation Facilitation Device« und in der Rechtsform eines *Australian Innovation Patent*. Immerhin hat die rechtsgeschichtliche Annullierung jener Redensart, man müsse das Rad nicht eigens neu erfinden, dem findigen Anwalt zusammen mit dem zuständigen Amt den Harvard University's IgNobel Prize for Technology und darüber hinaus den Eigenheiten des Patentwesens hohe Aufmerksamkeit eingebracht. All das kann und all das soll hier nicht betrachtet werden, wäre doch die damit einhergehende Gefahr einer kasuistischen Zersplitterung so groß wie auch reich an beliebig wirkenden Beispielen. Statt dessen soll hier nur knapp verfolgt werden, wie die unscheinbare Gerätschaft über die Weisen aktueller Subjektkonstitution informiert. Was also ist der Grund dafür, daß Menschen sich in ihrem Selbstverständnis zunehmend wie die Hamster in ihren Rädern fühlen? Und wie kommt es, daß dieses Bild nachgerade zum Emblem moderner Selbstbefindlichkeit hat werden können?

Die Drehung um eine Achse ist vor allem eines, nämlich ausgesprochen effizient. Die dabei vollzogene Bewegung ist frei von Verschwendung und Manierismus, sie folgt einer Bahn, von der sich nicht weichen läßt und innerhalb derer sie gezielt reguliert und gesteuert werden kann. Der Fliehkraftregler in den Dampfmaschinen James Watts am Ende des 18. Jahrhunderts hat dafür auf eine Weise Pate gestanden, die sein Prinzip der Rückkopplung in sämtliche und damit auch außeringenieurswissenschaftliche Lebensbereiche zu diversifizieren wußte (vgl. Mayr 1970 und 1980). Es ist nachgerade eine semantische Steilvorlage, die den sogenannten *governor* Watts nach seiner Karriere in der Kybernetik Norbert Wieners in die Sozial- und sonstigen Wissenschaften weiterleitet, um ihn schließlich theoriegeschichtlich an den Neoliberalismus und an die Gouvernementalität unserer Tage anzukoppeln. Mit diesem Konzept hält Foucault eine Selbstregulierungstechnologie für Individuen parat, die gerade nicht dem von ihm so wirkmächtig untersuchten Prinzip der alten Disziplin gehorcht und statt dessen der komplexen Eigendynamik von wie im einzelnen auch immer zu beschreibenden Selbstverhaltensweisen Rechnung trägt (vgl. dazu Wiener 1963 [1948]; Pias 2003 f.; Bröckling et al. 2000). Die Folge dieser Lage, die aus den vermeintlichen Niederungen irgendwelcher Ingenieurskünste das Wissen und die Wissenschaften vom Menschen in der Moderne selbst flächendeckend erreicht hat (vgl. zur Programmatik dieses Erreichens Schmidt 1941 und 1965), ist nichts weniger als eine *kybernetische Anthropologie*. Mit dieser Formel jedenfalls faßt der deutsche Informationstheoretiker und Nachrichtentechniker Karl Steinbuch das Verhältnis von Mensch und technisch geschaffener Umwelt neu. Zur Maßgabe seiner Bestimmung wird dabei das Optimierungspotential technischer Regelungsprozesse (vgl. dazu Steinbuch 1971; Rieger 2003), jener Prozesse also, die Max Bense in den Status einer Metatechnik erhoben hat. Die Beschreibung dieses neuen Verhältnisses bildet für Bense nicht zuletzt auch die zentrale Herausforderung einer künftigen philosophischen Anthropologie (→ AUTO; → EINLEITUNG).

Das Sein im Rade war und ist seitdem kein Privileg mäuseartiger Wühler. Bevor wirkmächtige Weiterentwicklungen das Laufrad optimierten, etwa in Form einer Zähleinrichtung für die quantitative Bestimmung der Laufleistung, die ihrem Erfinder Kevin Woolfolk aus Normal, Illinois, immerhin einen Eintrag in der Rubrik schwarzer Patenthalter sicherte, oder durch die Hinzufügung weiterer Extras eigens für die Bedürfnisse der Labortierhaltung ausstatteten (vgl. dazu Mrosovsky et al. 1998) und die Tiere gar nach ihrer geschlechtsmäßigen Präferenz für bestimmte Laufradtypen hin untersuchten (vgl. dazu Reebs/St-Onge 2005), nahm seine konzeptuelle Vorgeschichte in der scheinbar düstren Welt des psychiatrischen Apparatebaus ihren Lauf. In einer Zeit, in der die Loskettung der Irren durch den französischen Psychiater Philippe Pinel (1745-1826) als große humanistische Reformtat gefeiert und in deren Gefolge zunehmend die Seele als Betätigungsfeld der Psychiater entdeckt wurde (vgl. Foucault 1973 [1961]), konnte die fast schon idealtypische Bewegungsregulierung des Rades ihrerseits zum Regulativ für die psychische Kur werden. Weil das technisch-apparative Dispositiv mit bestimmten psychiatrischen Dispositionen solidarisch ist, werden beide zur Deckung gebracht. Theoriebildung und Apparatebau in der Psychiatrie kommentieren sich wechselseitig, und mehr noch, sie produzieren in ihrer Verschränkung ein Wissen von den (Selbst-)Regulierungsweisen des Menschen.

Ein solches Dispositiv setzt – lange vor Ernst Machs Cyclostaten in der Moderne – den Körper des Irren beispielsweise einer kontrollierten und zugleich selbstkontrollierbaren Drehung aus. Seine Umsetzung findet dieses Dispositiv in Drehstühlen und Schaukelvorrichtungen wie etwa denen des britischen Psychiaters Cox. Aber auch jene Tretmühlen, die zur Disziplinierung von Sträflingen eingesetzt wurden, sind Teil dieser Tradition, und zwar ganz abseits der Frage, ob, und wenn ja, wie, die derart gewonnene Energie tatsächlich auch produktiv umgesetzt wurde. Aber nicht die zwanghafte Bewegungsverordnung solcher Vorrichtungen soll hier im Mittelpunkt stehen, sondern ihr psychotherapeutischer Clou: die Schaltung eines rückgekoppelten Selbstverhältnisses. Auskunft darüber gibt ein Text des Irrenarztes Christian August Fürchtegott Hayner, der 1818 unter dem Titel »Ueber einige mechanische Vorrichtungen, welche in Irrenanstalten mit Nutzen gebraucht werden können« in Friedrich Nasses *Zeitschrift für psychische Ärzte* veröffentlicht wurde. Ein einfacher Gedankengang zu Beginn der Abhandlung verschränkt unter der Überschrift »Vom hohlen Rade« dessen Bauplan mit

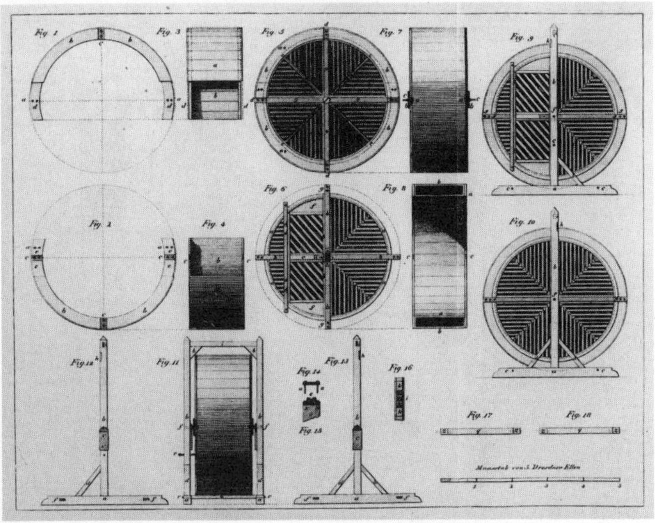

Abb. 2: Details des Hohlen Rades nach Hayner 1818.

den Funktionsweisen menschlicher Seelenkräfte: »Wir bemerken einen krankhaften Zustand der menschlichen Geisteskräfte in Rücksicht der Quantität und Qualität.« (Hayner 1818, 339) Beide Kriterien erlauben es Hayner, Krankheitsbilder auszudifferenzieren und diese in ihrer jeweiligen Symptomatik an eigens konstruierte Maschinen anzuschließen – einerseits zur Veranschaulichung des Symptomkomplexes selbst, andererseits zu seiner Kompensation und Kur. So leidet der Tobsüchtige nach Hayner an einer zu hohen Frequenz seiner inneren Bilder: »Der Tobsüchtige (Maniacus) ist zu sehr *zerstreut*, schweift von einer Idee (Vorstellung, Empfindung, Begehrung) auf die andere, hält keine fest, läßt auch wohl keine oder nur wenige sich vollkommen gestalten.« (Ebd., 340) Die Intervention durch den Psychiater hat darauf abzuzielen, »den Kranken aus der Jagd der sich auf einander drängenden phantastischen Gebilde heraus zu reißen, seine Aufmerksamkeit auf etwas Bestimmtes fest zu halten« (ebd.).

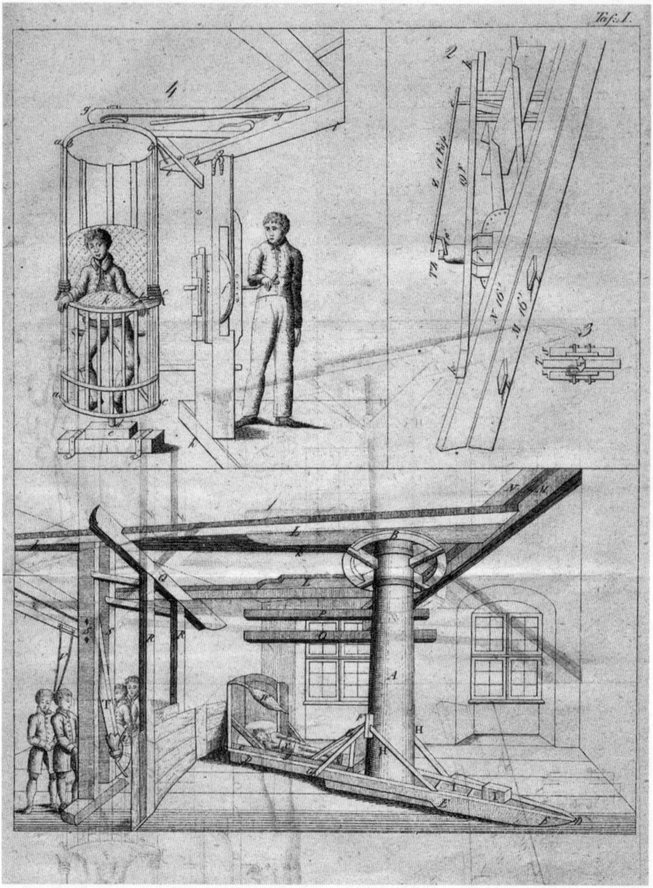

Abb. 3: Drehvorrichtungen der Psychiatrie nach Schneider 1824.

Vor diesen Anforderungen versagten die gängigen Korrektions- und Bändigungsmaßnahmen der zeitgenössischen Psychiatrie. Mittel wie kalte Güsse, das Drehen auf der Coxischen Maschine, das Anlegen von Zwangshemden und das Einsperren in Zwangsschränke erschienen nicht sachdienlich und widersprachen zudem jenem neuen Humanismus, der Pinel zur Loskettung der Irren und Hayner zur Verbannung solcher Zwangsmittel – »Dank sei dem gesunden Menschenverstande!« – wenigstens aus den sächsischen Irrenanstalten geführt hatte (Hayner 1818, 341). Statt also auf einen etablierten Gerätepark zurückgreifen zu können, muß der glücklich aufgeklärte Sachse selbst eine Maschine erfinden, die »im Stande ist, dem Strome ihrer meist unvollendeten, zerrissenen Ideen einen Damm zu setzen, ihre Aufmerksamkeit in der Continuation auf etwas Bestimmtes zu lenken, ihr Selbstbewußtsein zu wecken, fest zu stellen etc.« (ebd.). Ziel ist, wie es in der Terminologie schaltbarer Selbstverhältnisse heißt, »den Zerstreuten anhaltend auf sich selbst zurückzurufen« (ebd.). Fündig wird Hayner in Gestalt eines hohlen Rades, worin im 19. Jahrhundert Stieglitze, heute, wie in unseren Zoohandlungen zu bestaunen, besagte Hamster und Mäuse laufen. »Es kam darauf an, dieß so zu konstruieren, daß der Kranke Ruhe genießt, solange er ruhig ist, hingegen in Bewegung fortgerissen wird, sobald er sich bewegt.« (Ebd.) Als unternehmerisches Selbst entscheidet sich der dermaßen in die Trommel Verbrachte ausschließlich selbst für oder gegen Bewegung. Der Bauplan realisiert einen Rückkopplungsmechanismus zwischen der Trommel und ihrem Insassen und trägt so dessen Wahlfreiheit zwischen körperlicher Betätigung oder Geistesruhe durch die Besonderheit seiner Konstruktion Rechnung.

Das Verfahren, wenn man den Irren hineinbringt, ist folgendes. Wenn die Thüre (Fig. 6 d. d. g. g.) aufgeschlossen und auswärts geschlagen ist, stellt man den Kranken davor. Zwei Wärter fassen ihn unter den Armen, und heben ihn ein wenig zum Hineinsteigen; ein dritter schiebt nöthigenfalls von hinten. [...] In demselben Augenblicke, als der Kranke die Thür hinter sich hat, wird sie schnell verschlossen, und eben so schnell der eiserne Bolzen, welcher, durch das Loch e auf der neunten Figur, und durch das Loch n auf der sechsten Figur gesteckt, das Rad am Gestelle fest hielt, herausgezogen. Alsbald muß der Kranke, wenn er nicht still steht, entweder vor= oder rückwärts laufen, oder er gleitet auch wohl aus, und fällt auf die Kniee oder auf den Hintern, was wegen der Enge und Rundung der Maschine durchaus ohne Schaden abgeht. [...] Von Zeit zu Zeit nimmt man den Irren aus dem Rade, und bringt ihn auf den Nachtstuhl. So kann man ihn sechs und dreißig bis acht und vierzig Stunden in der Vorrichtung zubringen lassen, welches ich unter andern bei heftigen Maniacis mit großem Nutzen gethan ha-

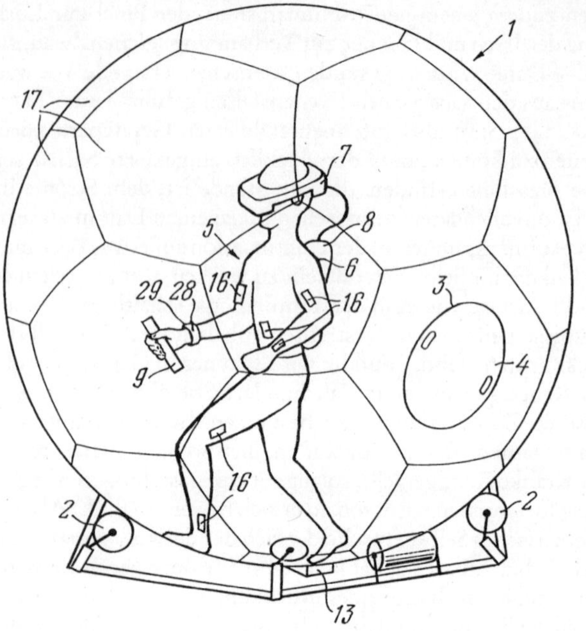

Abb. 4: Laufrad für den Menschen nach United States Patent Nr. 6563489.

be, welche entweder durch die fixirende Einwirkung des Rades geschmeidig und gehorsam, oder, indem sie sich in das Marschiren fanden, durch die wohlthätige Bewegung (manche legten in sechs und dreißig Stunden fast sechs und dreißig Stunden Wegs zurück) so ermüdet wurden, daß sie nachher sanft schliefen, wodurch ihr Inneres beruhigt und der Paroxysmus abgekürzt wurde. (Ebd., 342 ff.)

Hayners Hohles Rad ist gerade wegen des Moments der Selbstgenerativität in der Lage, die Vorgeschichte neoliberaler Subjektkonstitution emblematisch zu verdichten. Es unterscheidet sich daher von anderen Vorrichtungen, die etwa durch Energiezufuhr von außen die Patienten künstlich in Bewegung versetzen, um sie im Modus der Fremdbewegung von der *fixen Idee* zu lösen. Für den Umgang mit diesem nosologischen Modell der zwanghaften Fixierung empfiehlt Hayner eigens und detailreich die Zwangsdrehung um die horizontale Achse. Anders verhält es sich mit der Selbststeuerung. Dieses technische Prinzip, das ebenfalls um das Drehmoment einer Achse zentriert ist, wird wie kaum eine andere Apparatur eben nicht nur zum Fluchtpunkt von Technikgeschichte und Haustier(unter)haltung, sondern zu dem einer Theorie des Menschen, genauer noch: zu einer Theorie seiner vermeintlichen Autonomie. Und das bescheinigt ihm die Geläufigkeit, mit dem diese Sach- und Bildtradition in der Gegenwart angekommen ist und als selbstverständliches Versatzstück moderner Selbstbeschreibung allseits überforderter Zeitgenossen Verwendung findet. Das Prinzip eines auf Dauer gestellten Selbstverhältnisses und die bedingungslose Selbstökonomisierung haben mit dem Hamsterlaufrad ihr ebenbürtiges Bild gefunden. Der Selbstlauf der unternehmerischen Arbeit an sich muß so kein Ende fürchten (vgl. zum Prinzip der Unabschließbarkeit Bröckling 2007, 71). Seitdem laufen wir unablässig selbst und leer, ohne befürchten zu müssen, irgendwann einmal anzukommen – den Tretmühlen des Glücks sei es gedankt (vgl. dazu Binswanger 2006). Wie eine solche Glücksmaschine für die schreibende Zunft aussieht, ist Gegenstand eines selbstironischen Apparatebaus und einer neuen Spezies, des USB-Hamsters:

Es schien ja bereits, dass der Gadget-Boom für den USB-Port mit mehr oder weniger nützlichen Geräten vorbei sei. Nach singenden oder trommelnden Weihnachtsmännern, Ventilatoren, Kaffeewärmern oder Raketenwerfern gibt es nun ein neues lustiges USB-Gagdet: den USB-Hamster im Laufrad. Er läuft umso schneller, je schneller man auf der Tastatur tippt. Den pflegeleichten Hamster kann man für ca. 35 Euro bei »Getdigital« kaufen. (Hemmerling Computer: Technik 2007)

S. R.

Machinarium

So, jetzt weißt du, wer ich bin. Wo war ich denn eigentlich stehengeblieben? – Aha, richtig. Jawohl, das bin ich. Mich kennt man überall. – Ich bin nämlich ein Mensch. Niemand nennt mich anders. Man sagt zu mir: »Mensch, ich lass Sie hoppnehmen« oder: »Mensch, räumen Sie da auf, machen Sie dies, bringen Sie mir das«, oder »Mensch, hau bloß ab!« Und mir macht es nichts aus, daß ich ein Mensch bin. Wenn ich zu jemandem sage: »Mensch, geben Sie mir 'nen Groschen«, dann wäre dem das gar nicht recht. Na, wenn's ihm nicht paßt, auch gut. Ich kann ihn ja von mir aus auch als Schmetterling ansehen, oder Pillendreher, oder als Ameise, ganz nach Belieben. Mir ist das alles gleich, Mensch oder Insekt. Ich will niemanden bessern. Weder die Insekten, noch die Menschen. Ich schaue mir bloß alles an.

Čapek/Čapek 1987 [1921], 7f.

Any teacher that can be replaced by a machine, should be.

Thornburg, zitiert nach Poirier 2011

Mit einem Eintrag »Machinarium« in einem *Machinarium des Wissens* sind Bandbreite und Selbstreflexion einer entsprechenden Semantik ausgereizt. Das altertümlich angestaubte Wort konnte in frühneuzeitlichen oder barocken Verwendungen eine eigene Textsorte bezeichnen. Als *Theatrum Machinarium* wurde es zum Anlaß einer Versammlung irgendwelcher Vorrichtungen aus dem Bergbau oder der Wasserbewirtschaftung, aus dem Festungswesen oder aus anderen technischen Kontexten. Auch wenn es bereits damals Formen des Updating gab, die dem technischen Fortschritt jedenfalls bibliographisch gerecht zu werden suchten wie etwa in Georg Andreas Böcklers *Theatrum Machinarium Novum* aus dem Jahr 1661, so bleibt das dort versammelte Wissen doch in einer scheinbar anderen Welt, erreichbar höchstens für die Rekonstruktionsbemühungen von Spezialisten der Technik- und Wissenschaftsgeschichte, oder es fällt in

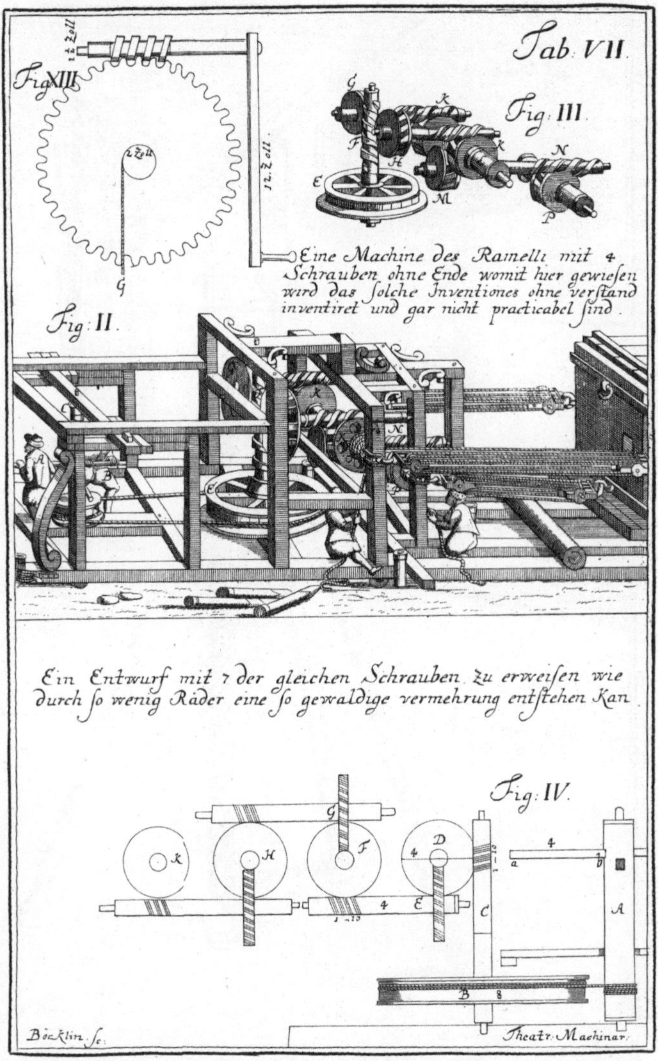

Abb. 1: Schraubvorrichtungen nach Leupold 1981.

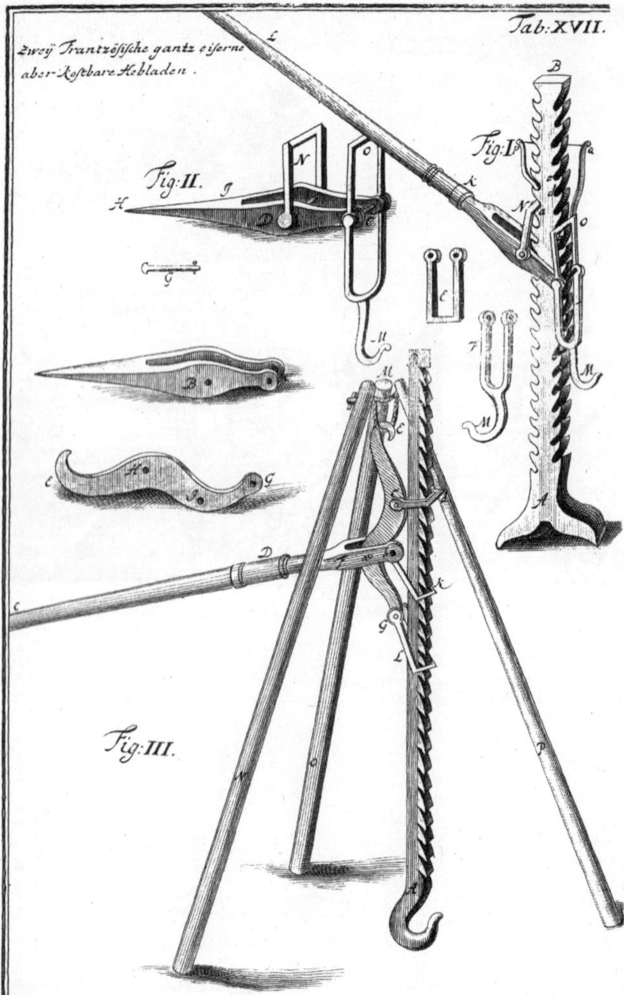

Abb. 2: Vorrichtungen zum Bewegen von Lasten nach Leupold 1981.

den Dunstkreis der für alles zuständigen und daher universal agierenden Kulturwissenschaften. Dabei steht die Beleihung des Mechanischen in der Tradition der Moderne und namentlich ihrer Avantgarden, wie ein Band *Spuren der Avantgarde: Theatrum machinarum. Frühe Neuzeit und Moderne im Kulturvergleich* deutlich macht (Schramm/Schwarte/Lazardig 2008).

Doch Begriff und Sache eines Machinariums erreichen neben historiographischen Bemühungen auch die Breitenöffentlichkeit der Gegenwart, und das auf seine ganz eigene Weise. Googelt man »Machinarium«, so landet man unter Umgehung ausgewiesen kultureller Bezüge ohne große Umwege bei einem gleichnamigen Computerspiel und einer diesem gewidmeten Website www.machinarium.net. Und schon geht es animiert zur Sache. Daß Computerspiele Spiegel in die jeweiligen Jetztzeiten ihrer Spieler sind, ist kein sonderlich origineller Befund – vergleichbar höchstens demjenigen, daß man in den fernen Welten der Sciencefiction mehr über die Gegenwart von Menschen erfährt als über deren Zukunft. Was die Spielwelten spiegeln, sind allerdings weniger reale Gegebenheiten und Strukturen, Arbeits- und Lebenswelten, sondern Wünsche, Bedürfnisse, Träume ihrer Bewohner – und die haben ihre sehr eigenen Konjunkturen. Nur so ist es zu erklären, daß im High-Tech-Ambiente der Computerspielwelten immer wieder Gesellschaftsentwürfe und soziale Organisationsformen verhandelt werden, die ihre »Nicht-Modernität« dezidiert zur Schau stellen. Damit fallen sie hinter die spezifischen Ausdifferenzierungsbemühungen der Moderne zurück, die der Soziologe Niklas Luhmann als Übergang von stratifizierten zu funktional differenzierten Gesellschaftstypen beschrieben und uns damit den Weg in besagte Moderne gewiesen hat. Siedlerpioniergeist, Gildenwesen und mittelalterliche Versatzstücke sind dafür ebenso Belege wie Formen einer durchaus merkwürdigen Nostalgie, die das Spiel »Machinarium« vermittelt und die ihm in den Rankings der Computerspielbranche beste Positionen einbrachte und noch immer einbringt. Liest man sich durch die entsprechenden Bewertungen, so gewinnt man den Eindruck, das Computerspiel werde in die Nähe jener pädagogisch wertvollen Brettspiele und ökologisch unbedenklichen Biofeuerwerke gerückt, die Rainald Grebe anläßlich eines Liedes über die neuen Sozialordnungen am Prenzlauer Berg so eingängig besingt. Statt Latte to go macht sich nicht nur in Berlin ein neues Ökoregime der Nachhaltigkeit breit – ein Pakt, den das Stelldichein zweier prominenter Printprodukte auf dem Nachttisch besiegelt:

Vom Himmel fällt Holzspielzeug und ein Satz Faber-Castell
Die Menschen sehen alle gleich aus, irgendwie individuell
(Richtig geil geil! Richtig geil!)
Schwarzgrün wird die Republik, hier ist sie es schon
Auf dem Nachttisch die Bibel und der Manufactum-Katalog
(Grebe 2011)

Ohne daß man das Spiel überhaupt spielen müßte, sticht bereits beim ersten Blick etwas ins Auge, das diese Sonderstellung plausibilisiert: Kurz gesagt, bleibt es vollständig hinter den technischen Möglichkeiten des Genres zurück, oder, anders gesagt, es verweigert sich den technischen Eintauchmöglichkeiten mit großer Hartnäckigkeit. Damit steht es auch quer zu einem Argumentationstopos um den identitätsbestimmenden Einfluß bestimmter Spieltypen, wie er etwa für das Genre der Egoshooter behauptet wird. Höheren Auflösungen und permanent steigenden Rechnerleistungen sei es zu verdanken, daß die Immersion, also das Eintauchen in die virtuellen Welten, immer besser gelinge – mit den entsprechend negativen Folgen für die so Eingetauchten ebenso wie für die Gesellschaft (vgl. zur Geschichte der Immersion → Ohrstein). Diese gelten nicht nur als für die Welt verloren, sondern sie übertragen dem Vernehmen nach bestimmte Verhaltensweisen in die reale Welt – das große medienpädagogische Problem unserer Tage, das als solches nach jedem neuen Schulamoklauf die Diskussion um die Rolle von Computerspielen in den Feuilletons bestimmt. In »Machinarium« hingegen ist das Angebot an immersiver Weltenflucht so ausgestellt nicht vorhanden, daß sich umgekehrt vor dem Hintergrund der Computerspielentwicklung die Frage stellt, warum sich ein Spiel dem so sehr verweigert und was es statt dessen tut.

Der Held des Spieles ist ein kleiner, sympathieträchtiger Roboter namens Josef, der seine Abenteuer in einem Ambiente bestreitet, das an die Nostalgie des Steampunks erinnert. Josef teilt den Vornamen mit dem tschechischen Maler und Graphiker Josef Čapek, dem Bruder des Schriftstellers Karel Čapek, der 1921 mit einem utopistischen Kollektivdrama in drei Aufzügen unter dem Titel *R. U. R. – Rossum's Universal Robots* (eine deutsche Übersetzung, besorgt von Otto Pick, erschien 1922 unter dem Titel *W. U. R. Werstands Universal Robots*) den Robotern den Weg auf die Bühne bereitete. Karel, der in seinen Texten immer wieder dezidiert anderen Seinsarten nachstellte (*Der Krieg mit den Molchen* [1936], *Aus dem Leben der Insekten* [1921]), zufolge war es sein Bruder Josef, der den Begriff *robot* prägte. Mit dieser Anleihe an das tschechische Wort *robota* (Arbeit) war etwas in die Welt gesetzt, das als industrielle Revolution begann, das semantisch jedoch zu einer der wirkmächtigsten Vorlagen für alle nur denkbaren Entfremdungsszenarien und damit zur Bedrohung des Menschen überhaupt hat werden sollen (vgl. dazu etwa Coy 1985). In einem Zeitungsartikel vom 24. Dezember 1933 klärt Karel die Erfindungsgeschichte des Begriffes auf und bescheinigt seinem Bruder die Autorschaft. Anläßlich des Theaterstücks soll es zu folgendem Dialog zwischen den beiden Brüdern gekommen sein:

»But«, the author said, »I don't know what to call these artificial workers. I could call them Labori, but that strikes me as a bit bookish.« »Then call them Robots,« the painter muttered, brush in mouth, and went on painting. And that's how it was. Thus was the word Robot born; let this acknowledge its true creator. (Čapek 1933)

Weil die Welt für derlei innerfamiliäre Binnendifferenzierungen wenig übrig hat, überlebt Bruder Karel als Namensgeber und vielfältiger Referenzpunkt für weitere Bezugnahmen, die seinen Namen in Ehren halten: Ein Planet ist nach ihm benannt, eine der weltweit führenden Roboterfirmen, die japanische FANUK-Robots, programmiert ihre Produkte mit der Sprache KAREL und hält so das Gedächtnis an ihn wach. Josef, der mit seinem Bruder eine intensive Arbeitsbeziehung unterhielt, so schrieben sie etwa das Drama *Aus dem Leben der Insekten* gemeinsam, illustrierte viele der Werke seines Bruders. Stark geprägt vom Kubismus, verbindet er diesen mit Anleihen aus der tschechischen Volkskunst – und es scheint, daß gerade diese Anleihen im Com-

Abb. 3: Still aus dem Computerspiel »Machinarium«.

puterspiel ihrerseits auf- und fortleben – als Roboter mit einem hohen Knuddelfaktor.

Vertrieben wird das Spiel vom Label Amanita Design, hinter dem eine kleine, unabhängige Spieleschmiede mit Sitz in der Tschechischen Republik steckt. Ihrer Selbstdarstellung zufolge begann die Sache 2003 mit dem Abschluß der akademischen Karriere des tschechischen Entwicklers Jakub Dvorsky an der Prager Academy of Arts. Die Abschlußarbeit war ein frei zugängliches Spiel namens »Samorast«, das Amanita Design auf den Markt brachte und damit eine überaus erfolgreiche Produktpalette begründete. Der Anschluß an das Konzept der Nostalgie erfolgt über zeichnerische Details und reicht von der ostentativen Individualität der manuellen Verfertigung bis hin zur Handschriftlichkeit des Titelzugs.

Die tschechischen Entwickler von Amanita Design, die mit den Flash-Meisterwerken Samorost und Samorost 2 weltweit die Browser eroberten, wurden für Machinarium bereits mit dem Preis des Independent Games Festival 2009 für herausragende Grafik ausgezeichnet. Das unverwechselbare Adventure besticht durch handgezeichnete Hintergründe voller fremdartiger Details und einfallsreicher Rätsel. Jede Aktion der bezaubernden Charaktere wurde mit tausenden Animationen liebevoll und passend in Bewegung versetzt. Die atmosphärische Musik zieht den Spieler mit ungewöhnlichen maschinellen Sounds tief hinein in die außergewöhnliche Welt von Machinarium. (Amanita Design o. J.)

Bei dem 2009 veröffentlichten Spiel handelt es sich um ein Zwei-D-Point-and-Click-Abenteuerspiel, dessen Handlung überschaubar bleibt. Josef, der kleine Roboter, muß sich zu Spielbeginn aus seinen eigenen Teilen auf einem Schrottplatz außerhalb der Stadtmauern zu einer funktionsfähigen Einheit zusammensetzen. Derart integriert, gelangt er in die Stadt Machinarium, um dort den von einer bösartigen Roboterbruderschaft geplanten Bombenanschlag auf den Sitz des Bürgermeisters zu vereiteln und bei diesem Abenteuer zugleich seine alte Roboterliebe zu reaktivieren. Was die Kommunikation mit dem Spieler angeht, bleibt das Spiel minimalistisch – es wird auf Stimmen verzichtet und statt dessen ganz auf die Eigenlogik des Roboters gesetzt. Dieser kann sich dehnen und strecken, um so an die für den Abenteuerweg sachdienlichen Dinge zu gelangen. Damit hat er Teil an einem Reich des Artifiziellen sowie an einer sehr grundlegenden Befreiung vom Organischen, die, einem Befund Walter Benjamins zufolge, die Karriere von Walt Disneys Zeichentrickfigur Mickey Mouse begründen sollte (→ Mickey Mouse).

Aufschlußreich für die Namensgebung ist eine kurze Stellungnahme des Spieleentwicklers Jakub Dvorsky: »hi Sabine, well, machinarium is derived from the word machine (robots etc.) and also machinate (Black Cap Brotherhood). than it's made so it sounds like some place: -rium (aquarium or terrarium). and besides that it's new and quite nice word, so that's why:) regards, jakub« (Persönliche Mitteilung an Sabine Schollas, die im Rahmen einer Seminararbeit diesen Kontakt herstellte und bei der ich mich an dieser Stelle sehr herzlich bedanken möchte!). Diese Aufklärung über den Namen macht deutlich, daß sich das Machinarium nicht, wie man es vielleicht erwarten würde, in der Auflistung maschineller Details erschöpft. Vielmehr öffnet das Verb *to machinate* eine Bezugnahme auf Verfahrensweisen, auf raffinierte Strategien und trickreiche Finten. Eine Machination stellt in dieser Verwendung eine Tätigkeit und nicht das real gewordene Resultat einer solchen dar.

Eine solche Verwendung des Roboters ist so außergewöhnlich

wie die Sympathie für ein Computerspiel, das neben den Aspekten des Von-Hand-gezeichnet-Seins ausgerechnet für seine »inneren Werte« wie Gewaltfreiheit oder die Steigerung von Kooperationskompetenzen gerühmt wird. Daß Roboter sich von Beginn an immer auf Konfrontationskurs zum Menschen befanden, ist ein Befund, den es in einer Kulturgeschichte des Künstlichen nachzuzeichnen gälte – mit einer Fülle von eigenen Narrativen, die der Angst des Menschen vor und den Regularien im Zusammenleben mit Robotern gelten (→ INSBOT). Berühmt wurden dabei die drei Robotergesetze, die Isaak Asimov in der Kurzgeschichte »Runaround« von 1942 formulierte: Roboter dürften erstens kein menschliches Wesen verletzen, müßten zweitens die vom Menschen aufgestellten Regeln befolgen (solange diese nicht mit der ersten Regel kollidieren), und der Roboter muß seine eigene Existenz beschützen. Diese Regel gilt jedenfalls so lange, wie eine Kollision mit Regel eins und zwei vermieden wird (vgl. dazu Asimov 1982 [1942], 67; → STAAT).

Welche Sprengkraft dieses Regelwerk bereithält und zu welchen Verwicklungen es taugt, ist Gegenstand zahlloser Narrative, in denen die Verhältnisse zwischen Menschen und Robotern bis in die letzten Verästelungen ihres möglichen Konfliktpotentials ausbuchstabiert werden. Natürlich müßte eine solche Kulturgeschichte auch die technischen Entwicklungen der Robotik selbst in den Blick nehmen, die eben erst ab einem bestimmten Grad der Leistungsfähigkeit das Argument jener *prometheischen Scham* plausibel erscheinen läßt, das dem österreichischen Philosophen und Kulturkritiker Günther Anders zufolge das Verhältnis des Menschen zur Technik bestimmt und in einem wenig schmeichelhaften, dafür aber sehr direkten Sinn alt aussehen läßt. So jedenfalls lautet der Befund in seinem berühmten Buch von der *Antiquiertheit des Menschen*. Weniger flapsig und bonmothaft formuliert, liegt darin jene Erfahrung der Unvollkommenheit des Menschen gegenüber den ihn umgebenden Artefakten begründet, die Anders zur Beschreibung der Moderne im Auge hat (vgl. dazu Anders 1956). Vor jenen Robotern, die einem etwa im historischen Rückblick auf die Bühnengestaltung von Čapeks Drama vor Augen kommen, vermag einen diese Scham nicht wirklich zu befallen – aber mit ihnen war ja auch nur ein

Anfang begründet. Von dort aus nahm eine Entwicklung ihren Lauf, die von Industrierobotern über militärische Applikationen bis zu selbsttätigen Assistenzsystemen für Raumpflege und Gartengestaltung reicht. Der Einsatz entsprechender Vorrichtungen wird heute im Rahmen von Krankenpflege, Alten- und Kinderbetreuung diskutiert – inklusive der Frage nach dem Design. Diese orientiert sich mehr und mehr an Überlegungen dazu, welche Rolle die Gestalt der Maschinen etwa für ihre Akzeptanz in der Sozialarbeit spielt (vgl. Weiss 2012). Und es gibt, wie unter dem Label des »Ambient Assisted Living« geführte Debatten um die technische Aufrüstung von Wohnumgebungen zeigen, kaum einen Lebensbereich, der davon nicht betroffen wäre (vgl. Augusto et al. 2012).

In seinem Roman *Machine Man* aus dem Jahr 2011 zeichnet der australische Schriftsteller Max Barry ein Bild, das sich wie die Inversion eines der großen Narrative der noch jungen Medientheorie liest (→ HAND). Die prometheische Scham führt dort zu einer fiktionalen Handlungsanweisung, in deren Verlauf der Protagonist, der Ingenieur Charlie Neumann, sich zunehmend seiner eigenen Glieder entledigt, um sie durch sehr viel leistungsfähigere Substitute zu ersetzen. Was so harmlos mit einem Industrieunfall begann, bei dem der Held zunächst nur ein Bein verliert, wird zum Anlaß eines großangelegten Gliedertausches, bei dem natürlich auch die Ausstattung mit Waffen nicht fehlen darf (vgl. Barry 2011). Die negative Semantik des Roboters und eine bestimmte, in ihm verkörperte Mechanophobie führten zu Verwendungsweisen, deren diskursive Begleitprogramme ähnlich berechenbar oder absehbar waren wie die ersten Robotergenerationen selbst. Besonders skurril sollten die Umtriebe der Mechanik im Stammland der Anthropologie sein, im vielseitig umsorgten Erziehungsgeschäft. Was ab der Mitte des letzten Jahrhunderts unter dem Titel einer kybernetischen Pädagogik und anläßlich der Programmierbarkeit von Lerninhalten diskutiert wurde, läßt vor dem Hintergrund technischer Machinationen wie Lernautomaten als historisches Begleitprogramm selbst noch einmal den Nürnberger Trichter in Erscheinung treten, um so den Hoffnungen auf Automatisierung des Lernens (und einem willkommenen Nebeneffekt, der Abschaffung der Lehrer)

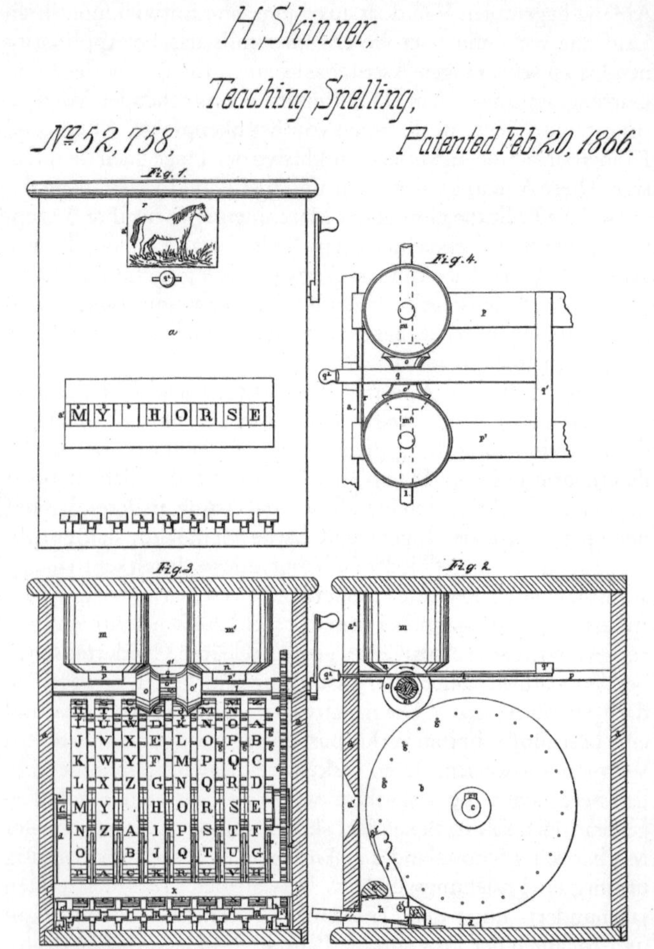

Abb. 4: Buchstabier-Lernmaschine nach United States Patent Nr. 52758 A.

einen Dämpfer zu verpassen. Gerade *teaching machines*, die fest in der Tradition des Behaviorismus verankert waren und namentlich von deren Vertretern, etwa den als Lernautomatenbauern tätigen Burrhus Frederic Skinner und Stanley Pressley, ersonnen wurden, machten zwar von sich reden, galten aber als für pädagogische Anwendungen nur wenig geeignet (vgl. Holland 1960; Vogt 1966).

Ausgerechnet in Josef, dem sympathischen Roboter, überlebt ein Residuum des Menschlichen, das zu optimieren, zu ersetzen und gar abzuschaffen, in welchen Spielarten auch immer, das kulturelle Hintergrundrauschen der Robotik ausmachte. Hier hätten Szenarien eines Post- oder Transhumanismus ihren Ort wie etwa die umstrittenen Überlegungen des austroamerikanischen Computerpioniers Hans Moravec, Überlegungen, die der herrschenden Meinung, Medien und Technik wären, salopp gesagt, etwas, das der Mensch eben in den Händen und im Griff hätte, alternative Szenarien entgegenstellt (vgl. etwa Moravec 1999). In diesen figuriert der Mensch als eine von den Maschinen bestenfalls noch ausbeutbare Spezies (wie in der Filmtrilogie *Matrix*), die ob ihrer Imperfektheit zwar einen mitleidig gewährten Schutz von den Robotern erwarten kann (wie in *I, Robot*), die aber keinesfalls eine begründete Hoffnung darauf haben darf, mit diesen jemals auf gleicher Augenhöhe eine gemeinsame Umwelt zu bewohnen – zu sehr klaffen die Entwicklungsmöglichkeiten künstlicher und natürlicher Intelligenzen auseinander. Dieses evolutionäre Setting ist für Moravec lediglich eine Sache der Technikentwicklung selbst. Ein Schaubild zeigt, wie – rein quantitativ – die Taktungen von Computerprozessoren (gemessen in *mips*) den Weg einer wenig metaphorisch gemeinten technischen Evolution bahnen und ab welchem Punkt der Mensch gegenüber der Technik ins Hintertreffen gerät. Die entsprechenden Visionen Moravecs sind hinreichend psychologisiert, kritisiert und diskutiert worden und sie scheinen auf ihre Weise noch weit von der breiten Produktpalette entfernt, die SEEGRID, eine von ihm selbst gegründete Firma, an autonomen Robotersystemen zur Verfügung stellt. Während dort immer weiter an der Optimierung führerloser Gabelstapler für die personalarme Welt moderner Fabrikanlagen gearbeitet wird, zielen die visionären Anteile in eine Welt, in der noch nicht einmal das Vorhandensein von Arbeit für die technisch entlasteten Arbeiter zum Problem zu werden braucht, ein Aspekt, der die Szenarien kybernetisch organisierter Produktherstellung von ihrem Beginn an überzieht. Schon im Drama Čapeks aus dem Jahr 1921 scheint die Freisetzung von Freizeit durch die Vermeidung von Fronarbeit Thema zu sein – und kann ihrerseits Planspiele einer neuen Menschheit initiieren, der ohne das Joch entfremdender Lohnarbeit nunmehr die Freizeit und ihre sinnvolle Gestaltung zur neuen Aufgabe wird (vgl. Weber 1956; Pias 2012).

Josef hingegen erscheint nostalgisch verbrämt und frei von jener semantischen Altlast, die für das Negativ-Image des Roboters so lange maßgeblich sein sollte. Das Reich der Mechanik hat durch die Entwicklung in den Lebenswissenschaften, namentlich in der Biologie und ihren Begleitdisziplinen, eine Konkurrenz erzeugt, vor deren Hintergrund die Mechanik lediglich noch nostalgisch belangbar ist. Es stellt eine der eigenwilligen Pointen dar, daß der Bezug zu Robotern den Übergang zum Leben und zur Biologie sichtbar macht, die allerorten zur Sprache kommt. Vor dem Hintergrund von Transgenetik, Neuroinformatik, Synthetischer Biologie oder Bioengeneering sehen Roboter tatsächlich alt aus – und in diesem Altaussehen gelingt es ihnen, das Altern und damit das Nostalgisch-Werden technischer Medien selbst sichtbar zu machen und auch sichtbar zu halten (vgl. Pias 2011).

Medien stellen sich ihrer eigenen Verfallslogik und leisten einen Beitrag zu ihrem Obsolet-Werden – ein Aspekt, der an kaum einem Ort so greifbar wird wie in der Science-fiction. Für das, was man dort über die Konstellation von Mensch und Technik erfahren kann, hat Walter Benjamin ein inzwischen selbst klassisches Beispiel formuliert und damit nostalgischen Verbrämungen ein eingängiges Argument gewidmet. Er vergleicht den französischen Romancier Jules Verne mit dem phantastischen Schriftsteller Paul Scheerbart und gelangt dabei zu folgender Einschätzung: Bei Verne bleibt sich der Mensch trotz wechselnder Umwelten gleich, was zu der schönen Formulierung von den im Weltraum »herumsausenden« Globalisierungsrentnern führt, deren Veranschaulichungspotential dem heutiger Steampunk-

Verfechter in nichts nachsteht. Anders sei der Fall bei Scheerbart gelagert, der sehr viel radikaler gerade die Veränderbarkeit des Menschen im Umgang mit Medien betont:

> Von ihm gibt es Romane, die von weitem wie ein Jules Verne aussehen, aber sehr zum Unterschied zu Verne, bei dem in den tollsten Vehikeln doch immer nur französische oder englische Rentner im Weltraum herumsausen, hat Scheerbart sich für die Frage interessiert, was unsere Teleskope, unsere Flugzeuge und Luftraketen aus den ehemaligen Menschen für gänzlich neue sehens- und liebenswerte Geschöpfe machen. Übrigens reden auch diese Geschöpfe in einer gänzlich neuen Sprache. Und zwar ist das Entscheidende an ihr der Zug zum willkürlichen Konstruktiven; im Gegensatz zum Organischen nämlich. (Benjamin 1980 [1932], 216)

Benjamins Beispiele sind dazu angetan, die Falle zu zeigen, in die eine Anthropologie der Medien fast schon notorisch gerät. Und sie skizzieren zugleich Alternativen, die ihre Stärke daraus ziehen, den Menschen nicht auf die Altlast von Wesensbestimmungen zu reduzieren und diese Bestimmungen durch die Register historisch wandelbarer medialer Umwelten zu deklinieren. Während Karel Čapek und die Kybernetiker über Aspekte einer neuen Sozialordnung nachdenken, ausgelöst durch die Freisetzung von Freizeit, ist es Hans Moravec um eine neue Seinsordnung zwischen Menschen und Maschinen zu tun: Die Robotik erscheint dabei als Spitze eines den Menschen auslassenden Vorganges. Damit ist das Reich eines Transhumanismus eröffnet, in dem sympathische Roboter verkörpern, was als Residuum des Menschen hat gelten dürfen.

S. R.

Monkey wrench

Down with all kings but King Ludd.

Lord Byron, zitiert nach Abbey 2006 [1975], o. Pag.

Monkey wrench, a wrench with adjustable jaws.

Oxford American Dictionary *1980, 576*

Im Jahr 1977 setzte der amerikanische Umweltaktivist John Hanna sieben selbstgebaute Napalmbomben ein, um Flugzeuge, *crop duster*, zu zerstören, die Pestizide über die Felder versprühen sollten. Hanna war Gründer und, so behauptete er zumindest in einem Interview vom 6. September 2001, bis heute einziges Mitglied der Gruppe Earth Live Front (Hanna 2001). Einige Jahre später erschienen neue Gruppen, aus Earth Live Front wurde die Earth Liberation Front, von der Hanna sich im Interview ausdrücklich abgrenzt. Earth Liberation Front ist eine militante Organisation, die mit ihren Aktionen enorme finanzielle Schäden anrichtete. Im Jahr 1998 unternahmen ihre Mitglieder Brandanschläge in einem Skigebiet in Vail, Colorado, wo sie vier Skilifte, ein Restaurant, einen Picknickplatz und ein Gebäude zerstörten, der Schaden belief sich auf über zwölf Millionen Dollar (vgl. Long 2004, 3; Liddick 2006, 5).

Eco-terrorism ist seit den siebziger Jahren eine reale Bedrohung in den USA. Nach der Definition des FBI bedeutet *eco-terrorism* »the use or threatened use of violence of a criminal nature against innocent victims or property by an environmentally oriented, subnational group for environmental-political reasons, or aimed at an audience beyond the target, often of a symbolic nature« (Long 2004, 3 f.). Die Akteure selbst lehnen diese Beschreibung als Kriminalisierung ab, lieber sprechen sie von *eco-defense*, *ecotage* oder *monkeywrenching*, zumal sie bei ihren Aktionen ausdrücklich keine Menschen verletzen wollen. Überhaupt spielt die eigene historische Verortung und die Positionierung gegenüber anderen Gruppen eine wichtige Rolle. So trennte sich etwa Paul Watson von Greenpeace und gründete

1977 die militante Sea Shepherd Conservation Society, die auch vor dem Rammen von Walfangschiffen nicht zurückschreckt. Im Jahr 1980 entstand Earth First!, nicht zuletzt aus den frustrierenden Erfahrungen der Umweltschutzarbeit heraus. Mitgründer Dave Foreman erläutert die Enttäuschung in seinem autobiographischen Buch *Confessions of an Eco-Warrior*:

The national groups – Sierra Club, Friends of the Earth, National Audubon Society, Natural Resources Defense Council, and the rest – took almost identical middle-of-the-road positions on most issues. And then those half-a-loaf demands were readily compromised further. The staffs of these groups fretted about keeping local conservationists [...] in line, keeping them from becoming extreme or unreasonable, keeping them from blowing moderate national strategy. Even Friends of Earth, which had started out radical back in the heady Earth Day era, had gravitated to the center and, as a rule, was a comfortable member of the informal coalition of big environmental organizations. (Foreman 1991, 15)

Als dann auch noch Ronald Reagan Präsident der USA wurde, war für Foreman und andere endgültig eine Wende notwendig: Earth First! entstand, radikal, wie Foreman schreibt, in ihrem Stil, ihren Positionen und ihrer Philosophie, da man nur so effektiv sein könne. Die Mitglieder der Gruppe selbst sollten den Boden der Legalität nicht verlassen, was auch nicht nötig sei, bestehe der Zweck des »environmental radicalism« doch darin, »to inspire others to carry out activities straight from the pages of The Monkey Wrench Gang (a novel of environmental sabotage by Edward Abbey), even though Earth First!, we agreed, would itself be ostensibly law-abiding« (Foreman 1991, 18).

Die Nennung von Edward Abbeys Roman ist alles andere als zufällig. Denn das 1975 erstmals erschienene *The Monkey Wrench Gang* wurde zum Kultbuch schlechthin, und so überrascht es kaum, daß es auch bei einer anderen radikalen Gruppe auftaucht. Die Homepage der Earth Liberation Front bietet ein Schaubild mit einer Geschichte des *eco-terrorism* in den USA, das nicht nur die Daten der Gründung der eigenen Gruppe und von Hannas Attentaten angibt, sondern auch Abbeys Roman an den Anfang der Geschichte des *eco-terrorism* stellt. Während Bücher wie die Reportage *Silent Spring* (1962) der Biologin und Journalistin Rachel Carson oder die drastischere Schrift *The*

Abb. 1: Titelbild der Erstausgabe aus dem Jahr 1975.

Pesticide Conspiracy (1978) des amerikanischen Entomologen Robert van den Bosch, die Hanna als seine zentralen Einflußquellen anführte, aufzeigen, wie Pestizide in der Nahrungskette und damit auf dem Eßtisch jedes Amerikaners landen, hielt sich Abbeys Roman nicht mit dem Nachweis der Faktizität der Umweltverschmutzung auf, sondern läutete den Gegenangriff ein. Der Roman handelt von einer Gruppe von Akteuren, die sich zwischen Utah und Arizona bewegen und an der zunehmenden

Industrialisierung der Landschaft leiden. Ein besonderes Haßobjekt ist der Glen-Canyon-Staudamm, der enorme ökologische Auswirkungen auf den Colorado River hatte. Gemeinsam nehmen sie den Kampf gegen Straßenbau, Kraftwerke, den Damm und weitere Infrastrukturprojekte auf. Finanzier und gewissermaßen der Intellektuelle der Gang ist Dr. Sarvis, der den Begriff *monkeywrenching* vom Ausdruck für Sabotage herleitet und den Charakter der Maßnahmen auf den Punkt bringt: »Dr. Sarvis told his comrades about a great Englishmen named Ned. Ned Ludd. They called him a lunatic but he saw the enemy clearly. Saw what was coming and acted directly. And about the wooden shoes, *les sabots*. The spanner in the works. Monkey business. The rebellion of the meek.« (Abbey 2006 [1975], 68 f.)

Sarvis führt als Herleitung des Wortes Sabotage die französischen Arbeiter an, die im 19. Jahrhunderts Holzschuhe, *sabots*, trugen und die angeblich diese Schuhe in Maschinen warfen, um sie funktionsunfähig zu machen. Den erwähnten Ned Ludd gab es tatsächlich, allerdings weiß man über ihn nur wenig. Eine Geschichte behauptet folgendes (vgl. Sale 1995, 77-84): Ned Ludd war Stricker in der Nähe der englischen Stadt Leicester. Nach einem Bericht der *Nottingham Review* vom 20. Dezember 1811 habe der Junge nicht fleißig gearbeitet, weshalb ihn sein Meister auspeitschen ließ, woraufhin Ned Ludd mit einem Hammer einige Strickmaschinen zerstört habe. Im Dezember 1811 folgten Arbeiter seinem Vorbild, und obgleich sie nicht organisiert waren, breiteten sich die Überfälle auf weitere Fabriken aus. Ned Ludd wurde zum fiktiven Anführer des Kampfs gegen die Ausbeutung der Arbeiter, womit er sich in eine Art neuen Robin Hood verwandelte:

Chant no more your old rhymes about bold Robin Hood
His feats I but little admire
I will sing the Atchievements [sic!] of General Ludd
Now the Hero of Nottinghamshire
[...]. (Zitiert nach Sale 1995, 81 f.)

An dieser Figur des Freiheitskämpfers schließt Abbey an, schließlich erwähnt er Ned Ludd nicht nur, er widmet ihm seinen Roman sogar: »IN MEMORIAM: *Ned Ludd*«. (Abbey 2006 [1975], o. Pag.)

Abbey bezieht die *ecotage* somit auf die zu Beginn des 19. Jahrhunderts auftretende Maschinenstürmerei. Während die Luddisten allerdings noch unorganisiert waren, avancierte die Sabotage gegen Ende des 19. Jahrhunderts zu einer strategisch eingesetzten Technik im Arbeitskampf. Für den Anarchisten Emile Pouget (1860-1931) ist die Sabotage (auch: direkte Aktion) keineswegs stets destruktiv, er leitet das Wort Sabotage auch anders her als Abbey. Nach Pouget stammt der Ausdruck aus der Redewendung »to work clumsily as if by sabot blows« (Pouget 1913, 37). Eine zentrale Technik der Sabotage ist demgemäß nicht das Werfen von Holzschuhen, sondern die Verlangsamung des Arbeitsprozesses. Der schottische Ausdruck für Sabotage war nach Pouget »Go canny«, also: Arbeite langsam.

In Glasgow waren im Jahr 1889 Dockarbeiter in den Streik getreten, die Unternehmer stellten dafür Farmarbeiter ein, und der Streik blieb erfolglos. Als die Streikenden wieder an ihre Arbeit gingen und ihre Arbeitgeber ihnen mitteilten, wie zufrieden sie mit den Farmern gewesen seien, stellten die Dockarbeiter ihre Taktik um. Sie hatten nämlich gesehen, daß die Streikbrecher auf den Brücken kaum das Gleichgewicht halten konnten, manche fielen mitsamt der Ladung ins Wasser. Nicht einmal zusammen leisteten zwei Farmer die Arbeit eines Dockarbeiters. Wenn aber die Bosse mit den Farmern zufrieden waren, dann sollten sie auch deren Arbeitsleistung erhalten. Daher arbeiteten sie nach dem erfolglosen Streik so, wie es die Streikbrecher getan hatten, nur daß sie nicht ins Wasser fielen. Die »Go canny«-Strategie, die dem Prinzip »bad wages, bad labor« folgte, erwies sich als erfolgreich, die Leitung erhöhte die Löhne (Pouget 1913, 41 f.).

Die Akteure der *ecotage* legitimieren mit diesem doppelten historischen Bezug ihre Tätigkeit als gerechten Kampf. Während sie den Ludditen in der tatsächlichen Zerstörung der Maschinen folgen, übernehmen sie von den Vertretern der Sabotage um 1900 die Fokussierung der Angriffe auf die empfindlichste Stelle der Unternehmen: das Geld. Allerdings geht es nun nicht mehr um die Ausbeutung der Arbeiter, sondern die Verteidigung der Wildnis gegen, wie Sarvis sich ausdrückt, den planetarischen Industrialismus (Abbey 2006 [1975], 64).

Während der Ausdruck *ecotage* die erwähnte Geschichte aufruft, setzt die Wendung *monkeywrenching* einen anderen Akzent, indem sie auf ein einfaches Werkzeug verweist, den Universalschraubenschlüssel. Denn wenn gemäß der Logik der *ecotage* mit möglichst einfachen Mitteln größtmöglicher finanzieller Schaden angerichtet werden soll, steht der Universalschraubenschlüssel konkret für die Demontage von Bulldozern und anderen teuren Gerätschaften, zugleich verweist er metonymisch auf Techniken der *ecotage* (→ HAND). Denn um eine *Technik* handelt es sich auch hier: *Ecotage*, die Zerstörung von Maschinen, Fabriken, Straßen oder Leitungen, versteht sich als ein Gegenmodell zur industriellen Technik. Die Vertreter der *ecotage* setzen auf einfache Werkzeuge – dem industriellen Apparat stellen sie eine *toolbox* gegenüber, die Werkzeuge wie Schraubenschlüssel, Hämmer oder Nägel enthält. Es geht bei *monkeywrenching* somit nicht um Technikabstinenz, sondern zum Einsatz kommt eine andere Form der Technik, die ihre Verkörperung im von der menschlichen Hand geführten Werkzeug und nicht in der automatisch laufenden Maschine hat. Der Ausdruck *monkeywrenching* bringt diese Konstellation präzise auf den Punkt, wobei Abbeys Roman die Handlungsmotivation relativ simpel darstellt. Ein anderer zentraler Protagonist des Romans, der Vietnamveteran Hayduke, formuliert es folgendermaßen: »Hayduke thought. Finally the idea arrived. He said: ›My job is to save the fucking wilderness. I don't know anything else worth saving. That's simple, right?‹« (Abbey 2006 [1975], 229)

In der Tat – es ist recht einfach, und da Hayduke auch nicht der Hellste ist, nimmt man ihm diese Motivation ab. Vor allem aber ist diese Einfachheit ein rhetorisches Mittel, das den Lesern suggeriert, man könne gar nicht anders, als so zu handeln, wie es die *monkey wrench gang* tut. Gemäß der Handlungsaufforderung des Romans hat sich der Leser einzugliedern in die Reihe der Aktivisten. Dabei geht es gerade nicht um Gruppenbildung oder Kommunikation, sondern jede Gruppe bzw. jede Einzelperson agiert selbständig: Es gibt noch Gleichgesinnte da draußen, heißt es im Roman, aber man kennt sich nicht. Nicht zuletzt ist es diese Form der dezentralen Organisation – die einzelnen Akteure kommunizieren nicht miteinander –, die Romane, Internetauftritte oder Anleitungsbücher so bedeutsam macht, denn diese fungieren als Scharnierstellen zwischen den Gruppen, indem sie die Ideologie, die Programmatik sowie auch die konkreten Handlungsanweisungen zur Verfügung stellen.

Anleitungsbücher sind überhaupt eine zentrale Gattung im Diskurs der politischen Ökologie. Bereits Buckminster Fuller führte den Ausdruck im Titel seines wegweisenden Buches *Operating Manual for Spaceship Earth* (1969). Fuller betont das Fehlen einer Bedienungsanleitung für die Steuerung des Raumschiffs Erde, womit er auf ein Regelwerk abzielt, das flexibel genug ist, um mit völlig unterschiedlichen Herausforderungen umgehen zu können: »Thus, because the instruction manual was missing we are learning how we safely can anticipate the consequences of an increasing number of alternative ways of extending our satisfactory survival and growth – both physical and metaphysical.« (Fuller 1969, 52) Fullers Überlegungen hielten Einzug in eines der prominentesten Publikationsorgane für die amerikanische *counterculture*, den *Whole Earth Catalog,* dessen erste Ausgabe 1968 erschien und der nicht nur Informationen über komplexe Systeme und geodätische Kuppeln präsentierte, sondern auch handfestes Wissen für das praktische Überleben in der Natur (vgl. Turner 2006). Ebenfalls erfolgreich waren in den sechziger und siebziger Jahren Bücher über autonomes Leben wie etwa John Seymours 1976 erschienenes *Self-Sufficiency*, das ausführlich darstellt, wie man einen Zaun baut oder ein Hochbeet anlegt, wie man Bier braut oder ein Kaninchen ausbalgt. Gemeinsam ist diesen Büchern, daß sie erstens eine Aufforderung enthalten. Im Vorwort zu *Self-Sufficiency* heißt es, man solle nicht auf Godot warten, der komme ohnehin nicht, weshalb man sofort mit der Selbständigkeit anfangen müsse. Zweitens wenden sich solche Anleitungsbücher vorrangig gegen das Vordringen der technischen Zivilisation und drittens vermitteln sie Wissen um elementare praktische Techniken.

So findet sich auch im Publikationsorgan von Earth First!, der Zeitschrift *Earth First News. On the Frontlines of Ecological Resistance*, eine sogenannte *Toolbox* mit praktischen Anleitungen, welche stets mit »Dear Ned Ludd« beginnen.

Aus dieser Kolumne sowie weiteren Texten stellte Foreman dann ein Buch zusammen, das ebenfalls Kultstatus erlangte. Im

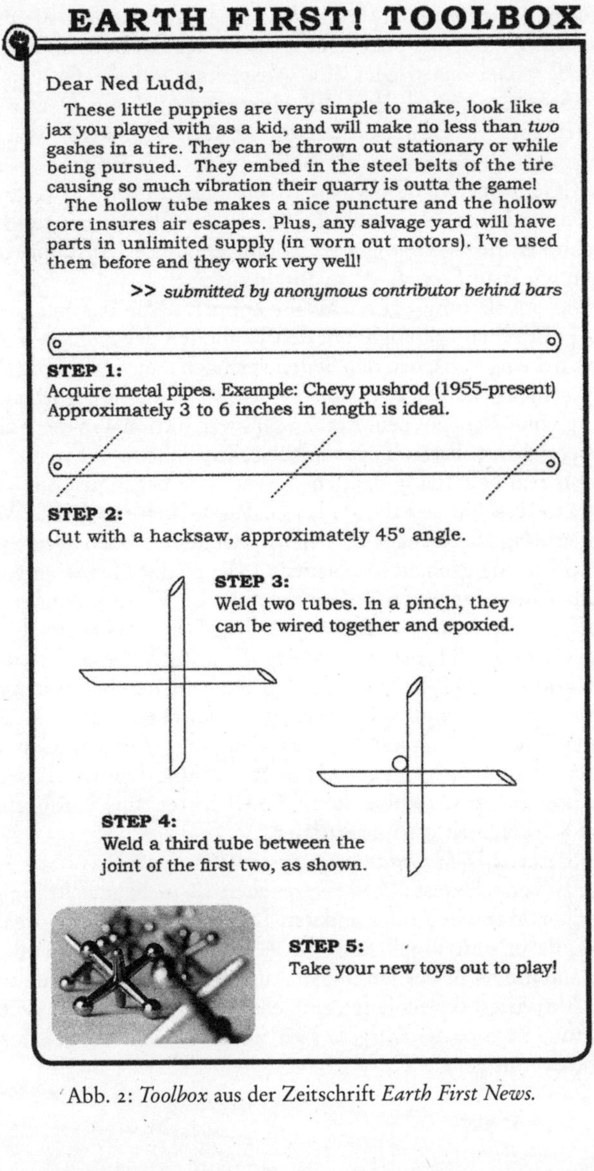

EARTH FIRST! TOOLBOX

Dear Ned Ludd,

These little puppies are very simple to make, look like a jax you played with as a kid, and will make no less than *two* gashes in a tire. They can be thrown out stationary or while being pursued. They embed in the steel belts of the tire causing so much vibration their quarry is outta the game!

The hollow tube makes a nice puncture and the hollow core insures air escapes. Plus, any salvage yard will have parts in unlimited supply (in worn out motors). I've used them before and they work very well!

>> *submitted by anonymous contributor behind bars*

STEP 1:
Acquire metal pipes. Example: Chevy pushrod (1955-present) Approximately 3 to 6 inches in length is ideal.

STEP 2:
Cut with a hacksaw, approximately 45° angle.

STEP 3:
Weld two tubes. In a pinch, they can be wired together and epoxied.

STEP 4:
Weld a third tube between the joint of the first two, as shown.

STEP 5:
Take your new toys out to play!

Abb. 2: *Toolbox* aus der Zeitschrift *Earth First News.*

Jahr 1985 veröffentlichte er *Ecodefense. A Field Guide to Monkeywrenching*. Ebenfalls als Herausgeber zeichnet ein Bill Haywood, wobei das wieder eine Anspielung auf die Geschichte der Sabotage sein dürfte. Bill Haywood (1869-1928) war ein amerikanischer Gewerkschaftsführer und Befürworter von Sabotageakten, sein Spitzname war Roughneck. Das Buch ist somit dem Genre der ökologischen Anleitungsliteratur zuzuordnen, allerdings behandelt es nicht Techniken des Überlebens, sondern Techniken der Verteidigung: Es gibt detailliert Auskunft darüber, wie man *Ecotage*-Akte durchführt.

Diese Anleitung zur *ecodefense* koppelt damit das Imaginäre der politischen Ökologie mit den Realitäten der *ecotage*, wobei man beliebig zwischen den Seiten springen kann: Während Abbey seinem Roman *The Monkey Wrench Gang* die Vorbemerkung vorausschickt, sein Roman sei zwar fiktional in der Form, basiere aber vollständig auf historischen Fakten – »Everything in it is real or actually happened. And it all began just one year from today.« (Abbey 2006 [1975], o. Pag.) –, heißt es in einer Vorbemerkung zu Formans *Ecodefense*, daß dieses Buch alleine zur Unterhaltung gedacht sei. Niemand, der an der Herstellung des Buches beteiligt war, würde in irgendeiner Weise jemanden ermutigen, »to do any of the stupid, illegal things contained herein« (Foreman/Haywood 1996 [1985], o. Pag.). Diese Kreuzung von Fiktion und Realität spielt zum einen mit den Behörden, Foremans *Field Guide* wäre ohne diese Vorbemerkung ein ausdrücklicher Aufruf zur Sachbeschädigung gewesen; zum anderen zeigt sich hier exemplarisch, daß und wie der Diskurs der politischen Ökologie durch die Überkreuzung von Fiktion und Wirklichkeit organisiert wird.

Foremans *Field Guide* listet systematisch auf, was unter *ecotage* zu verstehen ist. *Monkeywrenching* sei nicht gewalttätig gegenüber Menschen oder anderen Lebensformen, nicht organisiert, dafür individuell, über die ganze USA verbreitet, äußerst variantenreich in der jeweiligen Ausführung, mache Spaß, und die Aktivisten verwendeten einfachste Werkzeuge. Zentrale Bedeutung komme dem *targeting* zu, zumal es nicht um geistlosen Vandalismus gehe:

Ecodefenders pick their targets. Mindless, erratic vandalism is counterproductive as well as unethical. Monkeywrenchers know that they do not stop a specific logging sale by destroying any piece of logging equipment they come across. [...] They ask themselves what is the most vulnerable point of a wilderness-destroying project, and strike there. (Ebd., 9)

Wie sich schon in Pougets Ausführungen zur Sabotage zeigte, ist der wunde Punkt die Stelle, an der die Unternehmen finanzielle Verluste erleiden oder: Die durch *ecotage* erzeugten Unterbrechungen des Produktionsprozesses werden die Unternehmen, so die Phantasie, von ihren großtechnischen Projekten, etwa der Abholzung uralter Redwood-Bäume oder der Zerstörung von Landschaften durch Uranminen, abbringen.

Besonders herausragende Bedeutung kommt dem Kampf gegen die Abholzung der Wälder durch die riesige amerikanische Holzindustrie zu. Die vom *Field Guide* vorgeschlagene und in der Wirklichkeit auch vielmals ausgeführte Technik nennt sich *tree spiking*, eine Taktik, auf die bereits das von Abbey verfaßte Vorwort verweist:

No good American should ever go into the woods again without this book and, for example, a hammer and a few pounds of 60-penny nails. Spike a few trees now and then whenever you enter an area condemned to chainsaw massacre by Louisiana Pacific and its affiliated subsidiary the U. S. Forest Service. (Abbey 1996 [1985], 4)

Detailliert beschreibt der *Field Guide* einzelne Möglichkeiten des Vorgehens. So unterscheidet er zum Beispiel verschiedene Techniken, man kann die Nägel unten einsetzen, so daß sie schon die Sägeblätter der Holzfäller zerstören, oder möglichst weit oben, so daß die Nägel erst im Sägewerk ihre zerstörerische Wirkung entfalten. Er verweist auf die Gefahren durch das Wachpersonal der Firmen bzw. die Mitarbeiter des Forest Service, weshalb man stets zu zweit arbeiten solle. Am besten sei es, bei Regen in den Wald zu gehen, da man dann die Hammerschläge nicht höre, wichtig sei es auch, in Erfahrung zu bringen, wo sich die Überwachungstrupps befinden, entweder indem man sich eine interne Informationsquelle besorge oder indem man das Gebiet beobachte, in dem man sich gut auskennen sollte. Ebenfalls wichtig sei der Zeitpunkt des *tree spiking*; sinnvoll

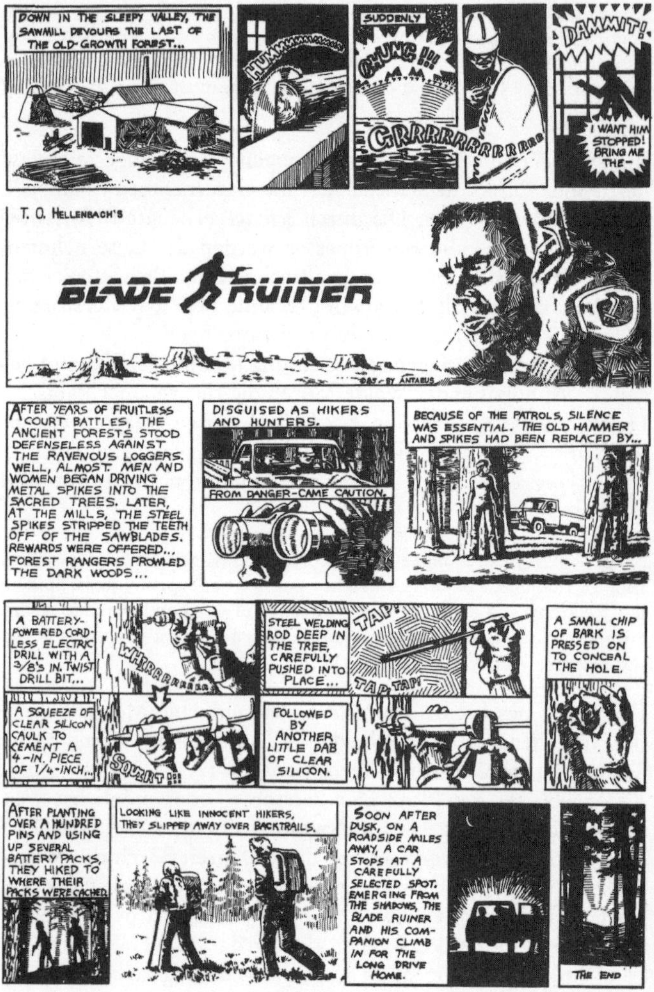

Abb. 3: Der *Eco-Terrorist* im Comic nach Foreman/Haywood 1993.

sei es, schon lange vor einer Abholzung des Waldes anzufangen. So könne man die Firma vor Beginn ihres Zerstörungswerks anonym informieren. Ebenfalls wichtig sei es, keine Spuren zu hinterlassen: Auf keinen Fall dürfe man die Nägel am Wohnort kaufen und erst recht nicht mit Kreditkarte bezahlen. Veranschaulicht wird *tree spiking* nicht zuletzt mit einem Comic, der Held ist nicht der *Blade Runner*, sondern der *Blade Ruiner*:

Die Akteure sind als Wanderer verkleidet, sie beobachten das Gelände und gehen in Zweiergruppen vor. Dann bohrt man ein Loch in den Baum (empfohlen wird eine Bohrmaschine von Black & Decker, der Verkaufspreis lag damals bei 25 bis 40 US-Dollar), setzt den Nagel tief ein, verschließt die Öffnung mit Silikon und verklebt sie mit einem Stück Rinde.

In dieser Form geht der *Field Guide* eine Reihe möglicher Methoden durch, vom *road spiking* über das Durchschneiden von Zäunen bis hin zum marinen *monkeywrenching*; dabei veranschaulichen Bilder die Techniken, und die *field notes* liefern Informationen aus der Praxis anonym bleibender Akteure. Diese Referenz ist entscheidend für die Wirkmacht des Buches, denn die *field notes* sind Belege dafür, daß *ecotage* nicht bloße Fiktion ist, sondern ein in der Realität täglich geführter Kampf. Wie das Anleitungsbuch die Verankerung im Realen benötigt, so braucht es auch den Bezug zum Imaginären. Die Intervention der *ecotage* läßt sich nur verstehen als Verhinderung einer durch die zunehmende Industrialisierung herbeigeführten Zukunft einerseits und als Eröffnung einer alternativen Zukunft andererseits. Diese Zeitlichkeit mit ihrer kausalen Verkettung ist sämtlichen Varianten ökologisch motivierter Anschläge eingeschrieben. So gewinnt die *ecotage* ihre Glaubwürdigkeit aus tatsächlichen Attakken, ihre Legitimation aber erhält sie aus ihrer Einbindung in eine imaginäre Ordnung.

B. B.

Muskete

Vor kurzem ging die Nachricht über einen neuen Torpedo durch die Zeitungen, der in der japanischen Kriegsmarine entwickelt werden soll. Das Erstaunliche an dieser Waffe liegt darin, daß sie nicht mehr durch mechanische, sondern durch menschliche Kraft gesteuert wird, und zwar durch einen Steuermann, der in eine kleine Zelle eingeschlossen ist und den man zugleich als ein technisches Glied und als die eigentliche Intelligenz des Geschosses betrachten kann.

Jünger 1980a [1934], 160

Er würde von den Geschützen, gemeint sind Zehn- und Fünfzehnpfünder, in der Schlacht keinen Gebrauch machen, denn nichts bringe ein Heer so sehr in Unordnung, als wenn es nicht mehr sehe, was vor sich gehe. Neben Staub und Sonne hindere insbesondere der Pulverdampf die Sicht, weshalb er es vorziehe, den Gegner schießen zu lassen, damit der sich selbst blende. Für Niccolò Machiavelli, den ehemaligen Sekretär der Dieci di Guerra in der florentinischen Republik, dem für Außen- und Sicherheitspolitik zuständigen Rat der Zehn, liegt die Bedeutung der Geschütze in der offenen Feldschlacht demnach nicht im Töten der Gegner, sondern in deren Desorientierung.

Bei dieser Überlegung Machiavellis geht es nicht nur um die Wirkkraft der Waffe selbst, sondern um die wirkungsvollste Entfaltung ihres Potentials durch ihre Einbettung in den Gesamtkontext. Gemäß dieser allgemeinen Einsicht widmet er sich in seiner Schrift *Die Kunst des Krieges* (1521) ausführlich der Aufstellung der unterschiedlichen Kämpfer. Machiavelli spielt verschiedene Möglichkeiten der Verteilung von Piken-, Schildträgern und sogenannten Veliten (mit Armbrüsten oder Spießen ausgerüstete Soldaten) durch, wobei er das aus 5000 bis 6000 Mann bestehende Regiment nach römischem Vorbild in zehn Bataillone einteilt. Da die Pikenträger wichtig für das Zurückschlagen der Reiter, im Nahkampf aber wertlos sind, greifen dann die Schildträger ein. Erstere stehen in fünf Gliedern an der Front, dahinter kommen die Schildträger in fünfzehn Gliedern, während die Veliten an den Flanken und im Rücken des Bataillons verteilt sind (Machiavelli 2006 [1521], 754). Wichtig sind dabei vor allem die Bewegungen der Bataillone, denn die Reihen und Glieder dürfen bei Umstellungen, Vor- oder Zurückbewegungen auf keinen Fall durcheinander geraten, was lange und eingehende Übung sowie eine geschickte Verteilung der Kommandierenden erfordere.

Die von Machiavelli ausgeführten Schlachtordnungen gleichen sich darin, daß zum einen die Wirkung der Waffen von ihrer Stellung im ganzen und der schnellen und koordinierten Bewegung der Träger abhängt, und zum anderen darin, daß in ihnen die Feuerwaffen eine nachrangige Rolle spielen. Wie im Fall der Geschütze sieht er auch die Funktion der Schützen in einem psychologischen Moment, nämlich darin, dem Feind Angst einzujagen, vorzüglich Bauern zu erschrecken, um sie beispielsweise von einem Paß zu vertreiben (ebd., 765).

Die Skepsis gegenüber dem Einsatz von Feuerwaffen war im frühen 16. Jahrhundert begründet. Während geübte Bogenschützen pro Minute zehn Pfeile abschossen, die auf eine Entfernung von 200 Metern trafen, und die Bolzen der Armbrustschützen ohne weiteres Rüstungen durchschlugen, benötigte ein Schütze aufgrund der vielen Operationen mehrere Minuten zum Nachladen einer Arkebuse und traf höchstens auf eine Entfernung von 100 Metern halbwegs genau (vgl. Parker 1990, 38). Auf dem Schlachtfeld mußten die Schützen daher von den Pikenieren geschützt werden.

Damit die Arkebusen und Musketen die Schlachtfelder beherrschen und die Langbogen und Armbrüste ersetzen konnten, bedurfte es daher einer Reihe von Voraussetzungen, für welche die Verbesserung der bloßen Technik der Waffe zwar förderlich, aber eher sekundär war. Weder Erfindungen wie das in China bereits im 13. Jahrhundert bekannte Schießpulver, das die korrekte Mischung von Salpeter, Schwefel und Kohle sowie deren Aufbereitung erforderte, noch die Einführung von Visier und Korn, Zündpfanne oder Luntenschloß alleine veränderten die Kampfformen auf dem Schlachtfeld. Dafür sorgte erstens die Ausbildung im Umgang mit der Waffe selbst und zweitens deren Einfügung in eine wirksame Schlachtordnung. Damit das Gewehr ein zentraler Akteur auf Schlachtfeldern werden konnte, bedurfte es dessen struktureller Kopplung mit einer Reihe von Faktoren: Dingen, Techniken, Begriffen, Ordnungsstrukturen und Vermittlungsstrategien. Der Soziologe Bruno Latour hat für solche Verbünde den Begriff des Kollektivs eingeführt, womit er die »Assoziierung von Menschen und nicht-menschlichen Wesen« beschreibt (Latour 1995, 11). Ausdrücklich meint er damit nicht nur Diskurse, sondern der Begriff des Kollektivs schließt sowohl die äußeren Referenten als auch die Sprecher, also sowohl die »Natur der Dinge« als auch den »pragmatischen und sozialen Kontext« mit ein (ebd., 12).

Auch für den militärischen Bereich gilt Latours These, daß die strikte Trennung zwischen Natur und Gesellschaft in der Moderne die »Hybride« vermehrt, das heißt: Es bilden sich Kollektive, die aus Soldaten, Waffen, Instrumenten, Ausbildungsrichtlinien oder Rangzeichen bestehen und die solchermaßen die fundamentale (nach Latour:) »moderne« Unterscheidung von menschlichen und nichtmenschlichen Akteuren nicht nur unterlaufen, sondern geradezu ad absurdum führen. Eine Unterscheidung von Natur und Gesellschaft, von menschlichen und nichtmenschlichen Akteuren ergibt kaum einen Sinn, wenn der Kampf um einen Hügel zu Tausenden Leichen führt, eine neue Form der Schlachtordnung Kämpfe entscheidet oder verschlammte Wege Heeresbewegungen behindern. Überhaupt kann das Militär kaum an einer eindeutigen Unterscheidung von Natur und Gesellschaft Interesse haben, zielt es doch auf nichts anderes als den erfolgreichen Einsatz seiner Kollektive, der Phalanx und der Kohorte, der Infanterie und der Kavallerie, der Pikenträger und der Artillerie.

Wie für die »Prämodernen« Natur und Gesellschaft, Zeichen und Dinge »fast koextensiv« seien (ebd., 134), gilt auch für die Kriegsbeteiligten, daß die Natur ein sozialer Faktor ist, wenn die Truppen etwa durch Nebel irren oder sumpfiges Terrain überwinden müssen. Umgekehrt erscheinen soziale Faktoren als Natur, wenn die Kämpfer aufeinander mit Schwertern, Bajonetten oder Kolben losgehen. Für eine »symmetrische Anthropologie« eignet sich somit nicht nur die Ethnologie, sondern ebenso die Kriegswissenschaft. So spielt hier die Unterscheidung wahr/falsch eine untergeordnete Rolle, kommt es doch vielmehr darauf an, die Bewegungen des Gegners vorherzusehen und in die eigene Planung einzubeziehen. Schon der bis heute vielgelesene Theoretiker Sunzi meinte in seiner am Übergang vom 6. zum 5. Jahrhundert v. u. Z. verfaßten Schrift *Die Kunst des Krieges*: »Therefore, determine the enemy's plans and you will know which strategy will be successful and which will not.« (Sunzi 1965, 100) Das notwendige Zukunftswissen verdankt man weder der Analogie mit vergangenen Ereignissen noch irgendwelchen Berechnungen, sondern dem Einsatz von Geheimagenten (ebd., 145; vgl. dazu auch Horn 2007).

Daher ist es erforderlich, wie Latour in seinem ersten Symmetrieprinzip formuliert, »Irrtum und Wahrheit mit denselben Begriffen anzugehen« (Latour 1995, 124). Ebenso wichtig ist es laut Latours zweitem Symmetrieprinzip, eine »mittlere Position« zu besetzen, in der der Beobachter gleichzeitig die Zuschreibung der nichtmenschlichen und der menschlichen Eigenschaften verfolgen kann, zum Beispiel geht der Ethnologe von der Betrachtung der Meteorologie zur Analyse des Verwandtschaftssystems über, von der Natur der Pflanzen zu ihrer kulturellen Repräsentation usw. (ebd., 130). Auch der Kriegstheoretiker besetzt eine solche mittlere Position, wie Clausewitz' Begriff der Friktion im Krieg verdeutlicht, mit dem er den Unterschied zwischen dem Krieg auf dem Papier und dem wirklichen Krieg fokussiert:

> Diese entsetzliche Friktion, die sich nicht wie die Mechanik auf wenig Punkte konzentrieren läßt, ist deswegen überall im Kontakt mit dem Zufall und bringt dann Erscheinungen hervor, die sich gar nicht berechnen lassen [...]. Ein solcher Zufall ist z. B. das Wetter. Hier verhindert der Nebel, daß der Feind zu gehöriger Zeit entdeckt wird, daß ein Geschütz zur rechten Zeit schießt, daß eine Meldung den kommandierenden Offizier findet; dort der Regen, daß ein Bataillon ankommt, daß ein anderes zur rechten Zeit ankommt, weil es anstatt drei vielleicht acht Stunden marschieren mußte [...]. (Clausewitz 2008 [1832-34], 98)

Friktion meint die Verwicklung natürlicher und sozialer Faktoren, mit denen sowohl die Feldherren als auch der Kriegstheoretiker zu rechnen haben. Demgemäß mache die »objektive Natur des Krieges ihn zu einem Wahrscheinlichkeitskalkül«, zugleich komme mit dem von diesem Kalkül nicht einholbaren »Zufall« ein Ungefähr ins Spiel (ebd., 44). Ohne Mathematik gibt es demnach keine Kriegskunst, zugleich finden, wie Clausewitz ausführt, die »Berechnungen der Kriegskunst« nirgends einen festen Grund, da von vornherein ein »Spiel von Möglichkeiten, Wahrscheinlichkeiten, Glück und Unglück« hinzukomme (ebd.).

Ebenso sind Dinge und Zeichen untrennbar verbunden, wie besonders die Realitätseffekte der Zeichen in der Kleiderordnung vorführen. Gerade auf dem Schlachtfeld kommt es darauf an zu identifizieren, wer Freund und wer Feind ist. In den Schlachten des 15. und frühen 16. Jahrhunderts, in denen die Kämpfenden keine einheitlichen Uniformen trugen, finden vor allem »improvisierte Zeichen«, wie der Historiker Valentin Groebner ausführt, Anwendung (vgl. Groebner 2003, 26). Die Schweizer Soldaten zum Beispiel steckten sich Tannenzweige an den Gürtel oder nähten sich ein weißes Kreuz auf den Ärmel. Problematisch war diese Form der Erkennung zum einen, weil aufgrund undeutlicher oder verlorengegangener Zeichen sich die eigenen Soldaten gegenseitig erschlugen oder weil der Gegner sich mit diesen Zeichen einfach tarnen konnte.

Anhand der Geschichte der Muskete bzw. des Gewehrs läßt sich somit die Ausbildung eines Kollektivs jenseits der Unterscheidung menschlicher/nichtmenschlicher Akteure verfolgen, und zwar seit seiner Erfindung und Einführung, wie Machiavellis Überlegungen *ex negativo* belegen: Weil es noch kein Modell für den wirkungsvollen Einsatz der Schützen gab, waren sie für Machiavelli zu vernachlässigen. Mit der Orientierung an der Kriegskunst des antiken Roms steht seine Schrift aber durchaus am Anfang einer wegweisenden Reform, mit der die Musketiere das Schlachtfeld erobern sollten.

Getragen wurde die frühneuzeitliche Heeresreform vor allem von Philologen, nämlich durch Herausgaben, Übersetzungen und Kommentare antiker, das heißt griechischer, römischer und byzantinischer Schriften. Denn sie artikulierten Kriegswissen und machten es zugänglich, was die Voraussetzung für die Neuausrichtung der Heere war. Anführen lassen sich exemplarisch die Arbeiten der bedeutendsten Philologen des 16. Jahrhunderts, zum Beispiel besorgte Julius Scaliger eine maßgebliche Ausgabe der Werke Julius Cäsars. Die wohl folgenreichste Verbindung zwischen Kriegswissen und Philologie leistete Justus Lipsius, der mit seiner Schrift *De militia Romana libri quinque. Commentarius ad Polybium* (1630) das Werk des griechischen, lange Zeit in Rom lebenden Autors Polybios in den Blick nahm. Lipsius kommentiert darin Zitate des Polybios in der Form eines Dialogs und deckt in fünf Büchern folgende Bereiche ab: Auswahl der Soldaten, Organisation des Heeres, Bewaffnung, Schlachtordnung und Disziplin. Das Werk schließt mit einem Vergleich zwischen der römischen und der gegenwärtigen Kriegskunst, bei dem das schlechte Abschneiden der letzteren die römische Kriegskunst zum absoluten Maßstab der frühneuzeitlichen Kriegsführung macht. In seiner großen Schrift *Politica*, die 1589 erstmals auf Latein und 1599 in deutscher Übersetzung unter dem Titel *Von Unterweisung zum Weltlichen Regime[n]t* erschien, schreibt Lipsius nicht nur den machiavellistischen Diskurs fort, indem er das Konzept der *prudentia mixta* entwickelt, sondern leistete mit seiner Darstellung des gesamten Kriegswesens einen grundlegenden Beitrag für die Ausbildung der oranisch-nassauischen Heeresreform: Moritz von Oranien, der diese gemeinsam mit Wilhelm Ludwig von Nassau vorantrieb, schätzte ihn, zumindest zeitweise, sehr (vgl. Hahlweg 1973, 12*).

Im Zentrum steht hierfür Lipsius' Neufassung des Begriffs der Disziplin, den er in vier Teilaspekte zerlegt: *exercitium, ordo, coercitio* und *exempla*. Mit den ersten Aspekten, Übung und Ordnung, erweitert Lipsius den zeitgenössischen Disziplinbegriff, denn bislang habe man sich nur der Zucht gewidmet und Fehlverhalten wie Fluchen, Saufen, Fressen und Huren geahndet. Mit dem *exercitium* soll der Soldat den Waffengebrauch einüben, weitergeführt wird dies dann im systematischen Exerzieren, dem Drill der Soldaten. Der Begriff *ordo* betrifft nicht nur die militärische Hierarchie, sondern auch Zug-, Schlacht- und Lagerordnung. Lipsius' Konzeption der Disziplin zielte über das Militär hinaus auf die sittliche Erneuerung der verrohten Soldaten, was der Begriff der *coercitio*, der Selbstzucht, aufzeigt. Die *coercitio* führt nämlich zur *virtus*, zu Selbstbeherrschung, Mäßigung und Enthaltsamkeit.

Auch wenn die Wirkung seines Werks nicht überschätzt werden darf, hatte der Späthumanist Lipsius doch wesentlichen Anteil an der Disziplinierung sämtlicher Lebensbereiche, wofür Gerhard Oestreich (1969) den Begriff der *Sozialdisziplinierung* einführte. Für die Ausbildung einer neuen Kriegskunst reichte das aber noch nicht aus, und so läßt sich an zwei wichtigen Referenzautoren der oranisch-nassauischen Heeresreform die unhintergehbare Verbindung von Diskurs und Technik beobachten: Neben Lipsius spielte der Mathematiker und Erfinder, militärische Praktiker und Verwaltungsfachmann sowie nicht zuletzt Moritz von Oraniens Lehrmeister Simon Stevin eine wichtige Rolle, unter anderem für Praktiken des Festungskrieges, für das Lagerwesen oder im Hinblick auf die Beschaffenheit und Wirkung der Waffen (vgl. Hahlweg 1973, 12*).

Die oranisch-nassauische Heeresreform, die im Rahmen des Freiheitskampfes der Niederländer gegen die Spanier zwischen 1590 und 1600 stattfand, betraf das gesamte Heerwesen, von der Besoldung, Versorgung und Verwaltung über Lager-, Marsch- und Schlachtordnungen bis zur Reform der Kommandosprache, der Kommando- und Führungsstrukturen sowie der Taktik. Im Zentrum stand eine neue Form der Ausbildung der Soldaten durch Exerzieren und Drill, was vor allem zwei Gegenstandsbereiche betraf: erstens die Handhabung der Waffen und zweitens taktische Elementarbewegungen (vgl. Hahlweg 1987, 25). Rekonstruieren lassen sich die Prinzipien dieser Reform – mit Foucault gesprochen: die Herstellung »gelehriger Körper« (Foucault 1994 [1975], 173) – anhand der kriegswissenschaftlichen Papiere von Johann von Nassau, die die Grundlage eines von ihm aber nie fertiggestellten Kriegsbuches sein sollten. Mit seinem Bruder Wilhelm Ludwig und mit Moritz von Oranien trieb Johann die Reform selbst mit voran und stand 1601 im Dienste der Schweden, wo er das neue Ausbildungssystem in die Praxis umsetzte. Auf diese Weise konnte Gustav Adolf, in den Worten Hans Delbrücks (1962, 199), zum »Vollender der Moritzschen Kriegskunst« werden.

Wie Johann von Nassau schreibt, sei die Schlachtordnung so einzurichten, daß sich der Feind danach richten muß: »Darzu zu gelangen aber muß man nicht allein ein stück, sondern das funtament des ganzen kriegswesens verstehen.« (Nassau-Siegen

Abb. 1: Exerzieren nach Dilich 1689.

1973, 281) Das heißt, die Erstellung der Schlachtordnung basiert auf der gesamten Kriegswissenschaft. Die zentralen Voraussetzungen für eine »nützliche schlachtordnung« (ebd.) sind hierbei: der Entwurf der Schlachtordnung auf dem Papier, das Exerzieren der Soldaten und der Einsatz der Waffen. Am effektiven Einsatz der Feuerwaffen zeigt sich die Verbindung von Drill, Aufstellung und Taktik. Um den umständlichen Ladevorgang abzukürzen, wurde die Gesamtbewegung – ob die Handhabung einer Muskete oder einer Pike – in Einzelbewegungen segmentiert und diese dann eingeübt. Nassau führt für den Musketier 32 Einzelbewegungen an, noch detaillierter geht sein Schüler Jacob von Wallhausen vor, der für das Feuern 41 Einzelbewegungen angibt.

Doch auch die Beherrschung dieser Handgriffe ist allein nicht ausreichend für den wirkungsvollen Einsatz der Feuerwaffen, vielmehr müssen sämtliche Soldaten einer Einheit schnell und geordnet in unterschiedliche Aufstellungen übergehen können, was im Ernstfall ohne wiederholte Übungen niemals umzusetzen wäre. Nassau schreibt über die Praxis Moritz von Oraniens: »So offt es die gelegenheit gibet, leßet grave Moritz sein volck in schlachtordnung stellen, welche es endlich also gewohnnen, daß kein obrister darbey sein darf und sie selbsten ihre schlachtordnung machen kohnnen.« (Nassau-Siegen 1973, 264)

Der kollektive Soldatenkörper soll auch ohne Kommandos die jeweilige Schlachtordnung herstellen können. Daher darf die Ordnung aber nicht immerzu verändert werden, weshalb Moritz von Oranien stets bei bestimmten »Mustern« blieb, welche nur leicht variiert wurden.

Von entscheidender Bedeutung waren die Aufstellung und die Bewegungen der Schützen: Im von den Spaniern präferierten Terzio befinden sich in der Mitte die Pikeniere, die von den eine »Hecke« bildenden Musketieren und Arkebusieren umgeben sind. Bei 12 000 Soldaten werden vier Terzios gebildet. Dagegen bildeten die Niederländer kleinere Einheiten, welche eine breite Schlachtordnung mit stärkerer Feuerkraft herstellten. Am Flügel stehen die Arkebusiere, dann kommen die Musketiere, in der Mitte die Pikeniere. Bei 12 000 Soldaten sind das 24 Trupps.

Neben dieser Aufstellung steigerten die Niederländer die Feu-

Abb. 2: Kupferstich von Matthäus Merian d. Ä. zur Schlacht bei Lützen 1632. Der obere Teil stellt in einem Schema die Schlachtordnung dar: Unten ist die kaiserliche Armee unter Wallenstein zu sehen, mittig stehen vier Terzios. Auf der oberen Seite steht die schwedische Armee unter Gustav Adolf in einer flachen Aufstellung. In der größeren Abbildung ist die Frontlinie anhand der Rauchwolken erkennbar, im Vordergrund explodiert ein Munitionswagen, auf der linken unteren Seite reiten Soldaten über Leichen und Verwundete hinweg.

erkraft ihrer Schützen außerdem durch den Kontermarsch, wie die Skizze von Wilhelm Ludwig von Nassau zeigt: Der erste Musketier im Glied schießt, geht zwischen den Reihen zurück, und während er lädt, schießt der nächste usw., bis der erste Musketier wieder mit geladener Waffe nach vorne kommt. Der schnelle und disziplinierte Stellungswechsel im Kontermarsch setzt wiederum den Drill dieser Elementarbewegungen voraus. Dieses grundlegende, später abgewandelte Schema erzeugt somit trotz des langen und umständlichen Ladevorgangs ein *kontinuierliches Feuer*.

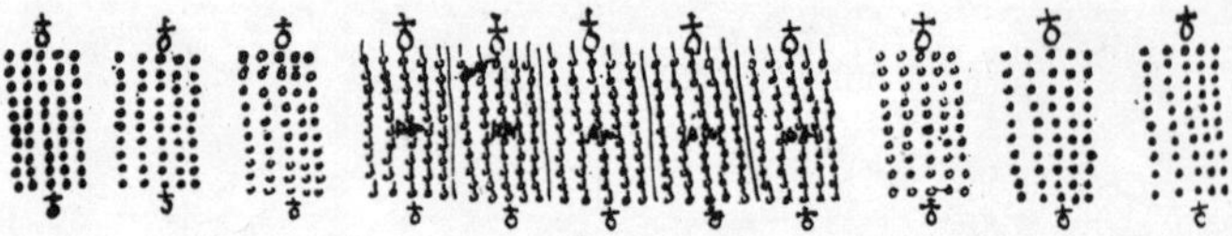

Abb. 3a: Oranisch-Nassauische Aufstellung: Am Flügel stehen die Arkebusiere, daneben die Musketiere, in der Mitte befinden sich die Pikeniere. Jeder Truppenteil hatte einen eigenen Befehlshaber. Nach Nassau-Siegen 1973.

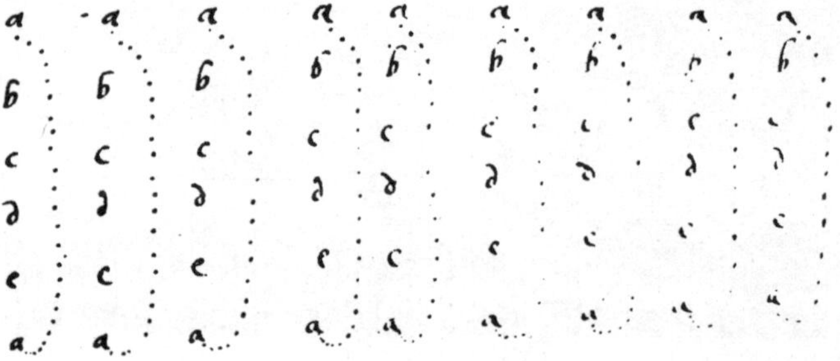

Abb. 3b: Kontinuierliches Feuer durch Kontermarsch: Der erste Musketier schießt, geht zwischen den Reihen zurück und lädt im Nachrücken. Nach Nassau-Siegen 1973.

Erst jetzt, durch die Entwicklung einer einheitlichen Kommandosprache, den Drill und das Exerzieren, das Probieren von Schlachtordnungen auf dem Papier, mit Bleisoldaten oder auf dem Feld, durch taktische Überlegungen sowie die mathematisch-technische Erkundung der Schußweiten und der Schußwinkel und die wiederholte Lektüre griechischer, römischer und byzantinischer Schriften von Polybios, Aelian oder dem byzantinischen Kaiser Leo VI. kann den Musketieren eine bedeutende Rolle zukommen. Wie Wolfgang Schäffner (1997, 63 f.) ausführt, ist die oranisch-nassauische Heeresreform paradigmatisch für das um 1600 entstehende »topographische Dispositiv«, in dem sich Repräsentieren und Intervenieren in einer operationalen Konstellation verbinden. Daher sei diese Reform auch nicht ein rein militärhistorisches Ereignis, denn sie verweise auf einen »strategischen Repräsentationsraum, in dem militärische, wissenschaftliche und technische Verfahren und gesellschaftliche Formen ineinander übergehen« (ebd., 64). Weder läßt sich demnach ein eindeutiger Unterschied zwischen Natur und Gesellschaft noch zwischen Zeichen und Dingen oder menschlichen und nichtmenschlichen Akteuren festmachen. Sowohl die Akteure als auch das Kriegswissen entziehen sich zu Beginn der Neuzeit den Trennungen der »Moderne«, was sich auch in den folgenden Jahrhunderten nicht ändern sollte.

Unter Friedrich II. gelangten im 18. Jahrhundert Steinschloßgewehre mit Bajonett zum Einsatz, doch auch hier ist es weder alleine der Schütze noch die Feuerwaffe, auf die es ankommt. Überhaupt galt für Friedrich, daß ein reiner Bajonettangriff ohne Feuer am wirkungsvollsten ist. »Die Infanterie«, so schrieb er, »soll so wenig wie möglich schießen, sondern mit dem Bajonett angreifen« (Friedrich 1913a [1755], 92), und eine Maxime Napoleons lautete: »Für die Tapferen ist ein Gewehr nur der Griff eines Bajonetts.« (Napoleon 2010, 30) Nicht zuletzt hatten vom preußischen König selbst überwachte Schießexperimente aufgezeigt, daß trotz besserer Gewehrtechnik die Treffsicherheit gering war, weshalb man auf Übungen im Scharfschießen weitgehend verzichtete. Zwar war Friedrich durchaus bestrebt, die Treffsicherheit zu erhöhen, vor allem aber setzte er auf die Massenwirkung des Feuers (Großer Generalstab 1900, 432). Beim sogenannten Pelotonfeuer, bei dem das erste Glied kniet, die folgenden beiden stehen, geben mehrere Pelotons, die ein Bataillon bilden, nacheinander Salven ab. Durch den Drill im schnellen Laden konnte ein Schütze zwar bis zu fünfmal in der Minute schießen, doch da auch noch Kommandos hinzuzurechnen sind, waren es wohl eher zwei Salven (ebd., 435). Weitaus wichtiger war daher, daß die Koordination der nacheinander schießenden Pelotons ein *rollendes Feuer* erzeugte und die »Generalsalve« (ebd., 438), das bataillonsweise Feuern, wie ein Schuß klang.

Grundlage war demnach nicht der gezielte Schuß, sondern die Disziplin, denn erst die Disziplinierung der Körper ermöglicht schnelle Truppenbewegungen auch auf dem Schlachtfeld. Gerade die flache Aufstellung in der Lineartaktik, in der das erste Treffen in drei Gliedern eine ununterbrochene Linie bildete, dahinter folgten dann weitere Treffen, sowie die mit dieser Aufstellung vollzogenen Schwenkungen und Flügelbildungen erforderten komplexe Manöver, die ohne durchgreifende Disziplinierung überhaupt nicht durchführbar gewesen wären (vgl. zu diesen Truppenbewegungen: Großer Generalstab 1900). Und außerdem waren die, wie Friedrich in »Die Generalprincipien des Krieges und ihre Anwendung auf die Taktik und Disziplin der preussischen Truppen« (1748) schrieb, preußischen Truppen vor allem aufgrund ihrer Geschwindigkeit so erfolgreich: Weil die Truppen so schnell seien, könnten sie nie vom Feind überfallen werden, bei einem Feuergefecht sei niemand so schnell wie sie, und beim Angriff mit dem Bajonett rücke keine Armee mit festerem Schritt voran; auch schnelle Schwenkungen, etwa um dem Feind in der schrägen Schlachtordnung in die Flanke zu fallen, würden ohne Mühe vollbracht (Friedrich 1913b [1755], 7). In dem Lehrgedicht »Die Kriegskunst« faßt er diese Anforderungen zusammen:

Fest steht in Reihn, wie stumm, kein Glied gerührt!
Den Blick am Führer und gespitzt das Ohr.
Was er befiehlt, sei hurtig ausgeführt!
Geschwind zu laden lernt das Feuerrohr.
Gleichmäßig sei und pünktlich Griff und Tritt.
Rückt mannhaft vor, in stetem sichrem Schritt,
Kein Wanken und kein Schwanken, Mann an Mann!
In Zügen feuert, wahrt die Tempos gut,
Seid rasch in allem, doch mit kaltem Blut.
Harrt des Signals, dann stürmt verwegen an!
(Friedrich 1913c [1748], 388)

Betont werden zum einen Schnelligkeit und Koordination. Alle müssen sich zusammen wie eine einzige Person bewegen. Zum anderen spricht das Gedicht in der syntaktischen Umsetzung der Befehlssprache, ein Vers ist in der Regel ein Satz, jeden Soldaten einzeln an, zumal, wie es weiter heißt, die Triebkraft des Heeres die »niedrigen Soldaten« seien (ebd.) und jedem Soldaten Aufstiegschancen eröffnet werden: »Doch sollt Ihr nicht im niedren Rang veralten; / Lernt als Soldat über Soldaten schalten« (ebd., 389). Die Disziplinierung durch Drill und Exerzieren, durch das Einfordern von Pünktlichkeit und Sauberkeit erhält hier ihre Ergänzung. Denn wie die regelmäßige Besoldung die Funktionsfähigkeit der Soldaten erhöht, so auch deren Ansprache und Anerkennung. Friedrichs Lehrgedicht hat weniger mit seinen Neigungen zum Schöngeistigen zu tun als mit einem psychologischen Kalkül. Diese Ansprache an die Soldaten gehört zu dem Komplex, den die Historikerin Ute Frevert als »Gefühlspolitik« beschreibt: Wenn er sich etwa als einer der wenigen Fürsten dauerhaft bei seinen Truppen aufhielt, sie selbst befehligte und seinen Soldaten, die er als seine Kinder bezeichnete und die ihn als »Frizze« ansprachen, persönlich gegenübertrat, betrieb er »Politik mit Gefühlen und um Gefühle« (Frevert 2012, 57f. und 16).

Während hier eine politische Strategie in das Kollektiv »Schütze« eintritt, läßt sich an der Einführung neuer Waffen verfolgen, wie sich die Kollektive ändern. Das gilt zum Beispiel für das im Jahr 1836 von Nikolaus von Dreyse patentierte und im Jahr 1841 in der preußischen Armee eingeführte schnellfeuernde und leicht handzuhabende Zündnadelgewehr, das auch kniend und sogar liegend geladen werden konnte und mit dem die Schützen vier bis fünf Salven pro Minute abgaben, wie der preußische Hauptmann Wilhelm von Ploennies in seiner Abhandlung *Neue Studien über die gezogene Feuerwaffe der Infanterie. Das Zündnadelgewehr. Beiträge zur Kritik der Hinterladungswaffe* (1865) schreibt. Früher sei der Bajonettangriff gerechtfertigt gewesen, da ein »wirkliches, d. h. ein einigermaßen gezieltes Feuer« nicht stattfand oder nicht fortgesetzt wurde. Ein wirkliches Schnellfeuer dagegen – also nicht das »zweck- und endlos fortgesetzte[n] Knallen[s]«, sondern das rasche Abgeben »einer kurzen Serie von einigermaßen gezielten Schüssen« (Ploennies 1865, 14) – überwinde kein Bajonettangriff, weshalb die »Kriegskunst nun neue Bahnen betreten« müsse (ebd., 7). Auf das »scharfe« Zielen kommt es aber auch Ploennies nicht an, da eine »mittlere Qualität« in der Massenwirkung ausreiche (ebd., 16).

Eben diese »Massenwirkung« verweist aber noch auf einen anderen Aspekt, den Ernst Jünger in seiner Schrift »Die Totale Mobilmachung« (1930) herausgestellt hat:

So verbirgt sich in jeder Verbesserung der Schußwaffe, insbesondere in der Steigerung der Tragweite, ein indirekter Angriff auf die Formen der absoluten Monarchie. Jede dieser Verbesserungen fördert den individuell gezielten Schuß, während durch die Salve die geschlossene Befehlsgewalt versinnbildlicht wird. (Jünger 1980b [1930], 124 f.)

Nicht Individualität macht Jünger auf den Schlachtfeldern des Ersten Weltkrieges aus, sondern eine neue Form der Verschmelzung des Schützen mit seiner Waffe, welche er eindrücklich in seiner Erzählung »Sturm« vorführt. Leutnant Sturm liegt in einer Mulde, »regungslos, eine Stunde lang, nichts im Auge als eine scharfe Biegung der langen, schmalen Erdlinie, die sich jenseits aus dem Grase hob«, bis er einen englischen Posten sichtet: »Sturm prüfte noch einmal das Visier, entsicherte und richtete ein. Jetzt war es da: ein Kopf unter flachem, graugrünem Helm und ein Stück Schulter, überragt von der Mündung des umgehängten Gewehrs. Sturm zögerte, als der Kopf auf dem Schnittpunkt des Fernrohrfadenkreuzes stand.« (Jünger 1979 [1923], 24 f.) Sturm drückt ab, ohne zu wissen, ob er treffen wird, und wenn ja, wen.

Jünger umschreibt hier zum einen das Gegenkonzept zur monarchistischen Salve. Denn Sturm, der am Gewehr zu einem völlig anderen Menschen geworden sei, markiert nur ein Detail im großen Projekt der »Totalen Mobilmachung«, in der ausnahmslos alles und jeder dem Krieg zugeführt wird. Der gezielt schießende Einzelschütze erscheint bei Jünger jedoch nicht als Individuum, berichtet seine Erzählung doch gerade von der Auslöschung des Individuums, sondern als die neue Gestalt des Menschen, die er in seinem Werk *Der Arbeiter* (1932) entwirft: »Arbeiter, Vertreter einer großen, in die Geschichte eintretenden Gestalt zu sein, bedeutet: Anteil zu haben an einem neuen, vom Schicksal zur Herrschaft bestimmten Menschentum.« (Jünger 1981 [1932], 72) Der Übergang von der Salve zum Schützen wird somit auf der Ebene politischer Metaphorik zum Übergang von der Monarchie zu einem totalitären Staat.

Zum anderen kommt mit Sturm ein Typus in den Blick, der im 20. Jahrhundert zunehmend an Bedeutung gewann, nämlich der Scharfschütze (vgl. zum folgenden Brookesmith 2003; Ford o. J.), den es natürlich auch schon vor der Erfindung des Gewehrs gab – mit einer Armbrust erschoß bekanntlich Wilhelm Tell den Vogt Hermann Gessler in der Hohlen Gasse. Zum Problem für die Taktik des ungezielten Schießens und des Bajonettangriffs wurden Scharfschützen dann im amerikanischen Unabhängigkeitskrieg (1775-83): Gegen die britischen Soldaten erzielten die durch die Jagd erfahrenen amerikanischen Siedler mit dem im Jahr 1732 erstmals hergestellten Kentucky Rifle (mit einer Schußweite von etwa 275 Metern) beachtliche Erfolge. In der Folgezeit kam es zu Verbesserungen der Schußweite und der Treffsicherheit. Während zum Beispiel die Muskete einen glatten Lauf hat, weist das Kentucky Rifle einen gezogenen Lauf auf. Indem die Büchsenmacher spiralförmige Züge in den Lauf schnitten und übergroße Geschosse benutzten, brachten sie das Geschoß zum Rotieren, was dessen Flattern verhinderte und so die Treffgenauigkeit erhöhte. Eine Vereinfachung des Ladevorgangs erreichte der französische Büchsenmacher Claude Minié, indem er ein Geschoß kreierte, das locker im Lauf saß und sich ausdehnte, um in die Züge zu greifen. Mit dem Minié-System ausgerüstete Gewehre fanden in verschiedenen Versionen in den europäischen Armeen Verwendung, vor allem nach dem erfolgreichen Einsatz der Enfield Rifle-Musket (auch: Enfield P 53), die über eine Schußweite von etwa 800 Metern verfügte, im Krimkrieg (1853-56) durch die Briten. In den Grabenschlachten des Ersten Weltkrieges spielten Scharfschützen eine wichtige Rolle, wobei die deutschen Schützen nicht zuletzt von den Zielfernrohren der optischen Industrie profitierten. Mit einer effektiven Schußentfernung von über 1000 Metern wurde etwa das Gewehr 98 bis 1945 zur Ordonnanzwaffe des deutschen Militärs.

Die Scharfschützen, die häufig ehemalige Jäger waren, hatten einen zweifelhaften Ruf. Wie der berühmte amerikanische Kriegsreporter Ernie Pyle, der im Jahr 1945 von einem japanischen Scharfschützen erschossen wurde, im Jahr 1944 schrieb, versteckten die deutschen Truppen in der Normandie ihre *snipers* in Trümmern, Gebäuden, im Gras, vor allem aber in den für die Normandie typischen Hecken: »It is perfect sniping country.« (Pyle 1944a, o. Pag.) Nahezu unsichtbar verbargen sich die Schützen in Bäumen hinter den Hecken, zwischen den Büschen oder auch eingegraben unter der Hecke. Für Pyle jedenfalls galt, daß *sniping* zwar als legitimes Mittel der Kriegsführung angesehen werde, aber hier in der Normandie seien die deutschen Scharfschützen überall: »The average American soldier has little feeling against the average German soldier who has fought an open fight and lost. But his feelings about the sneaking snipes can't very well be put into print. He is learning how to kill the snipers before the time comes for them to surrender.« (Ebd.) Bei den Kämpfen um die Hecken handelte es sich zwar nur um kleinere Gefechte, aber nach Pyle war jedes Gefecht für sich ein kleiner Krieg, und Tausende von ihnen ergaben »a man-sized war – with thousands on both sides getting killed« (Pyle 1944b, 442).

Aber auch die eigenen Leute sahen ihre Heckenschützen nicht immer als Helden an. Bruno Sutkus, der bis Ende 1944 an der Ostfront laut seinem Schützenbuch 209 Abschüsse erzielte, vermerkt in seinem Buch *Im Fadenkreuz – Tagebuch eines Scharfschützen* (2003): »Nach dem Krieg hat sich die Meinung über den Scharfschützen gewandelt. Seine Fronteinsätze wurden wie Verbrechen gewertet. Seine Schuld ist, daß er in den Duellen mit feindlichen Scharfschützen am Leben blieb. Er muß heute im Schatten leben.« (Zitiert nach Brookesmith 2003, 72) Der schlechte Ruf der Scharfschützen rührt aber nicht aus Duellen mit anderen Scharfschützen, sondern aus der Tötung normaler Soldaten aus dem Hinterhalt, was häufig nicht in Kampfsituationen, sondern bei alltäglichen Verrichtungen wie dem Baden oder dem Anzünden einer Zigarette geschieht.

Schon deshalb sind Heldengeschichten, wie sie auch Sutkus' Autobiographie liefert, wichtig. Denn die militärische Bedeutung der Scharfschützen ist angesichts ihrer demoralisierenden Wirkung auf den Gegner und der gezielten Tötung von Kommandierenden unzweifelhaft, schwieriger ist ihre Einbettung in die Truppe und auch das Auffinden von Nachwuchsschützen. Eine solche berühmte Heldengeschichte bot Sergeant Carlos Hathcock, der im Vietnamkrieg mit einem Scharfschützengewehr 93 bestätigte Abschüsse erzielte, außerdem rechnet man ihm die Vernichtung einer ganzen nordvietnamesischen Kompanie (er und sein Beobachter John Burke hatten sie fünf Tage lang aufgehalten und schließlich Artilleriefeuer angefordert) sowie die Tötung eines Generals der nordvietnamesischen Armee zu.

In gleich zwei Publikationen mit den sprechenden Titeln *Marine Sniper. 93 Confirmed Kills* (1986) und *Silent Warrior. The Marine Sniper's Vietnam Story Continues* (2000) widmete sich Charles Henderson, Reporter und Mitglied des Marine Corps, der in Vietnam und im Libanon diente, der Lebensgeschichte Hathcocks. In der Verbindung von auf Dokumenten beruhenden Ausführungen und fiktionaler Erzählweise, die den Scharfschützen dem Leser in seinem Alltag, seinen Familienbeziehungen und seinem Verhältnis zu den Kameraden nahebringt, festigt Henderson die Legende Hathcock. Das symbolische Potential Hathcocks spielte aber auch schon lange vorher eine wichtige Rolle, nämlich für die Gründung der Marine Corps Sniper School, mit der erstmals eine systematische Scharfschützenausbildung in Friedenszeiten institutionalisiert wurde. Hathcock fungierte dabei als Schlüsselfigur, um diesem »unsportsmanlike« Konzept der Kriegsführung offiziell Anerkennung zu verleihen (Henderson 1986, 259).

Die andere, von den heroischen Narrativen verdeckte Seite des Vietnamkrieges haben dagegen vor allem ästhetische Auseinandersetzungen gezeigt, und insbesondere Stanley Kubrick hat in seinem Film *Full Metal Jacket* (GB/USA 1987) die Herstellung des Kollektivs Soldat in der systematischen Ausbildung vorgeführt. Um aus den Soldaten Waffen zu machen, entmenschlicht sie der Ausbilder Sergeant Hartman, er bezeichnet sie als »maggots« und »pukes«; sie seien die niedrigste Form von Leben auf der Erde, nicht einmal »human-fucking-beings« und damit alle »equally worthless«. Zugleich, und in diesem Weltbild durchaus folgerichtig, sind sie »ladies«: Denn die Ausbildung macht sie nicht nur zu Waffen, zu Killern, echten Marines, sondern eben auch zu Männern. Demgemäß wird Hartman nach Abschluß ihrer Ausbildung verkünden, sie seien von nun an Marines und damit bis ans Ende ihres Lebens Teil einer Bruderschaft. Zur Formierung dieser Kollektive gehört die Handhabung der Waffe – die außerdem einen Mädchennamen erhält, denn schließlich seien die Soldaten, so Hartman, mit ihrem Gewehr verheiratet. Folglich läßt Hartman die angehenden Marines im Schlafsaal in Unterhosen mit der Waffe exerzieren, eine Hand am Gewehr, eine Hand an ihrem Geschlechtsteil, dabei skandierend: »This is my rifle, this is my gun, / This is for fighting, this is for fun«. Angesichts der Ausbildung zu Killern ist die Analogie nur konsequent, gilt es doch, das Töten zum Objekt des Begehrens zu machen.

Das Gewehr wie die Munition, die Gewehrgriffe wie die optischen Eigenschaften des Zielfernrohrs, die Ausbildungssysteme und Angriffstaktiken, Techniken koordinierten Feuerns und der Tarnung, Heldennarrative und Offiziershandbücher sind allesamt Teile des *Kollektivs* »Schütze«. Denn zuallererst die Verkettung von Dingen, Techniken, Fertigkeiten, psychischen Eigenschaften, Medien und Darstellungsformen erzeugt einen effektiven Akteur des Krieges.

B. B.

Neurophon

Ein aus bestimmten Tönen bestehender harmonischer Klang kann also vermittels dieser Methode entweder dadurch erzeugt werden, daß man die Zusammensetzung der diesen harmonischen Tönen zukommenden Sinuscurven ausführt und gegen die auf solche Weise entstandene Wellencurve durch die Windspalte bläst, oder indem man gleichzeitig jeden der harmonischen Töne gesondert für sich durch das Anblasen der ihm zukommenden Sinuscurve hervorruft.

Koenig 1896, 339

Die harmonische Analyse ist eine Rechenvorschrift, welche es ermöglicht, eine komplizierte periodisch wiederkehrende Kurve in eine Reihe von einfacheren Kurven aufzulösen. Der Arzt, welcher die Herztöne aufschreibt, der Maschinenbautechniker, welcher Tangentialdruckdiagramme untersucht oder die Torsionsschwingungen der Schiffswelle erforscht, und vor allem der Phonetiker braucht die harmonische Analyse.

Lohmann 1921, 91

Von diesem Tonoskop konnte Seashore mit Recht sagen, daß es »für das Ohr tue, was das Mikroskop für das Auge tut«.

Ruth 1955, 14

Weil die Moderne sich nicht genug ist, steht sie im Zeichen von Überbietung und Steigerung. Als Topos, der nichts unerfaßt läßt, sind derlei Aemulationsbemühungen daher so allgegenwärtig wie unübersehbar. Würde man dieses Figurenarsenal durch sämtliche Sparten der Moderne deklinieren, so gelangte man mühelos von der Steigerung einfacher Effizienzen und Geschwindigkeiten etwa des Arbeitens und Denkens, des Wahrnehmens und Handelns über die Steigerung diverser Intelligenzen zu Phänomenen der Kunst und des Lebens bis hin zu solchen ihrer Selbstbeschreibung und Theoriebildung. Eine kurze Kollage einschlägiger Titel verspannt unter dem Diktat der *aemulatio* die allgemeine Modernetauglichkeit mit einer *Anleitung zum rationellen Denken* (Lorand 1914), verspricht Auskunft darüber, *Wie man die Lebenskräfte steigert* (Sheldon 1923), verbindet die *Lebenssteigerung* gar mit einem *Weg zur Heilung und zur Lösung technischer Probleme des Instrumentalspiels und des Gesangs* – nicht ohne zugleich die *Begründung des Gesetzes der synthetischen Anatomie* zu verheißen (Kosnik 1927). Darüber hinaus weist sie im Rahmen einer literaturpsychologischen Untersuchung das *Steigerungsphänomen als künstlerisches Gestaltungsprinzip* aus (Kainz 1924) und vermag schlußendlich gar eine *Klimax der Theorien* selbst zu begründen (Liebmann 1884).

Als entsprechendes Großnarrativ taugt die Beschreibung des Systemtheoretikers Niklas Luhmann, der zufolge der Unterscheidungsdruck, der auf der Individualität lastet, dem Prinzip Steigerung allenthalben Vorschub leistet. Als Antwort auf die ebenso einfache wie paradox klingende Frage, wie es sich in funktional ausdifferenzierten modernen Gesellschaften einrichten läßt, daß ein Individuum eben identischer und damit individueller als ein anderes zu sein vermag, steht die Steigerungsspirale als *operative* Antwort bereit. Diese bietet Unterscheidungskriterien an, die als mögliche Besonderungen der Bestimmung des Menschen als eines Wesens Rechnung tragen, das laut der Beschreibung der frühen Soziologie Georg Simmels auf Differenz und eben nicht länger auf Identität gegründet sein soll (vgl. Simmel 1989 [1890]; Luhmann 1993 [1989]; Rieger 2001). Die *aemulatio* der Moderne und die Begründung des Menschen als Unterschiedswesen arbeiten daher Hand in Hand (→ Draht).

Das Reich der Sinne unterliegt dem Diktat der Steigerung in besonderer Weise. Die Moderne stellt die Aisthesis sowohl unter die Option historischer Wandelbarkeit als auch unter das Diktat einer Mehrfachaffizierung, der zugleich durch die technischen Möglichkeiten und ihre Medien in wundersamer Weise Rechnung getragen wird (vgl. zur Geschichte der Wahrnehmung Dotzler/Müller 1995). Wenn die – ausgerechnet in der Romantik etwa mit Chladnischen Klangfiguren oder Oersteds elektromagnetischer Induktion etablierten – Prinzipien der allgemeinen Umsetzung und der Änderung physikalischer Zustände gelten, gibt es keinen systematisch angebbaren Grund, sie nicht auch durch sämtliche Nutzanwendungen dieser Welt zu deklinieren. Ob aus Gründen der Teilsinnigenpädagogik oder des allgemeinen Schulunterrichts, ob aus solchen einer Ästhetik der Masse(n) im Kino oder gar als Umsetzung eines gänzlich neuen Kunstverständnisses, ob aus Gründen der wissenschaftlichen Veranschaulichung oder einfach nur deswegen, weil es schlicht machbar ist – all diese Anliegen finden wie zuvor altmodische Briefe nach einem Satz des französischen Psychoanalytikers Jacques Lacan immer ihren Adressaten und somit ihren materialen Niederschlag. Die Folge sind eine Reihe von Apparaturen, die sonderbar vernachlässigt in der Landschaft gängiger Unterhaltungsmedien stehen und die der Verwissenschaftlichung dieser Medien eine eigene Geschichte wenn nicht gegenüber, so doch zumindest an die Seite stellen. Möglich werden so alternative Geschichtsschreibungen der Kinematographie oder der Phonographie (vgl. dazu Kittler 2003; Rieger 2004).

Wie allen Medien ist auch diesen Anordnungen die Gleichgültigkeit gegenüber ihren möglichen Inhalten eigen. Weil es im physikalischen Umsetzungsbetrieb weder Präferenzen noch Filter gibt, treten allerorten Verbundschaltungen an den Tag, die sich dem systematischen Ändern von Zuständen verschrieben haben. In einer regelrechten Kombinatorik der Sinne wird dort transponiert, was immer es zu transponieren gibt. Töne werden sichtbar, Bilder hörbar und beides tastbar – dazwischen liegen selbstredend diverse Möglichkeiten der Übertragung und der wie auch immer eingesetzten Veränderung. Das Vorgehen ist so einfach wie die Folgen vielfältig. So geht aus den Reihen der Taubstummenpädagogen ein Apparat zum Fernfühlen der Lautsprache (Ferntastapparat) hervor, der am 4. und 5. Oktober 1909 im Institut für experimentelle Pädagogik und Psychologie des Leipziger Lehrervereins zur Demonstration gelangt. Was der fernfühlende Tastapparatebauer Rudolf Lindner dabei im Sinne hat, ist die Umsetzung gesprochener Sprache in elektromagnetische Impulse und deren Zuleitung an einen entsprechend aus- oder aufgerüsteten Empfänger (vgl. dazu Lindner 1909).

Wie wenig solche Strategien Einzelfälle und auf die Kasuistik irgendwelcher Spezialanliegen beschränkt zu bleiben brauchen,

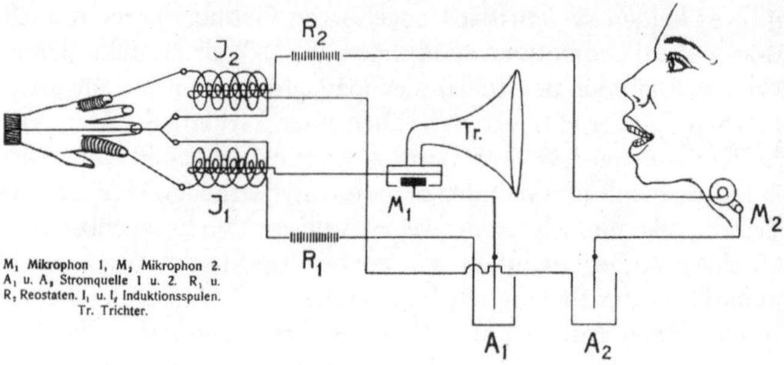

Abb. 1: Ferntastapparat nach Lindner 1909.

davon handelt in aller faktographischen Ausführlichkeit Guilio Panconcelli-Calzia, seines Zeichens erster Lehrstuhlinhaber für experimentelle Phonetik und selbsternannter Historiograph all jener Medien vor oder neben den gängigen Medien, die so häufig unter den Tisch einer auf Massenmedien abzielenden Geschichtsschreibung fallen. »Ob und inwieweit Phonogramme, Telephone, Lautsprecher usw., Sprache, Gesang, Musik durch das Getast vermitteln können« – so lautet für ihn im Jahr 1931 »Eine alte, aber immer noch zeitgemäße Frage für Ertaubte und Taubgeborene«, deren positive Beantwortung nach ebenfalls positiver Klärung der zuständigen Physiologie – »Ist die Haut für Musik empfindlich?« (MacKendrick 1897) – in einer eindrucksvollen Reihe von Apparaturen ihre Umsetzung findet (vgl. zur Erschließung weiterer Sinneskanäle im Rahmen der *Virtual Reality* Sutcliffe 2003; vgl. zum Spezialfall einer taktilen Kommunikation für das Militär Chapman/Riddle 2012).

Schließt man Lindners Apparat mit dem gängigen Rundfunksystem kurz, so ist über den kleinen Anlaß und die kleine Distanz der Schaltskizze hinaus ein universaler Sende- und Empfangsbetrieb gewährleistet – und das nicht nur für die vollsinnigen Rundfunkempfänger. Folgt man einem *Auskunftbuch für Schwerhörige im Deutschen Reich* aus dem Jahr 1930, so empfiehlt dort ein Dr. Eichhorn das sogenannte Radiophon für die systematische Kopplung von Rundfunk und Getast (Seufert 1930), und der umtriebige Panconcelli-Calzia stellt die Verkreuzung weiterer Sinneskanäle sowie in deren Zuge gar die Karriere des Fernsehens als Taubstummentelefon in Aussicht. In wundersamer Verschränkung von Fern- und Nahsinn heißt es: »Das Fernsehen wird das Telefon für Taubstumme werden.« (Panconcelli-Calzia 1940, 54)

Was immer an solchen Kommunikationen realisiert oder auch nur phantasiert wird, der Grundvorgang fußt auf eben jener Umsetzung, die als elektromagnetische Induktion die geplant zufälligen Fingerübungen des dänischen Physikers Hans Christian Oersted (1777-1851) zu einem wirkmächtigen Prinzip generalisiert. Demzufolge kann Bewegung in elektrische Spannung umgesetzt werden und umgekehrt – gleichgültig, ob diese Bewegung durch den Schalldruck gesprochener Sprache oder die Wucht eines durch einen Stromgenerator geleiteten Wasserfalls verursacht wird. Neben den Folgen für die Ökonomie, die mit dieser Ausschöpfung der Elektrodynamik einhergehen und ohne die sich die bewegte Welt der mit Elektromotoren angetriebenen Geräte wie Rührgeräte, Stabmixer, Betonmischer, Bohrmaschinen und Zahnbürsten nicht rühren würde, verdanken sich ihr vor allem Strategien einer zum Teil utopischen Kommunikation. Diese scheinen kaum etwas von ihrer romantischen Herkunft verloren zu haben: Weil alles, was sich bewegt, solchen Umsetzungen zugeführt werden kann, gibt es für deren inflationären Gebrauch kein Halten mehr. Zur Steigerung der Sinnesaffizierung verwendet wird eine solche Umsetzung etwa in einer Gerätschaft namens Physiophon.

Was sein Erfinder, der Science-fiction-Autor und Bastler Hugo Gernsback (1884-1967) damit im Sinn hatte, war nicht weniger als eine Aufrüstung der Rezeption im Kino. Dazu werden akustische Daten in elektrische Stromimpulse gewandelt, die dann dem Publikum in den eigens verdrahteten Kinosesseln appliziert werden. Aus dem Kino, das in einem ersten Schritt die Ära des Stummfilms überwunden hatte, wäre damit ein Ort geworden, an dem Menschen nicht nur hören und sehen, sondern auch noch fühlen sollen. Gernsback jedenfalls veranlagt die Paralleladressierung als einen Vorgang, der nicht nur im extrasozialen Raum eingeschränkter Sinneskraft und damit für Menschen mit Beeinträchtigungen soll gelten können, sondern der den Kunstgenuß eben auch für die Vollsinnigen steigert.

Fig. 8. Das »Physiophon« von Gernsback (19.0) zur Umwandlung der von einer Schallplatte hervorgerufenen Schwingungen in elektrische Ströme

Abb. 2: Gernsbacks Physiophon nach Panconcelli-Calzia 1931.

Weil sich im Zuge solcher Umsetzungen die Sinne kreuzen dürfen, bleibt das Vorhaben nicht auf den Tastsinn beschränkt und mündet in eine nicht minder eindrucksvolle Reihe von Vorrichtungen zur Visualisierung von akustischen Ereignissen und damit zu dem, was beim Historiographen Panconcelli-Calzia Anlaß zu seiner »Geschichte der phonoskopischen Vorrichtungen« gibt (Panconcelli-Calzia 1931b). Und auch diese Geschichte findet über detailreiche Spezialanalysen in Einzelapparaturen mit sonderbar klingenden Namen wie Strobilion und Osiso, in

Fig. 10. Nach Gernsback bedeutet das Hören und gleichzeitige Fühlen von Schallvorgängen durch sein »Physiophon« einen »erhöhten Genuß« auch für den Vollsinnigen

Abb. 3: Physiophon und gesteigerte Sinnlichkeit in der Massenunterhaltung nach Panconcelli-Calzia 1931.

Fischblasen und Wellensirenen ihren materialen Niederschlag. Anders als die Nutzanwendungen in Pädagogik und Massenunterhaltung zielen diese Vorrichtungen auf die Sichtbarmachung und auf die Verwissenschaftlichung dessen ab, was sonst eben nur zu hören ist. Ihr Material stellt in Form von Kurven und Glyphen ein Reich der Töne und der stimmlichen Verlautbarungen vor Augen, das in einer solchen Sichtbarkeit Möglichkeiten des wissenschaftlichen Arbeitens erschließt: Ob etwa eine epileptische Sprachmelodie mit einer besonderen Form einhergeht, wie man über das Sehen und Nachstellen der Töne einen Mehrwert des Wissens zu erzeugen und etwa deren Konstruktionsprinzipien nachzuvollziehen vermag, das wären nur einige der Fragen, mit denen die Forscher es zu tun haben.

Umgekehrt wird im großen Stil versucht, Formen selbst zum Tönen zu bringen. Vorrichtungen wie die Wellensirenen des deutschen Akustikers Rudolf Koenig sind eigens dazu angetan, das Prinzip der Fourier-Analyse operativ nachzustellen – in der Möglichkeit, die einzelnen sinusoidalen Formen zu jener Überlagerung und damit zu jenem Resultat zu bringen, das die sogenannte harmonische Analyse dann wieder in ihre regelmäßigen Ausgangkurven zurückübersetzt. Was in die Sirenen eingespannt, angeblasen und zum Tönen gebracht wird, sind Lehrstunden von Handwerklichkeit und einer Materialität, die im Rahmen von

Miniaturisierung und Digitalisierung mitsamt ihrer Anschaulichkeit kassiert sind. Genauer noch sind es bestimmte Aspekte des Wissens, die dort noch einmal eindrucksvoll evident sein dürfen, bevor sie in die Mikrologie integrierter Schaltkreise und verschlossener Deckelhauben abtauchen, um einmal mehr dem Topos von der modernen Unanschaulichkeit das Wort zu reden.

Wer wie Koenig Formen zum Klingen bringen will, kommt nicht umhin, diese aus Blech und anderen Materialien auszuschneiden und über die damit verbundene Mühsal zu räsonieren. Wer Töne sehen oder Formen hören will, dem bleibt das Basteln ebensowenig erspart wie der Griff zur Blechschere. Und wer basteln muß, der kommt um einfache Materialien wie Papier und Pappe, um Draht und Blech nicht herum – genausowenig wie um einfache Handarbeiten wie die Herstellung von getuschten Feldern bei den manuellen Stroboskopvorrichtungen (vgl. dazu Ruth 1955). Derlei Gestaltwerdungen der Form eröffnen einen Raum, der in seinem Mehrwert für das Wissen nur schwer beschreibbar ist, der zudem reich an einer Phantasmatik ist, deren Ausbuchstabierung wie im Fall von Rilkes Erzählung »Urgeräusch« aus dem Jahr 1919 ins Reich der Literatur zurückverweist (vgl. dazu Rilke 1987 [1919]; Kittler 1986b). Rilke jedenfalls läßt seinen Helden darüber nachdenken, wie es denn tönte, wenn man etwa die Form einer Kranznaht mittels einer einfachen Phonographenvorrichtung in Akustik übersetzen würde.

Derlei Planspiele um die Mehrfachaffizierung haben Methode, und zwar so sehr, daß einigermaßen komplexe Umsetzungsstrategien die Folge sind. Auf einem der großen Farbe-Ton-Kongresse, die sich in den dreißiger Jahren des 20. Jahrhunderts zu einem Forum für Mehrfachaffizierung und Synästhesie mauserten, macht neben Vertretern sinnesbesorgter Pädagogen und dem hausbackenen Vorschlag für einen klingenden Lesekasten durch den sächsischen Lehrer Hans Päßler eine Gruppe von Berliner Tonfilmtechnikern von sich reden (vgl. Päßler 1931). Deren Anspruch ist alles andere als bescheiden, zielt er doch über die Schulstuben hinaus auf ein gänzlich gewandeltes Kunstverständnis. Ihr Wortführer Walter Brinkmann umreißt unter dem eher verhalten und spröde klingenden Titel »Spektralfarben

Abb. 4: Wellensirene nach Koenig 1881.

und Tonqualität« das Anliegen der selbsternannten Avantgardebewegung. »Die Apparatur«, so heißt es dort, diene

> der Umsetzung farbiger Lichterscheinungen, farbiger Gegenstände oder dgl. in tonfrequente elektrische Schwingungen mit dem Ziel musikalischer Klangbildungen. Grundprinzip der Anordnung ist die optische Analyse zusammenhängender farbiger Lichterscheinungen und die Verwendung dieses zerlegten Lichtes zur Erzeugung sinusförmiger tonfrequenter Schwingungen in Röhrensendern, Wechselstromgeneratoren oder dgl. (Brinkmann 1931, 355)

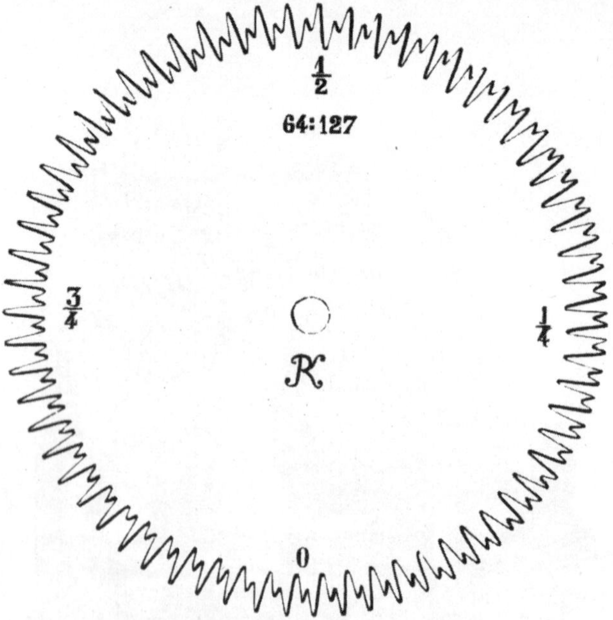

Abb. 5: Scheibe der Wellensirene nach Koenig 1896.

Dabei ist die Frage der Umsetzung gegenüber dem Selbstanspruch zweitrangig. Was die selbsternannte Avantgarde im Schilde führt, ist unbeschadet seiner Realisierung nicht weniger als ein kulturfreies Kunstverständnis. Kein Vorwissen über griechische Mythologie oder germanische Sagenwelt soll über die Kunst das Sagen haben, sondern eine Physik automatisch betriebener Umsetzungen. Das mündet in eine dezidiert egalitäre Utopie der Kunst, in der die Dinge sich ganz von selbst zur Sprache bringen – jenseits einer institutionell vermittelten Bildung. Kunst hat in dieser Ausrichtung den Sonderstatus des Elitären eingebüßt und durch eine Universalisierung ersetzt. Im Verbund seiner Mitstreiter phantasiert Brinkmann über das Prinzip intellektueller oder kultureller Barrierefreiheit für den universalen Kunstgenuß:

Ich betone das grundsätzlich Neue in der von mir und meinen Mitarbeitern angestrebten Farbe-Ton-Kunst: einerseits die Natur selbst zu künstlerischer Darstellung zu verwenden, in einer ihrer glänzendsten Erscheinungen, wie es die Dispersion des Lichtes ist; andererseits, zum Unterschied zu anderen Bestrebungen auf dem Gebiete der Farbenmusik, eine annähernde Übereinstimmung empirisch erworbener Erkenntnisse über die Beziehungen von Farbe und Ton mit künstlerischen Belangen zur Voraussetzung für eine wirkliche, eine größere Mehrheit angehende Farbe-Ton-Kunst zu erheben. (Ebd., 361)

Um die Natur in ihr künstlerisches Recht zu setzen, bedarf es neben den Apparaturen der Umsetzung, also den Generatoren, den lichtempfindlichen Selenzellen und Röhrensendern, einer Vermittlungsebene, die eine Ordnung der physikalischen Dinge sicherstellt. Konzeptualisiert wird diese in Form einer *Allgemeinen Entsprechungslehre*, die über das Verhältnis unterschiedlicher Sinnesfelder Auskunft geben soll. Diese eröffnet dabei einen Aussageraum, der an historischer Tiefe, an ausufernder Exemplarik und epistemischer Tragweite seinesgleichen sucht (vgl. zu diesem Begriff Anschütz 1953, 219; zur Verortung von Synästhesie in Renaissance und Barock sowie zum Doppelempfinden in der Goethezeit Wellek 1931 und 1936). Fernab aller theoretischen Fragen etwa darüber, was sich in dieser Welt entspricht, was zueinander paßt und sich stimmig zueinander verhält, wird von den Berliner Tonfilmtechnikern die Physik als vermeintlich objektiver Vermittler für die Choreographie der unterschiedlichen Sinnesbereiche bemüht und gegen die Barrieren eines kulturell vermittelten Wissens ausgespielt. »Die Physik erfüllt also hier eine ihrer besten Aufgaben: Mittler zu sein zwischen Empfindungsbereichen, die zweifellos auf verschiedenen Ebenen liegen.« (Brinkmann 1931, 362)

Doch ganz abgesehen davon, ob doppelt empfunden oder mehrfach adressiert wird: Im Hof solcher Überlegungen lagern sich Überlegungen und Geschichten, Gedankenapparaturen und Nutzanwendungen an. Gernsback etwa beschreibt »eine fiktive elektronische Telepathie-Maschine«, die unter der Bezeichnung Neurophon oder Neurophone im Rahmen der New-Age-Bewegung von sich reden macht. Patrick Flanagan, ihr Vorreiter und Vertreiber, versucht sich mit Hilfe dieser Vorrichtung an einer

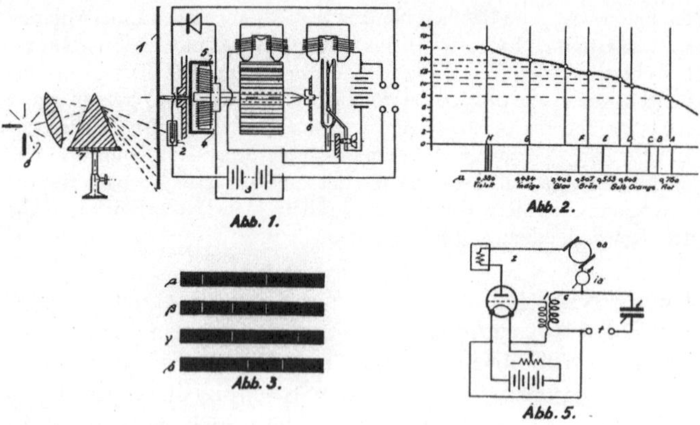

Abb. 6: Transformationsanordnung nach Brinkmann 1931.

weiteren Form utopischer, weil unvermittelter Kommunikation. Klang soll dazu in Wellen umgesetzt und diese dem Gehirn direkt zugeführt werden. Wie schon im Fall des Physiophons ist es die Taktilität der Haut, die ihre Finger im Spiel hat. »Es ist nachgewiesen, daß man mit dem Neurophone ›über die Haut hört‹. Patrick Flanagan entdeckte somit ein zweites menschliches Hörorgan. Mit dem Neurophone können sogar Menschen hören, denen das Innenohr chirurgisch vollständig entfernt wurde.« (Klink 2004a) Mit dem Anliegen und den Möglichkeiten schließt sich ein Kreis – jener Kreis, der mit der Steigerung begonnen hat: Wieder ist es neben der Erschließung eines weiteren Kommunikationskanals für Gehörlose die allgemeine Pädagogik, die mit Hilfe des Neurophons auf den neuesten Stand gebracht wird. Was im Zuge solcher Mehrfachadressierung Realität werden soll, ist ein *superlearning*, das seinen Nutzanwendern schier ungeahnte Effizienzsteigerungen zu erschließen verspricht (vgl. zur entsprechenden Phantastik Begich 1997; zum *thinkman* Seiler o. J.).

Aber nicht nur das schnöde Reich menschlicher Belange soll davon betroffen sein. Weil sich an den Rändern utopischer Kommunikation verstärkt andere Seinsarten tummeln, dürfen neben Göttern und Engeln, Außerirdischen und Maschinen als möglichen Kommunikationspartnern endlich auch noch einmal die Vertreter anderer Naturreiche zu ihrem Recht kommen (vgl. zur Pflanzenkommunikation → WACHOLDER). Neben der Erweiterung des Bewußtseins und dem telepathischen Nachrichtenaustausch, wie sie Wladimir Bechterew mit Hunden im Schilde führte, verheißt das Neurophon anders als beim Fernsehdelphin Flipper bidirektionale Kommunikation mit Tieren (vgl. dazu Müggenburg/Vehlken 2011).

Es war auch die Grundlage des Delphin-Mensch-Sprachübersetzers, an dem Patrick Flanagan im Auftrag der amerikanischen Regierung arbeitete. Ein hierfür weiter entwickeltes Neurophone war in der Lage, die Delphin-Pfiffe, die auch jenseits des menschlichen Hörbereichs liegen, in Wellen zu übersetzen, die der Delphin-Mensch-Kommunikator in menschliche Sprachsignale umwandeln konnte und umgekehrt. (Klink 2004b)

S. R.

Papier

> In dem Füllhornhausen, das mir vorschwebt, sind alle Gebäude aus einer besonderen Papiermasse, so daß sie jedes Frühjahr und jeden Herbst zur Zeit des großen Hausputzes abgerissen und neugebaut werden können.
>
> *Packard 1962, 16*

> … (so=also löste sich bei Denen – ja, darf man »zwanglos« sagn? – die Schmierfettfrage. […])
>
> (Und die »anfallende Seife« erst! Selbstverständlich würde man ein'n besonders geschicktn Tarn=Naam' ausdenkn müssen. – Vielleicht »Living Soap«?: weil sie so brüsselnd schäumte? […])
>
> *Schmidt 1980 [1960], 335*

Not macht bekanntlich erfinderisch, und wer Mangel leidet, hat vor allem eines, nämlich etwas zu erzählen. Karl, der Held aus Arno Schmidts Doppelroman *KAFF auch Mare Crisium* aus dem Jahr 1960, macht aus seiner ganz persönlichen Not eine narrative Tugend. Anläßlich eines Wochenendbesuchs bei seiner Tante Heete (TH), der ihn zusammen mit seiner spröden Gespielin Hertha in die karge Ländlichkeit des fiktiven, in der Nähe der Lüneburger Heide gelegenen Kaffs Giffendorf führt, gilt es den dortigen Ausfall lokaler Attraktionen erzählstark zu kompensieren. Um seine Dame intellektuell wie sexuell bei Laune zu halten, entwickelt Karl ein wochenendüberspannendes Großnarrativ, typographisch als zweite Spalte von der Handlung auf Erden abgesetzt, in dem er die Geschichte zweier Mondkolonien in der Zukunft des Jahres 1980 entwirft. Anstatt irgendwelcher Aufgeregtheiten und Sensationen, wie sie Hertha vor dem Hintergrund der ländlichen Reizarmut für das Leben auf dem Mond unterstellt, ist die Lage im Krater Mare Crisium von kultureller Tristesse und einer himmelschreienden Knappheit an natürlichen Ressourcen gekennzeichnet (→ Kohle).

Die einführende Szene, mittels derer der Held seine Freundin auf den Geschmack bringen will, ist somit bar aller lunaren Turbulenzen, zeigt sie doch zwei halbnackte amerikanische Schiefertafelhersteller, den amerikanischen Astronauten Charlie und seinen Kollegen George, bei ihrem täglichen Geschäft, dem besagten Spalten von Schieferplatten. Weil der Mangel die Betroffenen nicht nur spärlich bekleidet, sondern auch im übertragenen Sinn äußerst dünnhäutig sein läßt, ist die Lage in der Werkstatt entsprechend gereizt. Eine alte, noch auf Papier geschriebene Vorschrift, die den Vorgang der Schieferplattenverfertigung detailliert und unter Zuhilfenahme von längst nicht mehr zuhandenem Werkzeug beschreibt, wird zum Auslöser für die nostalgische Rückbesinnung auf ressourcenreichere Zeiten: »dann griff ich nach der Magnakarta unserer Existenz; 1 Schreibmaschinenseite. – (Reiche Zeit damals noch; gans zu Anfank; beim bloßn Anblick des Papiers wurden Georges Backenmuskeln dick!) /.« (Schmidt 1980 [1960], 15)

Was anläßlich der Schieferplatten und ihrer mühseligen Herstellung zur Verhandlung ansteht, sind die Verwendungsmöglichkeiten des Papiers in ihrer ganzen Fülle – und dabei sind Planspiele über ein *paperless office*, ausgelöst durch die digitale Revolution, noch weit entfernt (vgl. Sellen/Harper 2002). Selbstredend darf es seine vielfältige Rolle als Träger kultureller Überlieferung spielen, aber auch anderen Einsatzorten spürt Schmidt bis in die Untiefen sowohl der allgemeinen als auch der geschlechtsspezifischen Körperhygiene nach. Es fehlt am Selbstverständlichen, und das zwingt neben dem bloßen Verzicht zu allerhand Maßnahmen der Substitution und teilweise auch zu deren Kaschierung, wie jedenfalls im Fall der Toilettenhygiene gemutmaßt wird, bei der nur besonders ausgewiesene Kranke an das begehrte Papier gelangen und in minderschweren Fällen bereits auf irgendein ominöses Bürstchen zurückgegriffen wird. An allen Ecken und Enden macht sich der Mangel störend bemerkbar, und so steht die Handlung auf dem Mond ganz im Zeichen von Strategien zur alternativen Materialbewirtschaftung, die nach allen denkbaren Spielarten schlußendlich selbst vor dem menschlichen Körpers als Ressource nicht haltmachen (→ Bioreaktor). Zudem herrscht auf dem zwischen den Großmächten USA und UdSSR aufgeteilten Mond auch noch das Blockdenken des kalten Krieges, was eine Atmosphäre zur Folge hat, die den nationalen Finten zur Bewältigung des Rohstoffmangels gleich noch eine politische Dimension der ganz eigenen Art verleiht. Die verschwenderische, nachgerade aufreizende Gestaltung ihrer diplomatischen Korrespondenz führt im amerikanischen Lager regelmäßig zum Eklat.

(Halt ! : Das noch) : »Haben die Russen auch diesmal wieder als Antwortschreiben den bekannten Doppelbogen geschickt ? : nur in der Mitte beschrieben; mit aufreizend breitem Rand; und die zweite=Seite *ganz* leer ?«. Sie hatten. / Worauf die Gesundheitsministerin sogleich mehr Klopapier forderte : es wäre 1 Schande; und ..... (Der Justizer wollte wieder noch mit seiner ewijen Todesschtrafe anrücken, wurde aber sofort mund=tot gemacht : Klopapier iss wichtijer !)

: »Von menstrual bandages noch gans zu schweigen.« Aber das hätte Jennie nicht sagen dürfen; denn der Präsident erklärte ihr wuchtich : daß keine national=denkende Frau mehr zu menstruieren hätte : ..... (Schmidt 1980 [1960], 34)

Es sind aber nicht nur nostalgische Relikte irdischer Papierverwendung, auch angesichts von Verköstigung und Materialbewirtschaftung im russischen Nebenkrater sind allerhand Pikanterien vorprogrammiert. Die Frage etwa, woher die Russen frische Leber auf dem Teller haben und wie sie zu ledernen Stiefeln an den Füßen kommen (und nicht zuletzt woher sie ihren schier unerschöpflichen Vorrat an Maschinenfett nehmen), erklärt sich mit dem Stereotyp slawisch sozialistischer Skrupellosigkeit. Weil Materialisten eben nichts heilig zu sein braucht, stellt die konsequente Verwertung eben auch des menschlichen Körpers als Ressource kein sonderliches Problem dar. »wahrlich kuriohse Gebreuche, diese Strelitzn! – / (Wir waren auf unsre persönlichn, ja, Familiejn=Verhältnisse, zu schprechn gekomm' –: bei 'Meine Tanndte Jadd=wiega klopfde er sich jeedesmal die Schtieffl=Scheffde ...« (Ebd., 332)

Wo die Russen in scheinbar sämtlichen Belangen im aufreizendem Überfluß schwelgen, übt man sich bei den Amerikanern in strikter Mängelverwaltung. Als endlich einmal wieder eine größere Zahl an Ananaskonserven zum Verzehr freigegeben wird, ist der Umgang selbst mit dem vormaligen Abfall bis ins Detail der Etikettenwiederverwendung sorgfältig reguliert:

: *»Na, Dschordsch ? – : Nu* zufriedn ? !« / Er biß mich beinahe vor Wut. Und sah sich um, als wolle er was werfn. (Dabei hatten wir, schwerstn Herzns, und erst nach langen flammenden Debatten, die 41 Büxn Anna=naß frei gegebn : natürlich krickte Jeder nur 1 Viertelscheibe. Und 1 Teelöffel Saft. / Die bunten Plakate wurden sorgfältich abgelöst, und der größte Teil an die Schule gegebn wordn : als Unterrichtsmaterial. (Der Rest ans Papierlager : auf die weiße Innenseite konnte man ja wundervoll schreiben ..... (Ebd., 29)

Schmidt läßt es allerdings nicht bei derlei Schreibszenen bewenden. Die Organisation nationaler Bibliotheken findet in seinen lunaren Planspielen ebenso Berücksichtigung wie die Wiederverwertung und die Aufarbeitung kultureller Überlieferung. Während die Russen durch eine planwirtschaftlich organisierte Buchauswahl eine ansehnliche Bibliothek mit unterschiedlichen (sic!) Titeln vorweisen können, herrscht im amerikanischen Buchbestand die gähnende Freiheit individuell angesammelter Dubletten. Als sich an der kulturellen Heimatfront der Amerikaner endlich einmal etwas zur rühren scheint, immerhin hat der eigens mitgeführte Dichter eine hinreißende und von den in jeder Hinsicht ausgehungerten Seleniten begierig aufgenommene Umschrift des Nibelungenliedes vorgelegt, werden nach der ersten Übermittlung durch den Drahtfunk umgehend Papiervorräte für die Niederschrift respektive für die Verteilung in seltener Einmut und ohne das sonst in diesen Fällen übliche innenpolitische Gezerre bewilligt. Vor einer solchen Arbeit am kulturellen Gedächtnis, die das Geschehen um den mittelalterlichen Recken Siegfried kurzerhand im Stil einer WK-II-Parodie modernisiert und dabei tendenziös zum höheren Ruhm des amerikanischen Nationalstolzes recycelt, hat aller Streit um die letzten Papierreserven zu verstummen.

Das Diktat der Ökonomie bestimmt aber auch die eng verzahnte Handlung auf Erden, wo ebenfalls alternative Bewirtschaftungsformen ins Kalkül gezogen werden, um so eingespielten Produktions- und Erwerbskreisläufen zu entgehen. Unzufrieden mit ihrem Angestelltendasein, gerät dort bei den Protagonisten gar der Plan auf den Tisch, die jeweiligen Berufstätigkeiten zu kündigen: Karl die seine als Buchhalter und Hertha die ihre als ständig nach neuen Motiven suchende Musterzeichnerin, die während ihres rustikalen Aufenthalts den Formenreichtum der Natur zu entdecken und auszuschöpfen beginnt. Vor dem Hintergrund ländlicher Idylle wird erwogen, alternativ zu leben – im Modus weitgehender Selbstversorgung bei besagter Tante auf dem Lande. Die Vermögen sollen dazu geteilt und gelegentlich auch einmal ein Schwein fettgemacht werden, Erwägungen, die im Rahmen konsequenter Wertschöpfung neben Schinken und Wurst zu ledernen Bucheinbänden und Pergament führen. Daß im Umfeld solcher Szenarien Regulative und Überlegungen etwa aus den politischen Wissenschaften nicht fehlen dürfen, so etwa die Schrift über den isolierten Staat des deutschen Musterlandwirts, Agrar- und Wirtschaftswissenschaftlers Johann Heinrich von Thünen (1783-1850), versteht sich bei Schmidt von selbst.

Mit den Papierplanspielen gerät Schmidt an einen Ort, der für die einlässige Behandlung und nicht nur ihre literarische Wertschöpfung schlüssiger nicht sein könnte. Es ist die Herstellung des Papiers, die nach einer Vielzahl von alternativen Beschreibungsstoffen, deren Aufzählung Gegenstand je eigener Stoffgeschichten zu sein hätte, und unterschiedlichen Herstellungsstrategien schließlich zum Holz und mit diesem zu einem Konzept der Nachhaltigkeit führt, das die politische Diskussion nun seinerseits nachhaltig bestimmt (vgl. zur Papiergeschichte ausführlich Tschudin 2007; Müller 2012). Am Rohstoff Holz und an seiner gezielten Ausnutzung durch eine auf Nachhaltigkeit angelegte Forstwirtschaft werden die Kalküle der Papierproduktion virulent – und das auf eine Weise, die nicht nur die Kreisläufe einer ökonomischen, sondern auch die einer kulturellen Wertschöpfung betrifft (vgl. zu einer Stoffgeschichte des Holzes Radkau 2007). In der Forderung »Nur so viel Holz einschlagen, wie nachwächst« hat die Idee der Nachhaltigkeit ihre programmatische Verdichtung und disziplinäre Verankerung in den Forstwissenschaften gefunden (vgl. zur Nachhaltigkeit Karafyllis 2002; zur Verschränkung mit der Kulturwissenschaft Weigel 2010). Die Geschichte eben dieser Nachhaltigkeit und ihrer politischen Implikationen, wie sie anläßlich des UNO-Gipfels 1992 in Rio de Janeiro unter dem Begriff *sustainable development* das Bewußtsein der Öffentlichkeit erreichte und seitdem im Dreieck von Ökonomie, Ökologie und sozialer Gerechtigkeit von einer Vielzahl von Beteiligten unter einer Vielzahl von Facetten diskutiert wird, hat wie so vieles barocke Wurzeln (vgl. zur aktuellen Diskussion stellvertretend Mergelsberg 2000).

Zwar gibt es Vordatierungen, die entsprechende Forderungen bereits in frühen Forstverordnungen erheben und die damit ausgerechnet eine mittelalterliche Idee als Zukunftsperspektive ins Auge fassen (vgl. dazu Schmidt [nicht Arno!] 1998), etwa eine Verordnung des Klosters Mauermünster im Elsaß aus dem Jahr 1144, die erstmalig »das Prinzip einführte, nicht mehr Holz zu schlagen als nachwächst« (Tönnis 2004, 16). Doch gilt der Maßnahmenkatalog hier einem nur sehr eingeschränkten Nutzen – er bezog sich regional auf einen kleinen Bereich und hatte lediglich die Einschränkung des Waldschrumpfens zum Ziel. Weniger kasuistisch ist eine Gründungsschrift aus dem Jahr 1713 angelegt, die nach Meinung der Forschung als Initialzündung für eine Konzeptualisierung der Nachhaltigkeit diente und überhaupt als das erste forstwissenschaftliche Werk gilt: Hannß Carl von Carlowitz' *Sylvicultura oeconomica oder haußwirtschaftliche Nachricht und naturmäßige Anweisung zur wilden Baum=Zucht*. Der in dieser Form abgekürzte Titel wäre es wert, vollumfänglich zur Anschrift zu gelangen: mit all der Sachkenntnis, dem Detailreichtum und der Anschlußfähigkeit, die ein in barocken Titeln übliches *Nebst* dem Haupttitel dann umfangreich folgen läßt. Was den Oberberghauptmann aus der sächsischen Silberstadt Freiberg umtreibt, ist die Sorge um den verschwenderischen Umgang mit einer gerade für den Bergbau zentralen Ressource.

Die Vorschläge, die durch Strategien europäischer Forstpolitik und namentlich durch Jean Baptiste Colbert und dessen *grande réformation des forêts* als Garant für die holzintensive Flottenpolitik Ludwig XIV. informiert sind, zielen in ihrer Ausrichtung auf den Interessenverbund zwischen Ökonomie, Ökologie und Politik. Maßnahmen zur geplanten Wiederaufforstung sind vor dem Hintergrund eines vielfach verursachten Holzmangels dort ebenso zu finden wie die Suche nach Einsparpotentialen durch verbesserte Verwertungstechniken und nach alternativen Quellen, die von Carlowitz unter anderem im natürlichen Rohstoff Turff findet. Der Druck einer gesteigerten Verwissenschaftlichung führt zu weiterer Ausdifferenzierung und zu weiteren Gründergestalten wie dem Dillenburger Landesforstmeister

Mit GOtt!
SYLVICVLTVRA OECONOMICA,
Oder
Haußwirthliche Nachricht und Naturmäßige
Anweisung
Zur
Wilden Baum-Zucht,
Nebst
Gründlicher Darstellung/
Wie zuförderst durch Göttliches Benedeyen dem allenthalben und insgemein einreissenden
Grossen Holtz-Mangel/
Vermittelst Säe- Pflantz- und Versetzung vielerhand Bäume zu prospiciren/
auch also durch Anflug und Wiederwachs des so wohl guten und schleunig anwachsend- als andern gewüchsig- und nützlichen Holtzes, gantz öde und abgetriebene Holtz-Ländereyen, Plätze und Orte widerum Holtzreich, nütz und brauchbar zu machen; Bevorab von Saam-Bäumen und wie der wilde Baum-Saamen zu sammlen, der Grund und Boden zum Säen zuzurichten, solche Saat zu bewerckstelligen, auch der junge Anflug und Wiederwachs zubeobachten. Daneben das sogenannte lebendige, oder Schlag-an Ober- und Unter-Holtz auffzubringen und zu vermehren, welchen beygefügt die Arten des Tangel- und Laub-Holtzes, theils deren Eigenschafften und was besagtes Holtz für Saamen trage, auch wie man mit frembden Baum-Gewächsen sich zu verhalten, ferner wie das Holtz zu fällen, zu verkohlen, zu äschern und sonst zu nutzen.
Alles zu nothdürfftiger Versorgung des Hauß- Bau- Brau- Berg- und Schmeltz-Wesens/ und wie eine immerwährende Holtz-Nutzung Land und Leuten/ auch jedem Hauß-Wirthe zu unschätzbaren grossen Auffnehmen/ pfleglich und füglich zu erziehlen und einzuführen.
Worbey zugleich eine gründliche Nachricht von den in Churfl. Sächß. Landen
Gefundenen Turff
Dessen Natürliche Beschaffenheit/ grossen Nutzen/ Gebrauch und nützlichen Verkohlung.
Aus Liebe zu Beförderung des algemeinen Bestens beschrieben
Von
Hannß Carl von Carlowitz/
Königl. Pohl. und Churfl. Sächß. Cammer-Rath/ und Ober-Berg-Hauptmann.

Mit Königl. Pohl. und Chufürstl. Sächß. allergnädigsten PRIVILEGIO.
LEIPZIG/
verlegts Johann Friedrich Braun 1713.

Abb. 1: Titelblatt der *Sylvicultura oeconomica*.

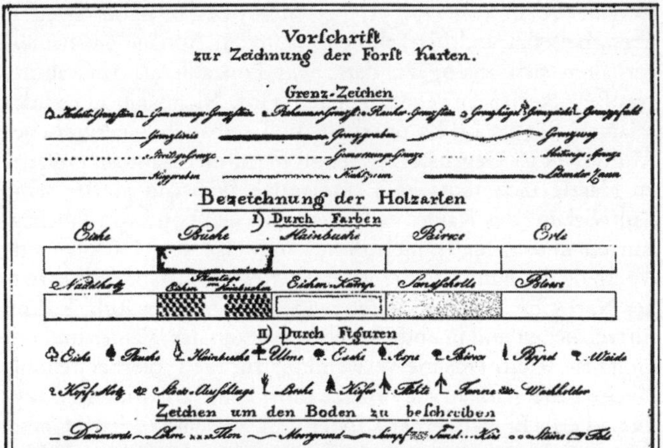

Abb. 2: Schema zur forstwissenschaftlichen Erfassung der Wälder nach Hartig 1804.

Georg Ludwig Hartig. Was der Fortwissenschaftler um 1800 und im Rahmen der Institutionalisierung der Disziplin unternimmt, ist im Zuge der medientechnischen Erschließung die konsequente Vermessung des Waldes sowie seine kartographische Erfassung.

Die Strategien seiner *Anweisung zur Taxation und Beschrei-*

bung der Forste von 1791/95, die 1804/05 bereits in der zweiten, überarbeiteten und beträchtlich ergänzten Auflage erscheinen, verhalten sich analog zu dem, was Foucault als Verwaltung von Bevölkerungen rekonstruieren wird. Nichts am Leben der infamen Bäume bleibt unerfaßt, und selbst ihr energetisches Äquivalent ist Gegenstand operativer Aufmerksamkeit (vgl. dazu Hartig 1804/1805; → TREIBHAUS). Während Hartig seine Kultivierung des Waldes in der semiotischen Form von Tabellen, Karten und Zahlen unternimmt, schwelgt von Carlowitzens Apologie des Baums in der verästelten Weitschweifigkeit barokker Narration. In einem Seitenzweig und unter der Rubrik »Von fürtrefflichen und unentbehrlichen Nutzen der Wälder und des Holtzes« streift er seine Verwendung für die Papierherstellung. Diesen Rückgriff auf die Pflanze führt von Carlowitzens Enzyklopädie als Brauch ferner Länder und verlagert sie nach China, das als Reich der Mitte zugleich den Schauplatz für vielfältige Kuriositäten darstellt.

Worbey denn so wohl merckwürdig / als curiös, daß in China und angränzenden Ländern / das Pappier von einer Art des Bambous Baums zubereitet wird. Sie nehmen von solchen die äußerste Rinde weg / weil sie zu dicke und zu harte ist / die darunter sich befindende Schale aber / so sehr weich und weiß /wird mit klaren Wasser zugerichtet / wie das Pappier in Europa / so gar daß sie Bogen davon machen können / die an einen Stück 10. bis 12. Schuh lang sind / schöner und klärer / als das Europäische. (Von Carlowitz 2000 [1713], 367 f.)

In Europa ist die Papierproduktion nicht auf einen nachwachsenden Rohstoff gegründet – jedenfalls nicht direkt. Als Faserrohstoff für die Papierproduktion dienen dort über lange Zeit Hadern aus unterschiedlichen textilen Materialen wie Leinen, Hanf oder Wolle. Als Folge der immer weiter steigenden Nachfrage werden bezüglich dieses Abfallprodukts eigens Ausfuhrverbote in Betracht gezogen – so wird in Süddeutschland um 1490 die Ausfuhr von Lumpen untersagt ebenso wie in den zu Preußen gehörenden Ländern. Dort sind im Jahr 1756 die Lumpensammler gar dazu verpflichtet, als Nachweis ihrer Legitimation einen Lumpenpaß mitzuführen. Entsprechend der hohen Wertschätzung von Lumpen und Hadern und angesichts der gesteigerten Nachfrage wird nicht nur die Zirkulation durch politische Maßnahmen wie ein Ausfuhrverbot reguliert, auch Vorschläge zu einem wirtschaftlicheren Umgang und sogar zur beinahe vollständigen Ersetzung des Ausgangsmaterials werden erwogen.

So veröffentlicht der evangelische Theologe und umtriebige Universalwissenschaftler Jacob Christian Schaeffer in den Jahren 1765-1772 ein sechsbändiges Werk unter dem Titel *Versuche und Muster ohne alle Lumpen oder doch mit einem geringen Zusatz derselben Papier zu machen*. Sein Gemisch aus diversen Materialien – die Internet-Enzyklopädie Wikipedia nennt Pappelwolle, Moos, Flechten, Hopfen, Weinreben, Disteln, Feldmelde, Beifuß, Mais, Brennesseln, Aloe, Stroh, Rohrkolben, Blaukohlstrunke, Graswolle, Maiblümchen, Torf, Seidenpflanzen, Ginster, Hanfschäben, Kartoffelpflanzen, Torf, Waldreben, Tannenzapfen, Weiden- und Espenholz sowie Sägespäne und Dachschindeln – führt allerdings nicht zu dem von ihm gewünschten Ergebnis (vgl. zu einer Rohstofflehre des Pflanzenreichs Wiesner 1914).

Unter den Bedingungen immer knapper werdender Hadernvorräte verfällt auch der deutsche Jurist Justus Claproth 1774 auf *Eine Erfindung aus gedrucktem Papier wiederum neues Papier zu machen, und die Druckerfarbe völlig heraus zu waschen* – ein Vorschlag, der ihm in manchen Historiographien den Ruf einträgt, erstmalig das Papierrecycling erfunden zu haben. Claproth setzt mit dem Befund der Papiermüller ein, daß aus bereits bedrucktem Papier recyceltes Papier »zu nichts anders als zu Pappen gebrauchet werden könne« (Claproth 1774, o. Pag.). Sein Verfahren will gegenüber dieser minderwertigen Verwendung Abhilfe schaffen. Dazu bedarf es neben dem Einsatz von Terpentinöl und Wascherde vor allem eines wagemutigen Papiermüllers, »welcher sich entschloß, den Versuch auf meine Gefahr und Kosten zu machen« (ebd.). Claproth setzt in der Beschreibung des Verfahrens auf den Begriff der Verwandlung. »Ich verdammte zu dieser Verwandlung drey Folianten, zusammen 45. Alphabet, welche auf schlechtes Schreibpapier mit Mönchsschrift ganz voll gedruckt waren« (ebd.). Nach dem Stampfen in einem Walkwerk und dem Mahlen in einem sogenannten Holländer kann sich das Resultat durchaus sehen lassen – so sehr, daß Claproth die Mitteilung über seine Recyclingerfindung in performativer Stimmigkeit gleich auf dem derart recycelten Papier drucken und verbreiten läßt. Stolz vermeldet er darüber hinaus einen Restposten an Papiermasse, der für andere Zwecke zur Verfügung stehe. Selbst der Gewichtsverlust durch das Auswaschen der Farbe wird ins Kalkül ökonomischer Erwägungen gezogen, kann aber als eine vernachlässigbare Größe außen vor bleiben. In seinem Fazit wechselt Claproth gekonnt von Aspekten ökonomischer zu solchen der kulturellen Wertschöpfung: Das andere der Pappe ist die Makulatur, ein Verwertungskonzept, das nicht nur über die Qualität von Papier informiert, sondern zugleich Auskunft über die Qualität des darauf Gedruckten gibt.

Durch diese nutzbare Erfindung erwachsen folgende Vortheile: 1) können unbrauchbare gedruckte Sachen den Mangel derer Lumpen ersetzen, an welchen es oft fehlet, und immer mehr fehlen wird, jemehr seidene und wollene Zeuge getragen werden. 2) kann mancher Verleger, Buchhändler und Bücherbesitzer seinen unbrauchbaren Vorrath, vor welchen bis hierhin nur ein Gulden vor den Centner von den Papiermüllern bezahlet worden, weil sie dergleichen gedruckte Sachen nur zu Pappen gebrauchet hatten, mit grossem Vortheile nutzen; und wie reich sind unsere Zeiten nicht an dergleichen Maculatur? Vielleicht habe ich auch meinen Theil daran. (Ebd.)

Die Vertriebswege von Makulatur taugen so zum Indikator kultureller Wertschätzung (zu anderen Indikatoren, wie sie etwa die Kataloge der Buchmessen darstellen, vgl. Novalis 1981 [1798]; Rieger 1995). Über die Akzeptanz auf dem Buchmarkt entscheiden in der weiteren Zukunft nicht Kunstrichter oder Buchhändler, sondern die Verwalter ihrer bloßen Materialität, die Papiermüller. »Künftighin wird uns der Papiermacher am besten sagen können, was Maculatur sey« (ebd.). Claproth beendet seine Erfindung mit einem Gedankenspiel, das in seiner wundersamen Konsequenz zu einem geschlossenen Buchhandelsstaat führt, ein Konzept, das vom idealistischen Philosophen Johann Gottlieb Fichte als Modell für den Warenverkehr aller Art verallgemeinert wird. Würden die Kreisläufe der Wiederverwertung greifen, so gerieten Bücher, die zur Verwandlung bestimmt sind, in einen vergleichbaren Status wie zuvor die Lumpen und Hadern. Ihr gesetzlich verordneter Verbleib im Lande wäre für Claproth daher die nötige Konsequenz: »So würde nöthig seyn, daß, wie der Lumpenverkauf ausser Landes, durch die Verordnung vom 30ten Dec. 1750. verbothen ist, auch die Bücher, so zur Papiermühle geschicket werden sollen, nicht ausser Landes verkaufet werden dürfen.« (Ebd.)

Wie solche Projekte exemplarisch zeigen, ist eine Umstellung der Papierproduktion auf alternative Rohstoffe dringend vonnöten. Mit der Einführung des sogenannten Holzschliffs durch den tüftelnden Mechaniker Friedrich Gottlob Keller wird in den Jahren 1843 und 1844 der Übergang von Hadern zu Holz ermöglicht. Um Keller rankt sich eine Gründungsgeschichte, die das natürliche Vorbild der Wespe und die Bricolage mit Kirschkernen bemüht, aus denen Keller als Kind Ketten zu verfertigen suchte. Beim Schleifen der Kerne zu Ringen sei ein klebriger Brei entstanden, der nach dem Trocknen an Papierblättchen gemahnte – und eine Ähnlichkeit mit jenem Material aufwies, das Wespen aus Holzfasern herstellen und zum Bau ihrer Nester verwenden. Erste Hinweise auf den Holzschliff verzeichnet ein Ideenbüchlein unter dem Titel *Papier zu fertigen, von Holzfasern, welche durch Friction erzeugt werden* (1841/42). Im Gegensatz zum Verfahren der Zellstoffgewinnung, die auf dem Einsatz von Chemie beruht, setzt Keller auf die physikalische Macht mechanischer Reibung. Doch der Erfolg, mittels einfacher Holzschleifmaschinen einen praktikablen Ausgangsstoff für die Papiergewinnung herzustellen, bleibt aus. Der spätere Erwerb einer Papiermühle sollte die Umsetzung zwar befördern, führte aber statt dessen in den finanziellen Ruin.

Seine Idee des Holzschliffs trat er schließlich an geschäftstüchtigere und mit der Materie besser vertraute Sachbearbeiter ab: Angeblich soll er für 700 Taler die Mitteilung des Holzschliffverfahrens an den Heidenheimer Papierfabrikanten Heinrich Voelter veräußert haben. Zusammen mit dem Mechaniker Johann Matthäus Voigt optimiert dieser die Technik des Papierschliffes weiter – etwa durch Apparaturen wie den Defibreur, der den Feinstoffgehalt des Papiers erhöhte, oder den Raffineur, eine Vorrichtung, die das Schleifverfahren so wirtschaftlich machte, daß sich die industrielle Fertigung zu rechnen begann. In diesen Weiterentwicklungen werden die Belange industrieller Fertigung günstigen Papiers mit der massenkommunikativen Verbreitung etwa in Form von Zeitungen kurzgeschlossen. Trotz aller möglichen Nachteile hat der Rückgriff auf das Holz diesem Verfahren seine Karriere beschert: »der Vorteil der technisch einfachen, kostengünstigen Beschaffung und des praktisch unerschöpflichen Rohstoffs überwog jedoch, so dass die in den 70er und 80er Jahren des 19. Jahrhunderts entstehende Zellstoffproduktion kein ernsthafter Konkurrent werden konnte« (Tschudin 2007, 167). Keller selbst blieb bei dieser rasanten Entwicklung allerdings außen vor, verarmte und wurde später durch eine Stiftung alimentiert (vgl. Beneke 2003).

Damit sind es nicht mehr nur Schiffe, Bergbau und diverse Öfen, wegen derer, wie in von Carlowitzens Gründungsschrift geschildert, Raubbau am Wald betrieben wird. Mit der Herstellung und dem Vertrieb holzgefertigten Papiers als wohlfeiler Massenware schließt sich der Kreis zwischen realen und Kulturtechniken. Beide fallen nach abenteuerlichen Geschichten im Wechselspiel zwischen gesteigerter Nachfrage und zum Teil sehr findigen Strategien ihrer Herstellung in eins – im Begriff der Nachhaltigkeit, der jedenfalls für eine bestimmte (und jetzt schon, jedenfalls in der Rekonstruktion durch Nicholson Baker, in ihrer Brüchigkeit beklagten) Zeit die Bedingung dafür wird, daß die Dinge nicht aufhören dürfen, nicht aufzuhören (vgl. dazu Baker 2005).

Weil Projekten über das Großprojekt der Ökonomie eine derartige Wirkmacht eignet, sind die Strategien und Finten der Wertschöpfung Indiz für ein epistemisches Anliegen und erschöpfen sich gerade nicht in den Belangen individueller Inventionen. Ob Energie oder Nachrichten eingespart werden, ob Laufwege verkürzt und Postpferde entlastet werden, es gibt für all diese Belange eine kaum übersehbare Zahl von Sachbearbeitern. In dieser Art der Anliegen schlägt der Versuch unterschiedlichster Überschlagsrechnungen mit einem obsessiven Einsatz von Zahlen zu Buche. Auch wenn die Narrationen der Kulturwissenschaften der Personalisierung Vorschub leisten und etwa durch die Berichterstattung der Anekdote nachgerade befördern, so gerät dabei doch gelegentlich aus dem Blick, was als Triebfeder hinter jeder Einzelintervention steckt, ein Potential, das nun ihrerseits konsequent auszuschöpfen den mit dem Makel der Bedeutungslosigkeit geschlagenen Kulturwissenschaften gut anstünde. Mit den selbsternannten Wächtern über Effizienz und Ökonomie tritt nämlich der Typus des systemischen Querulanten auf den Plan, ein Typus, der sich voll und ganz, mit Haut und Haar einem wie auch immer gearteten höheren Ganzen verschrieben hat. Das geschieht zum Teil unter Verzicht auf eigene Vorteile und endet nur bedingt zufällig im Bankrott. Ob dieses überindividuelle Telos die Form und Forderung eines geschlossenen Handelsstaats oder einer globalisierten Welt zum Gegenstand hat, ob es Postpferde schont oder Mülltrennung propagiert, ob es Papier recycelt oder Holz schleift, ist lediglich zeitbedingten Ausbuchstabierungen geschuldet (zu einer solchen Etüde für die Optimierung der deutschen Sprache und der dadurch erreichten Schonung der Postpferde vgl. Wolke 1812; → ROSA).

Die scheinbare Kontingenz entsprechender Gestalten, Projekte und Vorschläge hat System. Und weil systematische Erwägungen auch außerhalb literarischer Fiktionen vor nichts haltzumachen brauchen, darf eine letzte Geschichte nicht unerzählt bleiben, bei der wie bei Arno Schmidt selbst noch die Toten systematisch ins Kalkül gezogen werden. Wie unter dem Titel »On a Supply of Paper Material from the Mummy Pits of Egypt« aus dem Jahr 1854 nachzulesen, erwägt ein gewisser Isaiah Deck, die Hadernarmut in seinem Heimatland Amerika auf eigenwillige Weise zu lösen. Weil die Mumifizierungspraxis im alten Ägypten hochgradig verschwenderisch mit den textilen Schichten umging, entsprechende Zahlenwerte werden selbstredend mitgeliefert, und weil eine Entdeckungs- und Ausgrabungskonjunktur ein Überangebot an ägyptischen Mumien zutage fördert, verfällt Deck auf die Idee, mit den Hadern aus den Gräbern Ägyptens die Papierknappheit Amerikas zu kompensieren.

Und wie bei entsprechend abenteuerlichen Projekten üblich, ist auch dort wieder alles bis ins Detail geplant. Überschlagrechnungen bilanzieren aufgrund einer Schätzung der Population die Qualität und die Quantität des Materials, wobei selbst der Einbalsamierung von Tieren Rechnung getragen wird. Weitere Überschlagrechnungen halten Amerika seine gesteigerte Nachfrage nach Papier vor und belegen schlüssig, wie ungenügend etwa Importe aus Großbritannien für die Schließung der Lücken sind. Selbstredend werden auch moralische Fragen laut und zum Teil mit skurrilen Einzelargumenten beantwortet, um mit der Frage nach der (Volks-)Wirtschaftlichkeit um so nachdrücklicher vom Tisch gefegt zu werden. Eine eindrucksvolle Kosten-Nutzen-Bilanz, die zudem einem Sozialplan im ägyptischen Bestattungswesen Rechnung trägt, ist die Folge. In ihrer Detailbesessenheit bleibt dabei kaum etwas unberücksichtigt:

The question of »will it pay?« may be readily answered by assuming the value of the rags to be from 4 to 6 cents per pound; in the United States this is considerable under the market estimate of fine linen rags; the cost of purchasing, collecting and transportation would be under 3 cents, while on the other hand the substances used in the process of embalming would be far more valuable than the swathing envelopes.

[...]

These and other resins of an equally rare species, were employed in embalming the superior class of mummies, and can be readily separated from the animal remains and the cloth by solution and distillation; while the varieties of bitumen, employed in the inferior mummies, could be made equally serviceable for varnishes, illumination and machinery oil. At the same time the animal remains can be manufactured into soap (they are too dry for glue or gelatine). (Deck 1855, 90)

Auch Schmidts Planspiele auf dem Mond sind in ihrer Wertschöpfung allemal konsequent, und sie machen nicht nur vor den Toten nicht halt. Wie in einer letzten Drehung seiner Wertschöpfungsspirale landet er bei den Lebenden – und das auf eine Weise, die den Bereich des bloßen Lebens ebenso betrifft wie die Biopolitik der Reproduktion. Der Erfolg der Russen liegt nicht nur in der vollständigen Ausschöpfung des menschlichen Körpers nach dem Tod begründet, sondern in einer gezielten Förderung der Ressource Mensch schon zu Lebzeiten. Damit Leder und Leber nicht auszugehen brauchen, tut schon auf Erden Selektion not. Wie sein Protagonist Charles bei einer diplomatischen Mission im russischen Nebenkrater erfährt, ist selbst die Zusammensetzung der Mondbewohner der planwirtschaftlichen Organisation von Nachhaltigkeit geschuldet.

Die hatten – immer »angeeplich«; wohlgemerkt! auf Erdn sorkfälltich die Töchter ausgesucht, die laut Ahnen=Paß für Zwillinx= und Drillinx=Geburtn anfällich waren. Diese nach Möglichkeit zu »Schpezia=Listinnen«

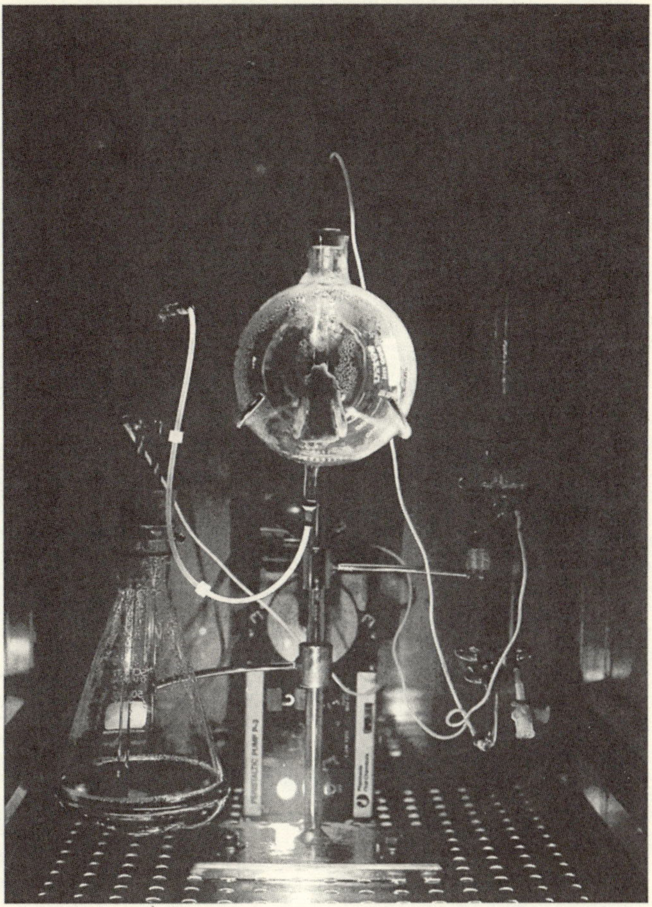

Abb. 3: Herstellung opferlosen Leders (arme Tante Jadwiga!) nach Catts/Zurr 2008.

ausgebildet. Sie nach dem Abschluß=Eckßaaam schwer geschwängert. – :
Und dann hoch geschossn!
(Schmidt 1980 [1960], 295 f.)

S. R.

Photovoltaik

The age of the Sun is at least 4.6 billion (10^9) years old and it may be regarded as a middle-aged star. After a similar period it is expected to expand to a red giant and then to collapse to a white dwarf.

Daintith/Gould 2006

Als die Marsbewohner, sogenannte »Martier«, in Kurd Laßwitz' Roman *Auf zwei Planeten* (1897) den Nebel über den Städten der Menschen beobachten, folgern sie, daß die Menschen wohl Kohle verbrennen – und sind davon äußerst überrascht, wie ihre Frage an die Menschen zeigt:

»Aber warum nehmen Sie die Energie nicht direkt von der Sonnenstrahlung? Sie leben ja vom Kapital statt von den Zinsen.« »Wir wissen leider noch nicht, wie wir das machen sollen. Übrigens sind die Kohlen doch nur zurückgelegte Zinsen, die unsere geehrten Vorfahren im Tierreich nicht aufzehren konnten.« (Laßwitz 1984 [1897], 228 f.)

Die Frage nach einer technischen Lösung für die Energiegewinnung aus Sonnenstrahlen ist hier direkt verbunden mit einem historischen Blick, dem ein planetarischer Maßstab zukommt: Denn für die Martier liegt die »Periode der Kohlenenergie« mehrere hunderttausend Jahre zurück. Wenn die Menschen aber weiterhin dieses »Kapital« bzw. die von den Vorfahren zurückgelassenen »Zinsen« aufbrauchen, werden sie, so die Prognose der Martier, nicht so lange überdauern (→ KOHLE).

Die rein technische Frage des »Wie macht man das?« ist damit von vornherein verbunden mit der Frage nach der möglichen Zukunft der Menschheit. Daher ist auch die Geschichte der Solarzelle keine bloße Historie technischer Entdeckungen und genialer Erfinder, sondern ein genuin politisches Szenario. Die Solarzelle erweitert nicht einfach das Spektrum der Energiequellen, ist nicht nur ein das Klima schonender Ersatz für Kohle und Erdöl und dabei im Gegensatz zu Atomkraftwerken auch noch ungefährlich, vielmehr ist sie, spätestens seit den siebziger Jahren, das Fundament der Vision einer ökologischen Gesellschaft. Die Solarzelle ist Ausgangspunkt weitreichender Phantasmen, und zugleich ist sie, zumindest in Ansätzen, die Verwirklichung dieser Phantasmen. Die Geschichte der Solarzelle ist solchermaßen die beständige Konfrontation des Imaginären mit dem Realen im Übergangsfeld von Wissenschaft, Technik und Politik.

Während der Fluchtpunkt vieler Umweltbewegungen in den siebziger Jahren vorrangig in der Rückkehr zur Natur oder zumindest zur Wirtschaftsform agrarischer Dorfgesellschaften lag, ist der Einsatz der Photovoltaik als Lösungsstrategie für das Problem knapper Ressourcen der technisch ausgerichteten Ökosystem-Forschung zuzurechnen (→ SEE). Ihr Fluchtpunkt ist nicht eine in die natürlichen Kreisläufe eingebettete Lebensweise, sondern ein technisch organisiertes Überlebenssystem. In der Formel vom *spaceship earth* hat dieses System seine Metapher gefunden, denn diese Metapher beschreibt die Erde als geschlossenes System und macht sie zum Gegenstand von Regulierungsphantasmen, suggeriert doch der abgeschlossene Raum des Raumschiffes, daß hier nichts dem Zufall überlassen bleibt.

Populär machte diese Metapher Buckminster Fuller mit seinem Buch *Operating Manual for Spaceship Earth* (1969), in dem (neben dem prominenten Konzept der »Synergie«) dem Begriff »Regeneration« große Bedeutung zukommt. Wie ein Raumschiff verfüge nämlich auch der Planet Erde nicht über unendliche Ressourcen. Aus diesem Grund dürfe man die in Millionen von Jahren entstandenen fossilen Brennstoffe nicht aufbrauchen, diese hätten im Raumschiff Erde nur – wie eine Autobatterie – Starter-Funktionen: »Thereafter, our ›main engine‹, the life regenerating processes, must operate exclusively on our vast daily energy income from the powers of wind, tide, water, and the direct Sun radiation energy.« (Fuller 1969, 123) Weil die Erde ein fast geschlossenes System ist, erscheint es dem Synergetiker Fuller unsinnig, endliche Rohstoffe schneller zu verbrauchen, als sie entstehen – da die Menschen jedoch weder zu dieser einfachen Rechnung noch zu einem Blick in die Zukunft fähig scheinen, liefert Fuller eine *Bedienungsanleitung* zum Steuern des Raumschiffs. Die Solarzelle ist hierbei geradezu die Realisierung der Metapher »Raumschiff Erde«, denn die Raumfahrttechnik ist

Abb. 1: Augustin Mouchots Solardampfmaschine nach Mouchot 1987 [1869].

ihr erster großer Anwendungsbereich (vgl. allgemein zur Geschichte der Solarzelle Perlin 2002).

Dabei entstand die Idee, Energie durch die Sonne zu gewinnen, schon weitaus früher, wie etwa die Arbeiten des französischen Mathematiklehrers Augustin Mouchot zeigen. Auch nachdem sein erster großer »Solarempfänger« im Deutsch-Französischen Krieg (1870/71) verschwunden war, gab Mouchot nicht auf. Im Jahr 1875 stellte er der Académie des sciences eine neue Apparatur vor, experimentierte in Algerien und erhielt schließlich vom Conseil général die Erlaubnis und Geld zum Bau einer Solar-Dampfmaschine für die Pariser Weltausstellung. Seine Maschine wurde dort mit einer Goldmedaille ausgezeichnet.

Bereits im Jahr 1869 hatte Mouchot ein Buch mit dem Titel *La Chaleur solaire et ses applications industrielles* publiziert, in dem er ausführlich auf die bis in die Antike zurückreichende Geschichte der Brennspiegel und Solarmaschinen sowie die im 17. Jahrhundert einsetzenden physikalischen Forschungen zum Verhalten von Glas bei Sonneneinstrahlung eingeht. Besonders hebt Mouchot die Versuche des Botanikers Horace Benedict de

Saussure (1740-1799) hervor, der auch in der Geschichte der Photosyntheseforschung eine zentrale Rolle spielt (→ GRÜNE PFLANZEN). Saussure ging von der schlichten Beobachtung aus, daß Sonnenstrahlen einen Raum stärker erwärmen, wenn er sich hinter geschlossenem Glas befindet, als wenn er offen ist. In Briefen an Buffon und an das *Journal de Paris* schilderte Saussure im Jahre 1784 (Abdruck der entscheidenden Passagen: Mouchot 1987 [1869], 24-28) seine neuartigen Versuche, für die er rechteckige Kästen aus weißem böhmischem Glas anfertigen ließ, die er ineinander verschachtelte und auf einer Tischplatte befestigte. Mit insgesamt sieben angebrachten Thermometern stellte er im fünften Kasten eine Temperaturerhöhung von 87,5 Grad Celsius fest. In weiteren Versuchen variierte er diese Anordnung, setzte die Kästen möglichst lange und direkt der Sonneneinstrahlung aus, verwendete unterschiedliche Materialien, wobei sich die leichten Materialien Kork und Fichtenholz auch deshalb besonders gut eigneten, weil er seine Experimente sowohl in der Ebene als auch im Hochgebirge durchführen wollte, der Behälter also leicht zu transportieren sein mußte. Saussure erreichte so schließlich eine Temperatur über dem Siedepunkt von Wasser: 109,6 Grad Celsius.

Auch wenn Saussure nicht das Wort gebrauchte, beschrieb er nichts anderes als den Treibhauseffekt, worauf auch Mouchot rekurriert, wenn er ausführt, verglichen mit den Weiten des Weltraums sei die Erde eigentlich nur ein Treibhaus (Mochout 1987, 14; → TREIBHAUS). Dabei war der Anwendungsbereich der Sonnenwärme vielfältig: Neben der Solardampfmaschine konstruierte er zum Beispiel einen Solarofen, der in einer Dreiviertelstunde ein Pfund Brot buk, in drei Stunden Rindfleisch kochte und sich ohne weiteres in einen Grill umbauen ließ, wobei Mouchot die Solarkraft auch noch in den Dienst der Kolonialisierung stellte. Mit ihrer Hilfe könne man schließlich »unsere Soldaten in Afrika kostengünstig mit einer kleinen, tragbaren Küchenausrüstung versehen, die zum Kochen der Nahrung keine Brennstoffe erfordert und daher im Sand der Wüste wie im Schnee des Atlasgebirges von großem Nutzen sein dürfte« (ebd., 211).

Den Gymnasiallehrer Mouchot trieb somit nicht nur das Interesse an der Theorie der Brennspiegel, an Materialforschung und technischer Umsetzung an, sondern ebenso die industrielle Anwendung der Sonnenwärme. Damit kamen vor allem nordafrikanische Länder wie Ägypten und Algerien in den Blick, denn in diesen Ländern fehle es bei einem Preis von fünfzig bis hundert Francs pro Tonne Steinkohle schlichtweg an billigen Energiequellen für Maschinen, mit denen man die Felder bewässern, Speisen zubereiten oder Wasser abkochen könne. Gerade aus heutiger Sicht erweisen sich diese Vorschläge als weitsichtig, wurden aber durch das Präferieren von Kohle und Erdöl als Energiequellen mit den bekannten Folgen nachhaltig verfehlt.

Mouchot war mit seinen Plänen keineswegs allein. In dieselbe Richtung argumentierte der Professor für Naturphilosophie William G. Adams (1836-1915), der nicht nur wesentlich zur Entdeckung des photoelektrischen Effekts beitrug, sondern auch bereits im Jahr 1878 ein Buch mit dem Titel *Solar Heat. A Substitute for Fuel in Tropical Countries* veröffentlicht hatte. Mit seinem *power tower solar engine* erfand er eine Technik, die bis heute angewendet wird.

Die Ideen zur Umsetzung von Sonnenlicht in Elektrizität über Wasserdampf litten jedoch daran, daß ihre technischen Realisierungen zu teuer waren. Gerade deshalb hätten die Arbeiten des Ingenieurs Frank Shuman (1862-1918) in dieser Geschichte der verpaßten Chancen wegweisend sein können.

Wie ein Artikel der Zeitschrift *Engineering News* aus dem Jahr 1909 berichtet, arbeitete Shuman anfangs mit flachen Holzboxen, die eine doppelte Glasschicht bedeckte (Anonym 1909). Zwischen den Glasscheiben befand sich Wasser. Mit dem durch die Erwärmung entstandenen Wasserdampf trieb Shuman in seinen ersten Versuchen immerhin eine Ein-Dollar-Spielzeugmaschine an. Doch der kommerzielle Einsatz lag in weiter Ferne. Um die Leistung von nur einer Pferdestärke zu generieren, benötigte seine Maschine sonnige Tage und eine Fläche von ca. 90 bis 180 Quadratmetern. Shuman entwickelte sein Modell aber weiter, fand eine Lösung für das wichtige Problem der Energiespeicherung und gründete im Jahr 1908 die Sun Power Company. Nachdem sein erstes Solarkraftwerk in Tacony, Pennsylvania, mit einer Fläche von über 9000 Quadratmetern noch keine größere Dampfmaschine antreiben konnte, ging er nach Ägypten,

Abb. 2: Im Vordergrund das PS 10-, im Hintergrund das PS 20-Solarwärmekraftwerk, das sich auf dem Bild noch im Bau befindet. Es handelt sich um die weltweit ersten kommerziell betriebenen Solarkraftwerke, die in Andalusien in der Nähe von Sevilla stehen. Die Spiegel fokussieren das Sonnenlicht auf einen Receiver, der auf einem Turm in Höhe von ca. 115 bzw. 160 Metern angebracht ist und der Dampf erzeugt, welcher über Turbinen Generatoren antreibt (Wikipedia 2013); nach Przemek 2012.

wo es ausreichend Sonne und billige Arbeitskräfte gab. Dort baute er eine solargetriebene Pumpe zur Bewässerung, die mit Parabolspiegeln 50 Pferdestärken erreichte und pro Minute über 22 000 Liter Wasser pumpte. Nun hatten auch Regierungen Interesse, sowohl die Briten als auch die Deutschen sendeten Ingenieure nach Ägypten, die Shumans Maschine beurteilen sollten, und Shuman wurde zu einer Anhörung vor dem deutschen Reichstag und dem Kaiser eingeladen.

Shuman verband mit seinem Projekt weitreichende Visionen. Ein *New York Times*-Artikel mit der Überschrift »American inventor uses Egypt's sun for power« zitiert Shuman folgendermaßen: »We have proved the commercial profit of sun power in the tropics and have more particularly proved that after our stores of oil and coal are exhausted the human race can receive unlimited power from the rays of the sun.« (Anonym 1916, o. Pag.)

Shuman hatte bewiesen, daß Solarkraft auch wirtschaftlich konkurrenzfähig ist, zumindest in den heißen Regionen, und er zog daraus die Konsequenz. Der Bau einer Anlage von »sun heat absorbers« in der Wüste würde zwar Kosten in Höhe von 98 Milliarden Dollar verursachen, hätte jedoch einen enormen Wert, denn: »it can *perpetually* give us as much heat and power as all of the coal fields and oil fields of the world put together« (Shuman 1914, 179). Die notwendige Summe solle die gesamte Menschheit aufbringen, denn für deren Überleben sorge schließlich der Bau einer solchen Anlage. Wenn er abschließend konstatiert, entweder nutze die Menschheit die Sonnenkraft oder sie falle zurück in die Barbarei, nimmt er ein Narrativ vorweg, das die Tatsache der Endlichkeit der Ressourcen mit apokalyptischen Szenarien verbindet, und das uns auch in Büchern wie Georg Borgströms *The Hungry Planet. The Modern World at the Edge of Famine* (1965), dem Bericht *The Limits to Growth* (1972) oder Harald Welzers *Klimakriege. Wofür im 21. Jahrhundert getötet wird* (2008) begegnet. Im Falle Shumans verhinderten allerdings der Ausbruch des Ersten Weltkrieges und sein Tod im Jahr 1918 eine Weiterarbeit an der Realisierung seiner Visionen, und nicht zuletzt richtete sich die Aufmerksamkeit zunehmend auf Erdöl, das schon im Ersten Weltkrieg für den Einsatz von Maschinen eine zentrale Rolle gespielt hatte.

Das Zeitalter der Solarenergie brach erst in den fünfziger Jahren an. Während Shuman die Sonnenenergie für die Erhitzung von Wasser nutzte, wie es heutige Solarthermen tun, ließ sich auf der Basis des photoelektrischen Effekts das Sonnenlicht auch direkt in Elektrizität umwandeln. Einer der ersten, der zufällig auf diesen Effekt stieß, war der Elektroingenieur Willoughby Smith (1828-1891). Smith war unter anderem an der Verlegung von Seekabeln im Mittelmeer sowie zwischen Irland und Neufundland beteiligt und entwickelte eine Anlage zum Überwachen des Versenkens sowie Verlegens der Unterseekabel. Wie er in einer kurzen Notiz mit dem Titel »Effect of Light on Selenium during the Passage of an Electric Current« (1873) schrieb, benötigte er für dieses Gerät einen Stoff mit »highresistance«, wofür er Selenbarren verwendete. Erfolgreich war er mit dem Material nur bedingt, denn die Barren änderten ihren Widerstand – und zwar in Abhängigkeit von der Intensität des Lichts (vgl. Rieger 2002). Von da an gab es intensive Forschungen zu diesem Phänomen, unter anderem durch William G. Adams, Heinrich Hertz, Wilhelm Hallwachs, Werner von Siemens und Philipp Lenard, doch erst Albert Einstein lieferte eine mathematische und physikalische Erklärung des photoelektrischen Effekts, wofür er den Nobelpreis erhielt. In seinem Aufsatz »Ueber einen die Erzeugung und Verwandlung des Lichtes betreffenden heuristischen Gesichtspunkt« (1905) führte er im Anschluß an Max Planck aus, Lichtquanten, seit 1926 als Photonen bezeichnet, kämen bestimmte diskrete Einheiten von Energie zu. Damit lieferte Einstein einen wichtigen Baustein zur Formulierung der Quantenmechanik, welche er selbst allerdings vehement ablehnte.

Während der photoelektrische Effekt somit in die Quantenphysik führt, fanden Wissenschaftler in den Bell Laboratories in den fünfziger Jahren einen konkreten Anwendungsbereich: Im Jahr 1954 präsentierten Calvin Fuller, Gerald Pearson und Daryl Chapin die auf Silizium basierende »Bell Solar Battery«. Doch auch hier stand dem technischen Erfolg die kommerzielle Anwendung im Weg. Ein Ingenieur stellte 1955 fest, während konventioneller Strom pro Kilowattstunde ein bis zwei Cent koste, seien beim Photovoltaik-Strom über 144 Dollar pro Kilowattstunde aufzuwenden (vgl. Perlin 2002, 40).

Die Karriere der Silizium-Solarzelle begann erst, als das amerikanische Militär ihre Bedeutung für Satelliten erkannte. Batterien waren nämlich aufgrund ihrer kurzen Lebensdauer für Satelliten, die länger im All bleiben sollten, ungeeignet. Hans Ziegler, in den fünfziger Jahren führender Wissenschaftler des U.S. Army Signal Corps und später Mitarbeiter bei der Entwicklung der ersten amerikanischen Satelliten, besuchte im Jahr 1955 die Bell Laboratories, seine damaligen Eindrücke gab er in dem Text »A Signal Corps Odyssey. Part I: Prelude to SCORE« (1981) wieder. Wie Ziegler ausführt, sei für ihn die Nutzung der Solarkraft für Satelliten sofort evident gewesen, zumal sie auch seit längerem Standard in Science-fiction-Geschichten gewesen sei. Zu einer solchen Nutzung kam es aber noch nicht: Nach dem Sputnik-Schock wollten die Amerikaner schnell nachzie-

Abb. 3: Vanguard 1, der erste mit Solarzellen angetriebene Satellit, nach NASA 2014.

hen, und so enthielt die 1958 ins All geschossene Explorer 1 Nikkel-Kadmium-Batterien, die nahezu 40 Prozent des Gesamtgewichts ausmachten, die Geräte allerdings maximal 105 Tage mit Strom versorgen konnten. Im Jahr 1957 hatte aber bereits das United States Army Signal Research and Development Laboratory (SRDL) unter der Leitung von Ziegler drei Mini-Satelliten entwickelt, die über sechs Cluster von je 16 Siliziumzellen verfügten.

Den dritten dieser Satelliten, Vanguard 1, startete man am St. Patrick's Day des Jahres 1958, und so wurde er der erste erfolgreiche mit Solarkraft ausgerüstete Raumflugkörper. Der von den Zellen angetriebene Minitrack-Transmitter überstand mehr als sechs Jahre – und auch die Sowjets verwendeten die neue Technik: Sputnik 3, im Jahr 1958 in den Orbit gebracht, enthielt zwar chemische Batterien, aber auch ein russisches Solarkraftsystem.

Während die Solarzellen somit zu festen Bestandteilen der Raumfahrttechnik wurden (vgl. zur weiteren Geschichte Perlin 2002), spielten sie für die Energieversorgung auf der Erde zuerst einmal keine große Rolle. Schließlich hatten sie in der Kernspaltung große Konkurrenz, und deren Nutzungsmöglichkeiten erschienen nach 1945 unermeßlich. Zum Beispiel plante die Atomic Energy Commission in den sechziger Jahren mit Unterstützung von Physikern wie Edward Teller den Einsatz nuklearer Explosionen für große Bauprojekte. Unter anderem wollte man auf diese Weise einen neuen Kanal durch Mittelamerika sprengen, wofür freilich eine Sprengkraft notwendig gewesen wäre, die jene der Hiroshima-Atombombe um das 20 000fache übertroffen hätte (vgl. Kirsch 2005).

Auch wenn dieses Projekt namens »Operation Plowshare« im Jahr 1973 sein endgültiges Ende fand, erschien die Nutzung atomarer Energie zukunftsweisend. So lehnten die achtzehn führenden Physiker, die das »Göttinger Manifest« (1957) unterschrieben, zwar jegliche Beteiligung an einer atomaren Bewaffnung der Bundesrepublik ab, betonten jedoch, »daß es äußerst wichtig ist, die friedliche Verwendung der Atomenergie mit allen Mitteln zu fördern, und wir wollen an dieser Aufgabe wie bisher mitwirken« (Göttinger Manifest 1957, o. Pag.). Die Euphorie angesichts der friedlichen Nutzung hatte durchaus ähnliche Gründe wie im Fall der Solarenergie, denn auch das Atom war universal verfügbar und produzierte ähnliche Zukunftsvisionen. Auf der First International Conference for the Peaceful Uses of Atomic Energy (1955) teilte der indische Physiker Homi J. Bhabha, der maßgeblich an der Entwicklung der indischen Atombombe beteiligt war, die Weltgeschichte in drei Epochen ein: Auf das Zeitalter der Muskelkraft folge das der fossilen Brennstoffe und auf dieses das atomare Zeitalter. Bhabhas Vision, mit der Atomenergie ließe sich die Lücke zwischen Arm und Reich schließen, überzeugte das Publikum, zumindest schrieb der Ökologe Eugene Odum rückblickend: »I was a delegate at that meeting, and I was almost, but not quite, carried away by the enthusiasm for the coming utopia.« (Odum 1989, 100) Da Odum als Ökologe in holistischen Kategorien dachte, konnte er Bhabha wohl nicht restlos zustimmen. In seinem acht Jahre nach diesem Vortrag erschienenen Buch *Ecology* (1963, 61-63) ging er denn auch auf das ein, was die Atomkraftwerke und Atombombentests der Umwelt überließen: den radioaktiven Abfall. Wie Odum ausführt, gelangten radioaktive Spaltprodukte wie Strontium oder Caesium in die Nahrungskette und erreichten somit letztlich den Menschen (→ Radionuklid).

Dennoch blieb die Atomkraft eine Alternative zu den knappen und umweltverschmutzenden Ressourcen Öl und Kohle. In seinem 1975 erschienenen Roman *Ecotopia*, einer der wenigen ökologischen Utopien der siebziger Jahre (vgl. Bühler 2013), ließ Ernest Callenbach sie zumindest als Übergangslösung zu. In seinem Entwurf einer zukünftigen Gesellschaft geht es Callenbach nämlich ausdrücklich nicht um die Rückkehr in ein Steinzeitleben (Callenbach 1975, 102). Im Vordergrund steht vielmehr die Ausbildung und Institutionalisierung sich selbst organisierender Systeme: »All life processes are operating on a stable-state basis, and can go on doing so indefinitely.« (Ebd., 150) Dementsprechend ist Recycling in dem Staat Ecotopia das zentrale Prinzip. Callenbach rekurriert auf das Buch *The Closing Circle. Nature, Man, and Technology* (1971) des Biologen Barry Commoner, der eine der führenden Stimmen der Umweltbewegung war. Zusammengefaßt ist das Prinzip in einem Zitat aus Commoners Buch, das Callenbach als Motto verwendet: »In nature, no organic substance is synthesized unless there is provision for it's degradation: recycling is enforced.« (Callenbach 1975, 3)

Zum Beispiel widmet sich eine ganze Reportage des Buches (es wird aus der Perspektive eines nach Ecotopia reisenden Journalisten erzählt) dem Thema »Their Plastics and Ours« (ebd., 76-78). Zwar sei Holz in Ecotopia das wichtigste Material (für die Forstwirtschaft steht natürlich das Prinzip der Nachhaltigkeit an oberster Stelle; → Papier), doch wenn Plastik verwendet werde, dann ausschließlich solches, das von lebenden biologischen Quellen stammt und nicht von fossilen Rohstoffen wie Erdöl oder Kohle. Dementsprechend gewinne man in Ecotopia Energie aus Solar-, Wärme- und Wasserkraftwerken sowie auch, zumindest für eine Übergangszeit, aus Kernkraftwerken, für die aber besondere Sicherheitsvorkehrungen bestünden. Ein »Assistant Minister« faßt das Prinzip am Beispiel der Nahrungsmittelproduktion zusammen: »In short, we have achieved a food system that can endure indefinitely.« (Ebd., 20) Auch bei Callenbach fügt sich der Mensch in die natürlichen Prozesse ein, aber nicht, indem er zu alten Formen der Agrarwirtschaft zurückkehrt, sondern durch technische Entwicklungen stabile und sich selbst erhaltende Systeme erzeugt, eine Idee, die auch die »sozialen Synergisten« antrieb, die in der Wüste von Arizona die sogenannte Biosphäre 2 bauten (vgl. Bühler 2012).

Die Ausbildung neuer Techniken ist somit Ermöglichungs- und Erhaltungsgrund des fiktiven Staates, der sich vom Rest der USA abgekoppelt hat. Dementsprechend bedeutend ist die Solarenergie. Da der südliche Teil Ecotopias vor allem aus Wüste bestehe, habe man hier große Solarkraftwerke eingerichtet, und zwar sowohl Solarthermen, die Generatoren mit Wasserdampf antreiben, als auch Anlagen mit Solarzellen, »similar to those used in satellites, but enormous in size« (Callenbach 1975, 104). Eine solche Anlage mit einer Fläche von 50 bis 75 Quadratkilometern versorge eine Reihe von Kleinstädten mit Energie.

Entscheidend für Callenbachs Utopie sind allerdings nicht diese Großanlagen, wie der sechs Jahre nach *Ecotopia* veröffentlichte Roman *Ecotopia Emerging* (1981), der die Gründungsgeschichte des Staates nachliefert, zeigt. Heldin des Romans ist Lou Swift, eine siebzehnjährige angehende Physikerin, die an der Entwicklung einer Solarzelle arbeitet und sich dabei in einem Wettlauf mit den wissenschaftlichen Laboratorien der großen Energieunternehmen befindet: »Whoever developed the first cheap, efficient, reliable solar cell would be contributing something extremely important for the future.« (Callenbach 1981, 4) Verbunden ist die Geschichte der technischen Probleme und der physikalischen Erklärung der Funktionsweise von Lous Solarzellen mit den wirtschaftlichen und politischen Folgen einer solchen Energiequelle. Denn die Unternehmen versuchen, das Patent dieser Erfindung zu erlangen, machen ihr großzügige Angebote, und als sie diese ablehnt, versuchen sie es mit Einschüchterung und Diebstahl. Diese Fundamentalkritik am industriellen Komplex ist aber nur ein Aspekt: Die Solarzelle ist nämlich ebenfalls Trägerin einer weitgreifenden sozialen und politischen Neustrukturierung. Ein Vertreter der Partei Survivalists, die später den neuen Staat gründen wird, formuliert diese Vision folgendermaßen:

Bert outlined his vision of how the Survivalists should start a network of teacher-practitioners, each one holding classes in neighborhoods so residents could learn to help each other with frame construction and wiring, and then fanning out to other neighborhoods in a network of mutual support and self-education and hands-on experience which [...] would bring the cells more quickly, more cheaply and more reliably to more dwellings than any centrally directed mobilization program conceivably could. (Ebd., 85)

Dezentrales Regieren bzw. die Selbstverwaltung kleiner *communities* ist die Grundlage des neuen Staates: »Decentralisation affected every aspect of life« heißt es in *Ecotopia* (Callenbach 1975, 62). Ermöglicht wird die Implementierung dieser politischen Idee jedoch erst durch die Möglichkeit einer dezentralen Energieversorgung. Ein Hindernis für diesen Einsatz der Solarzelle ist der Prozeß der Patentierung, der schon aufgrund der hohen Kosten eigentlich nur von einer Firma durchgeführt werden könne, wie ein Anwalt ausführt (Callenbach 1981, 45). Durch den Prozeß »public disclosure« kann die neue Solarzelle den Unternehmen entzogen werden (ebd., 46): Indem man das »recipe« publiziere, wie man eine solche Solarzelle herstellt und einsetzt, und eine solche damit in den öffentlichen Gebrauch komme, verhindere man eine Patentierung dieser Technik durch andere.

Dezentralismus ist auch das Organisationsprinzip von Callenbachs Buch. So ist Lou zwar die Hauptheldin des Romans, der erzählt allerdings viele Geschichten, manche sind nur ein Kapitel lang, andere Motive kehren immer wieder. Callenbach bettet damit in die Geschichte der Solarzelle weitere Themenkomplexe ein, etwa die Zulässigkeit von Gewalt für die Sicherung der Staatsgründung, den Einsatz von Propaganda, die Durchführung von Attentaten durch Ökoterroristen oder kriminelle Praktiken der chemischen Industrie. Die Solarzelle ist somit der Akteur, der technische Probleme, physikalische Forschungen, soziale Beziehungen, politische Ideen, rechtliche Fragen und selbst die narrative Form bündelt.

Bekanntlich ist es bei der Vision geblieben. Die Solarenergie hat weder die Kluft zwischen Armen und Reichen geschlossen noch hat sie zu einer neuen, ökologischen Gesellschaft geführt. Im Gegenteil: Zwar finden sich auf zahlreichen Dächern Solaranlagen, und deutsche Firmen waren zeitweise Marktführer in der Solarbranche, allerdings übernimmt derzeit ein neoliberalen Grundsätzen folgender Markt das Feld. Zwar besteht in Deutschland nicht zuletzt wegen der staatlichen Förderung eine hohe Nachfrage nach Solarzellen, die billigsten Produkte kommen aber aus asiatischen Ländern, allen voran China, die selbst nur so billig produzieren können, weil die chinesische Regierung die Solarbranche subventioniert. Wer sich auch immer auf dem Weltmarkt durchsetzen wird: Die Einführung der bloßen *Technik* einer alternativen Energiegewinnung reicht nicht aus, um eine Energiewende herbeizuführen. Wie Eugene Odums holistischer, Buckminster Fullers synergistischer oder Ernest Callenbachs systemischer Ansatz aufzeigen, kann nämlich die Änderung *eines* Parameters nicht das Gefüge des gesamten komplexen Ökosystems Erde oder des Raumschiffs Erde ändern, dazu bedarf es vielmehr einer Neuorganisation der gesamten technischen, ökonomischen, sozialen und politischen Ordnung.

B. B.

Probekörper

> Die Zahl der mineralischen und organischen Rohstoffe, welche in der chemischen und mechanischen Industrie Verwendung finden, ist eine außerordentlich große geworden. Eine möglichst genaue Kenntnis dieser höchst mannigfaltigen Körper bildet das Fundament einer wissenschaftlich begründeten Technologie.
>
> *Wiesner 1914, 1*

> Gibt es einen Menschen, der als unbeanstandbares Vergleichsobjekt dienen kann, wie für die Normaleichungskommission der in Paris aufbewahrte Normalmeterstab?
>
> *Martius, zitiert nach Grote 1922, 367*

> Der Krug geht so lange zum Brunnen, bis er bricht.
>
> *Deutsches Sprichwort*

Die Ontologie der Probekörper, wenn man denn von einer solchen überhaupt noch sprechen mag, ist prekär. In einer Konsum- und Warenwelt, die auf geringe Produktionskosten und allgegenwärtige Verfügbarkeit zielt, die zunehmend weniger auf Haltbarkeit und vielmehr auf eine mühelose Entsorgung im ökologischen Kreislauf achtet und für beides mit Garantien aufwartet, in der die Hüllen von Spül- und Waschmaschinentabs sich inzwischen selbst aufzehren, ohne daß man zuvor ihren Inhalt umständlich der besagten Hülle eigens und eigenhändig hätte entnehmen müssen, fristen sie ein sperriges Dasein. Im Prinzip des *Cradle to Cradle* werden im Zuge von Ökoeffektivität die Dinge gar vollends in einen Wirtschaftskreislauf eingespannt, der den Käufern an den Dingen lediglich ein Nutzungs-, aber kein Eigentumsrecht mehr einräumt (→ PAPIER; → MONKEY WRENCH).

Als Dinge auf Abruf oder gar auf Abwegen stehen Probekörper in der Pflicht, Reibungen künstlich zu erzeugen oder künstlich erzeugte eigens auszuhalten. Nicht für lange, schon gar nicht für immer sollen sie als kostengünstige Stellvertreter erproben,

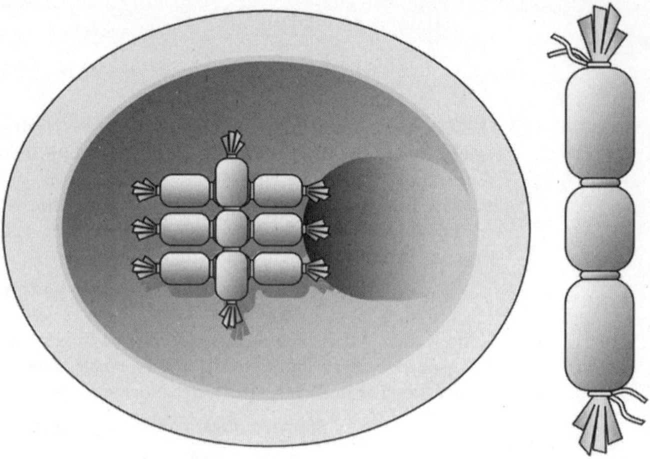

Abb. 1: Normprüfkörper nach DIN 1385.

was an Friktionen und Widerständen, was an Kräften und Belastungen in realen Funktionszusammenhängen eines möglichen Alltagsbetriebs nachmaliger Nicht-mehr-Probe-Körper harrt. Im Gegensatz zu Modellen und Simulationen sind sie unterschiedlichen Willfährigkeiten direkt und real ausgesetzt – sie verbleiben also nicht in der Abstraktion eher altbackener oder virtueller Veranschaulichungs-, Vorstellungs- und Simulationsstrategien (vgl. dazu Wiener/Rosenblueth 1945). Wie ein durch DIN-Norm geschützter Probekörper, der DIN 1385, deutlich macht, werden sie tatsächlich durch Toilettenspülungen und Fallrohre geschickt. Als Stellvertreter menschlicher Fäkalien verrichten sie dort ihr Geschäft zum höheren Ruhm einer späteren und dann hoffentlich reibungslosen Entsorgung.

Die Bandbreite solcher Interimsprodukte ist enorm: Sie reicht von Probekörpern, die in DIN-Normen eine Standardisierung für unterschiedliche Applikationen erfahren, bis hin zu Prototypen, denen eine zügige Umsetzung bevorsteht. Die Frage, wie lange ein solcher Zwischenzustand anhält, hat etwa in der schnellebigen Automobilbranche zum Katz- und Mausspiel zwischen Herstellern und Enttarnern geführt. Weil Autos zu ihrer Erprobung nun einmal Straßen brauchen, weil Straßen jedoch in der Regel immer noch weitgehend öffentlich zugänglich sind, und nicht zuletzt weil die Neugierde auf neue Produkte hoch ist, wurden die Erlkönige ins Leben gerufen und die Jagd auf sie eröffnet. Eine von Autojournalisten eigens umgedichtete Goethe-Ballade mußte für etwas herhalten, was in einschlägigen Magazinen zu einer Standardberichterstattung führen sollte: Anläßlich des langerwarteten Mercedes-Benz 180 durfte fortan im Namen des Erlkönigs gesucht und gefunden werden, was für einen kurzen Zeitraum getarnt unterwegs war (vgl. dazu Maxeiner/Lehmann 1985).

Nicht auf den Straßen der Republik, sondern in den Fertigungshallen der Industrie wurden spezielle Maschinen ersonnen, die vor der Entscheidung für eine spätere Massenfertigung den Körper auf Herz und Nieren prüften. Was mit einfachen Maschinen begann, etwa mit eigens gebauten Apparaten zum Prüfen der Festigkeit von Materialien, wie sie Ludwig Weber 1882 für die Maschinen-Actien-Gesellschaft Nürnberg konstruiert hat, nahm einen Weg, der selbst wieder in Standardisierungen mündete – in Universalprüfmaschinen, die dann ihrerseits Gegenstand eigener DIN-Normen wurden (vgl. zur Geschichte der DIN Berz 2002).

Probekörper sind Gegenstände auf Abruf – mit einem beschränkten Geltungsanspruch und gezeichnet durch ökonomische Liminalität (vgl. dazu stellvertretend Berger 2000). Sie haben Anteil an einem Prozeß der unablässigen Fertigung einer Vielzahl von Dingen, von denen man erst im nachhinein erfährt, daß es sie überhaupt gegeben hat. Die Bandbreite ist enorm, reicht sie doch von den Schnupftabakmaschinen findiger Tüftler über eine Odelweitwurfmaschine, die zu Jahrhundertbeginn auf dem landwirtschaftlichen Teil des Münchner Oktoberfestes vorgeführt wurde, bis hin zu all den Apparaturen und Gerätschaften, die in den Labors der Forschungsabteilungen, aber auch in Hobbykellern und Garagen zur Erkundung welcher Fragen auch immer eigens ersonnen und verworfen, konstruiert und gebastelt wurden (vgl. dazu Rieger 2009).

Bei aller Ausdifferenzierung der Anliegen zwischen Wissen-

Abb. 2: Härteprüfung einer Walze mittels Kugeldruckprobe (um 1900) nach Wikipedia.

schaft und Kommerz, zwischen Hobby und Spleen sind sie zudem zugleich ergebnisoffen und unter Umständen in der Lage, später einmal das Gesicht der Umwelt nachhaltig zu bestimmen. Bis dahin unterliegen sie einem Kalkül des kalkulierten Scheiterns. Dieses Kalkül entscheidet nicht nur darüber, ob es solche Produkte in die Warenwelt schaffen oder nicht, es macht sich auch innerhalb der gefertigten Dinge geltend. Im Konzept der Sollbruchstelle findet es seinen wirkmächtigsten Ausdruck. Hinter diesem steht eine Machination, die so sehr auf gezielte Obsoleszenz setzt, daß kaum mehr etwas ausgebessert, dafür aber ausgetauscht wird – wie aus eigener Erfahrung zu berichten weiß, wer einmal versucht hat, einen defekten Drucker reparieren zu lassen. Im Fall der Laufmaschen von Nylonstrümpfen brachten die anfänglich noch üblichen Reparaturbemühungen gar einen eigenen Dienstleistungsberuf hervor, nämlich den der sogenannten Repassierer oder Webgutnacharbeiter.

Arsenale an Apparaturen und Verfahren sind angetreten, den Grenzen von Materialien auf die Spur zu kommen, sie zu reißen, zu dehnen oder zu belasten, sie planmäßig Druck, Temperatur oder welchen Außenfaktoren auch immer auszusetzen – bis zu dem Punkt, an dem die Probekörper dann irgendwann nachgeben: So sind die Probekörper nach DIN 53507 und DIN 53515 Gegenstand von Weiterreißversuchen, bei denen ein Elastometer die Grenzen der Belastung numerisch bestimmt (vgl. zu Anwendungsfeldern etwa Müller 2001). Natürlich ist man versucht, diese Angelegenheiten in den Händen der Ingenieure, der Materialwissenschaftler in ihren Prüfanstalten, der Mitarbeiter des Deutschen Instituts für Normung und der Technischen Überwachungsvereine zu belassen. Schulterzuckend und ob der Phänomenfülle vielleicht gar ein wenig amüsiert, könnte man sich getrost wieder dem eigenen Kerngeschäft zuwenden, der Beschäftigung mit Dingen, die in ihrer Bedeutsamkeit eine Rolle für die Ausgestaltung der kulturellen Semantik spielen. Es besteht scheinbar keine Not, sich weiter mit der Schraubenzählerei betriebswirtschaftlicher Fertigungstechniken aufzuhalten und das dann auch noch im historischen Rückblick zu verfolgen. Doch sind Ding, Mensch und Semantik auf eine Weise miteinander verzahnt, die einer solchen Form der Arbeitsteilung zwangsläufig entgeht – und das schon zu Zeiten, als der Agentenstatus noch nicht von Bruno Latour und seiner Actor Network Theory bestimmt wurde.

Ein kleiner Text über die Verfertigung von Prothesen aus dem Weltkriegsjahr 1917 macht den Zusammenhang der Dinge deutlich. Ihrem Verfasser, dem Psychologen Wilhelm Neutra, geht es um eine Psychologie der Prothese, die sich nicht in der Ersetzung bestimmter Funktionen durch sogenannte Arbeitsklauen erschöpft – eine Diskussion, die in der Gegenüberstellung von Arbeits- und Ausdruckshand ihrerseits ihren prominenten Ausdruck fand (→ Hand). Wie andere Prothesenforscher seiner Zeit setzt er vielmehr am Verhältnis der Prothese zum Ausdrucksverhalten ihres Träger an (vgl. dazu etwa Ach 1920) und spielt dieses Verhältnis als Frage nach dem durch die Prothese zugestandenen Bewegungsspielraum systematisch durch. Dabei geraten die *Hauptfreiheitsgrade der Bewegungen* und mit ihnen ein Kalkül der Formalisierung einer jeglichen technischen sowie auch menschlichen Bewegung ins Zentrum der Aufmerksamkeit. Neutra fordert daher eine allumfassende Individualisierung in der Prothesenanfertigung und sieht mit dieser Forderung den Beginn einer dringend benötigten Psychologisierung in der Prothesenfrage überhaupt begründet. Er nimmt den Titel seines Textes und damit sowohl den *genitivus subjectivus* als auch den *genitivus objectivus* beim Wort. Die Individualisierung soll ihren Geltungsbereich nicht ausschließlich im Berufsleben der Betroffenen haben, darüber hinaus soll sie gerade ihren besonderen persönlichen Neigungen Rechnung tragen. Mit diesem Argument ist der Weg frei für ein nachgerade abenteuerliches Gedankenspiel, das eine sonderbare Macht der Dinge demonstriert. Es zeigt, wie einem passionierten Fechter, der im Brotberuf Beamter war, mit der rechten Prothesenwahl zu neuem Lebensglück zu verhelfen ist:

> Angenommen, es wäre der besprochene passionierte Fechter aus Gründen des Broterwerbs, aber vollständig lustlos, von Beruf Beamter, so wäre er durch seine Prothese, die ihm zwar seinen Beruf ermöglicht, seine Liebhaberei unmöglich macht, psychisch stark beschädigt; der Lustwert des Lebens wäre für ihn bedeutend herabgesetzt. Er würde sich und anderen seelisch wesentlich verändert und fremd erscheinen. Dagegen wäre die psychische Harmonie bald wiederhergestellt, wenn eine andere Prothese ihm das Fechten ermöglichte. (Neutra 1917, 1240)

Neutra belegt im Anschluß an den hypothetischen Fall des um den Lustwert des Lebens fechtenden Beamten seine These durch kasuistisches Material und untermauert damit seine Forderung nach Berücksichtigung psychologischer Komponenten im und für den Prothesenbau. Für die Frage, wie die beste Prothese überhaupt technisch herzustellen sei, unterbreitet Neutra einen Vorschlag, der für die Bestimmung des Menschen treffender nicht sein könnte. Scheinbar unter der Hand wird in diesem Vorschlag ein Regelkreis sichtbar, der immer schon die Oppositionspaare Natur und Kultur, Authentizität und Überformung, Individualisierung und Kodifizierung, bloßer Gegenstand und kulturelle Semantik auf nachgerade paradoxe Weise bestimmt.

Man müßte, so leitet er die technische Utopie seines abschließenden Gedankengangs ein, eine provisorische Probe herstellen, die im Gegensatz zur fertigen Prothese und als Umsetzung eines Bewegungsideals über *sämtliche* Freiheitsgrade verfügt und ihrem Träger nach Möglichkeit zunächst einmal *alle Bewegungen* gestattet. Wegen der Kompliziertheit, der Höhe des Preises und der mangelnden Haltbarkeit ist eine solche Prothese, wie Neutra selbst konzediert, zwar für die Praxis wenig brauchbar. Um so geeigneter ist sie aber, die Untermenge jener Bewegungen sichtbar zu machen, die für das Individuum notwendig sind und als deren Umsetzung dann die konkrete Prothese angefertigt werden könnte. Dazu bedarf es eben einer solchen provisorischen Universalprobeprothese. Der Umweg über diesen Probekörper ist deswegen angebracht, weil einmal mehr auch hier dem Paradigma des Unbewußten – diesmal auf dem Feld der Motorik – eine ganz sonderbare Rolle zukommt:

Diese Universalprobeprothese würde aber bei psychologischer Beobachtung ihres Trägers gestatten, die für das betreffende Individuum notwendigen Bewegungen zu studieren. Danach könnte dann erst die definitive Prothese mit Hinweglassung aller für das Individuum nicht charakteristischen und daher unnötigen Bewegungsmöglichkeiten und andererseits mit Hinzunahme der für ihn wichtigen Bewegungsmöglichkeiten ausgeführt werden. Der Einwand, daß der Verstümmelte ja auch ohne Universalprothese angeben könnte, welche Bewegungen er braucht, ist deshalb nicht stichhaltig, weil sich niemand dieser zumeist recht kleinen, aber doch für ihn so wichtigen Bewegungen bewußt ist. Eine Analogie würde eine solche Universalprothese in den Probemaschinen der Technik finden, die ja auch zu wirklicher Arbeit nicht gut geeignet sind, aber einen praktischen Behelf zur Erforschung des Günstigsten darstellen. (Ebd., 1240 f.)

Die Frage steht im Raum, wer denn überhaupt für die Prothesenfertigung, genauer noch für das Prothesendesign zuständig ist. Seit geraumer Zeit machen Vermutungen die Runde, die Chirurgen hätten dieses Geschäft zugunsten der Techniker aus der Hand gegeben (vgl. Krukenberg 1917; Gocht 1907). Die Beschäftigung mit der Prothesenfertigung ist daher längst nicht mehr nur ein Spezialanliegen von Ärzten, Bandagisten, Orthopädiemechanikern und Vertretern dessen, was man das Gesundheitswesen nennen könnte: Mit von der Partie sind Institutionen wie jene Prüfstelle für Ersatzglieder in Nürnberg, zu der einer der beteiligten Psychologen, Narziß Ach, vom bayerischen Kriegsministerium abkommandiert war, um dort entsprechende Erfahrungen zu sammeln (vgl. Ach 1920, 3). Auch so berühmte Autoren wie Georg Schlesinger, erster Inhaber eines Lehrstuhls für Werkzeugmaschinen und Fabrikbetriebe an der Technischen Hochschule Charlottenburg, der späteren TU Berlin, und selbstredend Mitglied des deutschen Normausschusses, sind an den Schnittstellen des Körpers zu finden. Die serienmäßige Fabrikation von Gewehren gehört ebenso zu Schlesingers Metier wie seine Beteiligung an der Prothesenarbeit, die ihn an der Seite des legendären Chirurgen Ferdinand Sauerbruch zeigt (→ MUSKETE). Schlesinger steht dabei für eine konsequente Verwissenschaftlichung von Fertigungstechniken. Tests und Normierungen selbst der kleinsten Abläufe sollen den Produkten den ökonomisch effizientesten Weg in die Welt der Konsumgüter weisen – wofür ein Diktum Schlesingers steht, dem zufolge sich an der Schneide des Drehstahls die Dividende ganzer Unternehmen entscheidet (vgl. dazu Kress 2007).

Diese Fixierung auf die Materialität der Probekörper scheint aus heutiger Sicht ein Relikt. Und natürlich gab es eine ganze Reihe an Machinationen, entsprechend wirtschaftlich und materialschonend zu verfahren – mit der Auswahl bestimmter Materialien und Anordnungen, die von der Verwendung von modellierungstauglichen Materialien wie dem Knet bis zu den Sandkästen des preußischen Generalfeldmarschalls Karl von Müffling zur Kriegssimulation reichen sollten. Unter den gegenwärtigen Bedingungen scheint die Materialität überhaupt einen schwereren Stand zu haben. Statt dessen drängen digitale Varianten auf den Markt, die gleich eine ganze Fülle von Problemen, die bei der Arbeit mit richtigen Probekörpern auftauchen, im Handstreich lösen. Stand Müfflings für die Nachstellung von Kriegsszenarien angefertigter Sandkasten im Vorfeld der Simulation, so hat über diese jetzt doch weitgehend der Computer das Sagen. »Wer in der Geschichte gräbt, um die Wurzeln der digitalen Produktentwicklung zu finden, stößt unweigerlich auf die Luft- und Raumfahrt des letzten Jahrhunderts. […] Die Mondlandung ist ein Paradebeispiel für die virtuelle Produktentwicklung.« (Grieb 2010, 17) Unter Schlagworten wie *requirements engineering* wandern auch die Prototypen zunehmend ins Reich des Virtuellen ab (vgl. dazu Sutcliffe 2002). Für die Ersetzung wirklicher durch virtuelle Körper spricht eine Menge: Kostengründe und Materialschonung sind dabei an erster Stelle zu nennen. Aber auch Probleme treten auf – etwa die mangelnde Realitätsnähe –, die durch den Ausfall weiterer Sinneskanäle verursacht sind. Eine Gruppe von Wissenschaftlern begibt sich auf Spurensuche und weiß unter dem Titel »ISRE: Immersive scenario-based requirements engineering with virtual prototypes« aufwendig Abhilfe:

> Unfortunately the realism of VR is constrained by the realism of the 3D graphical images, and more critically by the absence of haptic (sense of touch) feedback. Consequently the difficulties experienced with virtual prototypes may be caused by usability problems rather than by any design defects per se. [...]
>
> This approach to requirements engineering (RE) blurs the distinction between requirements specification and design by creating a prototype that can be tested to refine the design. (Sutcliffe et al. 2005, 95)

Um diese »usability problems« aus der Welt zu schaffen oder sie weitestgehend zu minimieren, setzen die Autoren dieser Studie auf Hybridformen – zwischen der wirklichen, der simulierten und der Welt möglicher Benutzer (vgl. zum Stellenwert virtueller Prototypen Mackay 2000). ISRE stellt eine Methode zur Verfügung, die mögliche Störfälle mittels VR-Technologie aufzudecken hilft: »The method consists of techniques for walkthrough testing, testing with users, causal analysis of observed problems and the design of scenario-based analysis sessions. The method is described and its use illustrated with a case study of validating requirements for an aircraft maintenance application.« (Ebd.) Weil Zeit- und Materialaufwand zu groß sind, müssen die Testläufe in sogenannten CAVE-Umgebungen mit virtuellen Prototypen stattfinden.

Um diesen Prozeß systematisch und geregelt auszuführen, setzen die Autoren auf die von ihnen entwickelte Technik. Nicht zuletzt die Frage, wie man aus einer potentiell unendlichen Zahl möglicherweise relevanter Szenarien die aussagekräftigen und sachdienlichen auswählt, steht dabei im Zentrum:

> The requirements engineer might be immersed to see the virtual world from a user's viewpoint in a walkthrough. Alternatively, the requirements engineer might observe the environment externally to investigate the behaviour of avatars that may either be controlled by immersed users or may be scripted. (Ebd., 98)

Zu kämpfen haben die virtuellen Ingenieure stets mit dem Grad der Realität, den sie durch welche Verfahren auch immer sicherstellen wollen und müssen. Naturgemäßheit wird dabei zur größten Herausforderung:

> The first step is to audit the virtual prototype for naturalness. The more faithful the representation and interaction in the VE are to the real world, the more accurate requirements capture is likely to be. User interface design features intended to improve usability may result in a less than fully natural representation. The Naturalness can also be audited by assessing presence, or the sense of »being there« in a VE. Presence is important because the more engaged the user is and the less aware of the illusion of VR, the closer the approximation between interaction in the virtual and real worlds. Presence is usually measured by questionnaire checklists that capture users' ratings of their experience in using a VE. (Ebd.)

Ein Fragebogen soll also der Tiefe des Immersionseindrucks auf die Schliche kommen, um diesen dann noch weiter verbessern zu können. Realitätsnähe wird quantitativ faßbar – wie weitere Studien belegen, die sich genau diesem Aspekt verschrieben haben. Aber nicht nur die Realitätsnähe wird systematisch erforscht, auch Formen der Zusammenarbeit (und einer *distributed cognition*) in VR-Umgebungen sollen auf ihre Tauglichkeit hin überprüft werden. Ob irgendwelche Hindernisse die Zusammenarbeit stören, ob die benötigten Werkzeuge am Ort, ob alle Beteiligten den entsprechenden Zugang zur benötigten Information haben, ob die Kommunikationsstrukturen stimmen – all das sind Aspekte, die in ausgeklügelten Schematismen ihren Ausdruck finden. Der Eindruck, daß der bloße Anlaß der gesamten Veranstaltung, eine kleinere Reparaturarbeit an einem Flugzeugrumpf, zu dem betriebenen Aufwand in keinem Verhältnis zu stehen scheint, drängt sich zwar auf, wird aber von dem Beispielcharakter und dem frühen Stadium der Methode selbst entkräftet. Die Methode des *immersive scenario-based requirements engineering with virtual prototypes* steht, wie die Autoren betonen, eben erst am Anfang.

Der Umgang mit virtuellen Wesen ist aber nicht nur in der ausdifferenzierten Welt solcher Spezialanliegen verkörpert, er bestimmt eingeschränkt die Kunst und weniger eingeschränkt die Unterhaltung. Der Umgang mit virtuellen Objekten ist Gegenstand einer Szene, die etwa von der Künstlerin Christa Sommerer nachhaltig geprägt wurde (vgl. dazu Grau 2003; Wolfsteiner 2011). Deren Installationen im Rahmen der *virtual arts* werfen vor allem die Frage nach dem Stellenwert virtueller Objekte und damit auch die Frage nach Umgangsweisen mit ihnen auf. Fast möchte man von einer neuen Ethik sprechen, die sich vor dem Hintergrund zunehmender Virtualisierung abzeichnet. Welchen Stellenwert etwa virtuelle Schauspieler haben sollen, das ist ein Aspekt, der diskutiert wird und der weniger irritiert als die Frage nach dem Stellenwert virtueller Kunst (vgl. dazu Matrix 2006).

Entläßt man allerdings die virtuellen Artefakte in die Umwelt, wertet man sie als Teil der uns umgebenden Welt und Kultur, so sind Fragen nach den Umgangsformen mit ihnen vielleicht nicht ganz so abwegig, wie es auf den ersten Blick scheinen mag. Was also soll, was also darf man mit virtuellen Wesen anstellen? Gibt es einen Kodex, wie man ihnen zu begegnen hat? Gibt es möglicherweise etwas, was man fast schon eine Ethik im Umgang mit virtuellen Wesen nennen könnte? Wie sehr gerade das dann auch den animalischen Körper zu affizieren vermag, zeigt stellvertretend für den Bereich des experimentellen Umgangs mit Tieren eine Diskussion über virtuelles Sezieren und den sogenannten Cyberfrog (vgl. zum Status des Tieres im Experiment Neswald 2012). Dessen Annäherung an die Realität des Sezierens scheint nur noch eine Frage der Zeit, und so wird auch an seinem Beispiel die Frage nach dem Realitätsgehalt virulent (vgl. Murphy 1986). Daß der virtuelle Artgenosse und sein natürliches Pendant Freunde sind, versteht sich vor dem Hintergrund einer immensen Seziertätigkeit von selbst (Fleischmann 2003). Ebenso nur eine Frage der Zeit ist damit die nach der vielleicht extremsten Körpererfahrung, dem Schmerz. Wie es sich mit diesem unter den Bedingungen der Virtualität verhält, wird eine virtuelle Ethik zu beantworten haben.

Dieses hohe Ziel der jungen und jüngsten KL-Forschung, komplexe Zustände zu produzieren, die selbstorganisierende Geschöpfe entstehen lassen, verfolgen die Kunstfrösche zur Zeit noch nicht. Würde ihr Algorithmus schließlich aber auch virtuelle Schmerzen simulieren, um das Echtweltszenario auf den komplexen Höhepunkt realer Kreatürlichkeit zu treiben, würden sich vielleicht die mit Maus und Monitor ausgetriebe-

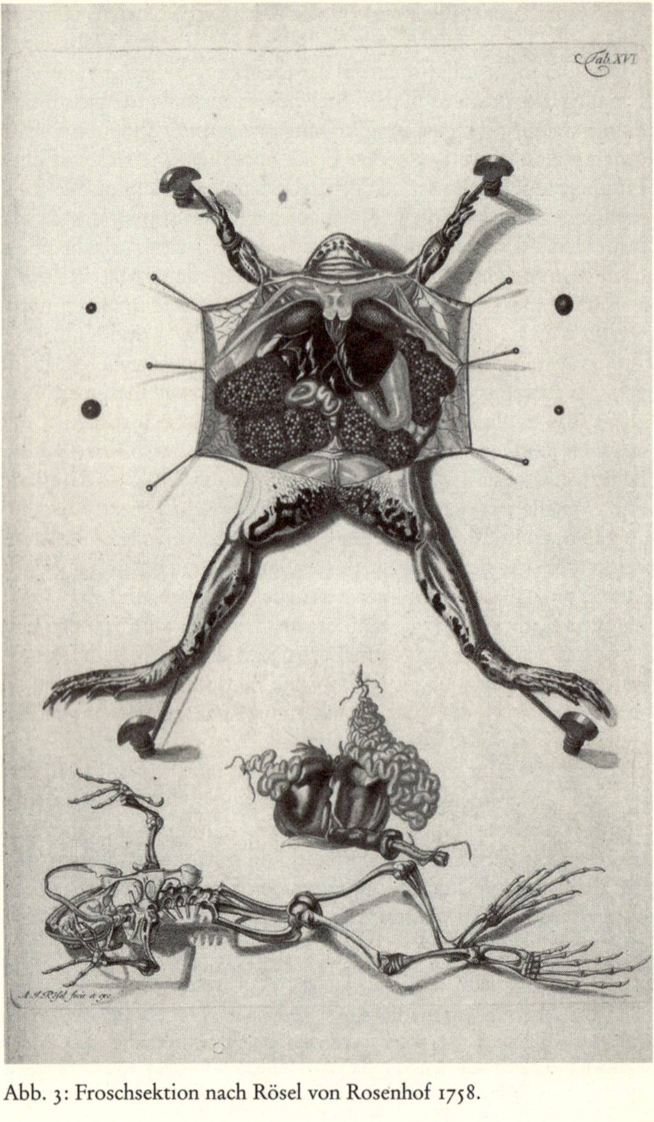

Abb. 3: Froschsektion nach Rösel von Rosenhof 1758.

nen ethischen Probleme wieder stellen. Die Frage lautet dann nicht »Do androids dream of [sic] electronic sheep?« (Philip K. Dick), sondern: »Darf man elektronische Frösche zum Wohl der Wissenschaft, kurzum der Menschheit, peinigen?« (Palm 2001)

Das hat Konsequenzen für den Status digitaler Frösche, die in dem Befund münden: »artefacts have politics« – eine Formulierung, die Fleischmann Langdon Winners Buch *The Whale and the Reactor. A Search for Limits in an Age of High Technology* entnimmt (Winner, zitiert nach Fleischmann 2003, 138). Aber nicht nur eine Ethik im Umgang mit virtuellen Gebilden zeichnet sich ab, sondern auch eine veränderte Ontologie. Autoren, die an der Schnittstelle von Mensch und Computer arbeiten, haben damit keine Probleme, wie eine 2004 veröffentlichte Arbeit unter dem Titel »Justification of the Need for an Ontology for Accessibility Requirements (Theoretic Framework)« belegt. Die Autoren lösen die Frage nach der Ontologie mit Blick auf weitere Untersuchungen derart, daß eine ganze Typologie unterschiedlicher Ontologien angeführt und durch Großschreibung die Ehrwürdigkeit einer philosophischen Disziplin typographisch gewahrt bleibt: »Ontology as a philosophical discipline concerned with nature and the organisation of reality – usually represented as Ontology with a capital O.« (Masuwa-Morgan/Burrell 2004, 543)

S. R.

See

> Der »Dorfteich« soll nun in erster Linie ein Beispiel sein, wie eine Lebensgemeinschaft in ihren einzelnen Gliedern und in deren Gesamtheit zu behandeln ist. Die Behandlung wird nicht den Anspruch machen können, daß sie in allen Einzelheiten mustergültig sei […]. Allein der »Dorfteich« soll ja nur im allgemeinen zeigen, wie die Lebensgemeinschaft zu behandeln ist, wie die Thatsachen zu verknüpfen sind; aber er soll beileibe nicht ein Buch sein, aus welchem man unterrichten könnte – der Lehrer muß aus der Natur unterrichten.
>
> *Junge 1985 [1885], VIII*

Der See namens Stechlin liegt ruhig, kein Kahn zieht hier seine Furchen, kein Vogel singt, doch, wie es in Theodor Fontanes gleichnamigem Roman heißt, »von Zeit zu Zeit wird es an eben dieser Stelle lebendig«: Wenn es nämlich »draußen in der Welt«, ob auf Island oder Java, zu rollen und grollen beginne, wenn der Ascheregen hawaiischer Vulkane auf die Südsee getrieben werde, dann rege es sich auch hier, und ein »Wasserstrahl springt auf und sinkt wieder in die Tiefe« (Fontane 1966 [1897], 7). Gerade weil er »rundum« eingefaßt ist, kann der See zum Abbild von Naturkatastrophen werden, er kann aber auch zur Grundlage eines Aberglaubens werden, wenn es heißt, während des Erdbebens in Lissabon sei statt des Wasserstrahls ein roter Hahn aufgestiegen.

Seine Abgegrenztheit macht den See zu einem prädestinierten Objekt nicht nur der Literatur, sondern auch der Ökologie. Da Beobachtungen und Versuche unter kontrollierten oder zumindest übersichtlichen Bedingungen ablaufen müssen, die natürlichen Beziehungen zwischen Organismen und ihrer Umwelt aber nicht einfach im Labor nachgeahmt werden können, sind abgeschlossene und gleichwohl in sich komplexe Gebilde wie der See von hohem heuristischem Wert (→ Treibhaus). Am und mit dem See kann allerdings erst dann ökologisches Wissen gewonnen werden, wenn er in ein ökologisches Forschungsobjekt transformiert worden ist. Als besonders bedeutsam erwies sich für diese Transformation die Engführung des Systembegriffs mit dem Objekt See.

So referiert der große Doyen der Limnologie, G. Evelyn Hutchinson, Verfasser des vierbändigen Werkes *Treatise on Limnology* (1957-1993), in einem Aufsatz Untersuchungen von Edward A. Birge zur Temperatur von Seen und stellt fest, Birge habe einen zentralen Forschungsbeitrag zu Limnologie geliefert, denn: »the heat budget [...] first called attention to the lake as a natural system with an input and an output« (Hutchinson 1964, 334). Indem Birge den See als eine *black box* beschrieb, führte er bereits im Jahr 1915 vor, daß der See nicht nur der Prototyp eines Systems ist, sondern auch, daß Seen als Systeme genauso wie Pawlows Hunde und Skinners Ratten technische Dinge sind.

Der »See« steht somit in einer Reihe mit weitgehend abgeschlossenen Gebilden, die im Bereich zwischen Ökologie und Systemtheorie angesiedelt sind. So beschreibt zum Beispiel der von dem russischen Biogeochemiker Wladimir I. Wernadski in den zwanziger Jahren entwickelte Begriff »Biosphäre« den von Lebewesen geprägten Bereich der Erde (→ ERDE). Wernadskis Konzept fand eine tatsächliche technische Realisierung in dem Projekt Biosphäre 2, bei dem es sich um einen im Jahr 1991 in der Wüste Arizonas gebauten Gebäudekomplex handelt, den eine Gruppe, deren Mitglieder sich selbst als *social synergists* verstanden, zwei Jahre lang bewohnte (vgl. Bühler 2012). Das geschlossene System sollte sowohl Aussagen über die Funktionsweise von Ökosystemen liefern als auch die Grundlage für eine »space colonization« bilden.

Wie somit der Ausdruck »Biosphäre« zwischen Realem und Metaphorischem zirkuliert, so auch der See als Objekt ökologischer Forschung. Insbesondere die Ökosystemforschung transformiert den See auf der diskursiven Ebene in ein technisches Objekt, wobei die Theoriebildungen im See selbst stets einen festen und realen Bezugspunkt haben. Die Theoriebildungen der Ökologie und, damit einhergehend, des Systembegriffs erweisen sich also als semiotische Prozesse, die angetrieben sind durch die Spannung zwischen Zeichen und Referent.

Weshalb der See überhaupt ein geeignetes Forschungsobjekt

darstellt, welches als solches ein spezifisches Wissen erzeugt, faßte als einer der ersten der Biologe Stephen A. Forbes in seinem Aufsatz »The Lake as a Microcosm« (1887) zusammen. Nach Forbes existiert in einem See ein weitaus vollständigeres und unabhängigeres Gleichgewicht des organischen Lebens als auf einem gleichwertigen Stück Land. Der See forme eine kleine Welt in sich: »a microcosm within which all the elemental forces are at work and the play of life goes on in full, but on so small a scale as to bring it easily within the mental grasp« (Forbes 1887, 77). Aufgrund dieser Geschlossenheit läßt sich niemals eine Spezies im See für sich alleine betrachten. Denn was immer mit den Individuen einer Spezies geschehe, habe Auswirkungen auf die gesamte »assemblage«, weshalb Forbes von der »*sensibility*« eines solchen organischen Komplexes spricht (ebd.). Beschäftige man sich zum Beispiel mit dem Schwarzbarsch, müsse man sich auch mit den Spezies beschäftigen, von denen seine Existenz abhänge, und damit wiederum die Bedingungen, von denen diese abhängen, berücksichtigen. Ebenfalls müssen die Konkurrenten des Schwarzbarschs und demgemäß auch das gesamte System der Bedingungen, von denen diese abhängen, in die Forschung einbezogen werden. Und nicht zuletzt bezieht bereits Forbes den Menschen als Faktor mit ein, wenn auch nur in negativer Weise. Er untersuche nämlich gerade die Seen in Illinois, die geschützt seien »from the filth and poison of towns and manufactories by which the running waters of the state are yearly more deeply defiled« (ebd., 78).

War man sich darin einig, daß der See ein fast abgeschlossener Bereich ist, so diskutierte man um so heftiger, wie diese Ganzheit zu beschreiben sei. Damit stellte sich aber überhaupt die Frage nach dem *Gegenstand* der Ökologie selbst. So schließt August Thienemann, der Begründer der deutschen Limnologie, zwar an Forbes an, übernimmt jedoch nicht den Begriff des Mikrokosmos, sondern spricht von Lebensraum und Lebensgemeinschaft. Dabei unterscheidet Thienemann Lebensgemeinschaften verschiedener Ordnung, von derjenigen in der Rinde eines Baumes bis zur »Gesamtheit des Lebens auf der Erde« (Thienemann 1918, 282), und bezieht mit dem Begriff des Lebensraumes chemische, physikalische und geographische Faktoren in die Betrachtung mit ein, wie er am Beispiel der Entstehung eines Sees veranschaulicht: Nach einem Erdsturz oder Vulkanausbruch bildet sich ein Becken, das sich mit Grundwasser füllt und schließlich zu einem See wird, wobei zuerst einmal der Zufall entscheidet, welche Arten diesen See besiedeln. Diese Pflanzen und Tiere müssen allerdings an die vorgegebenen Lebensbedingungen angepaßt sein: Die Wasserbewegung, der Salz- und Sauerstoffgehalt oder die Größe des Lebensraumes sind die Artzusammensetzung mitbestimmende Faktoren. Gleichgewicht definiert Thienemann als »Resultante einmal aus all den Anpassungen der Organismen an die äußeren Lebensbedingungen ihres Biotops [...], zum anderen aus der Unsumme der rein biologischen, ökologischen Beziehungen, die zwischen den Gliedern einer Lebensgemeinschaft bestehen« (ebd., 286). Da die äußeren Lebensbedingungen aber nicht starr seien, könne man nicht von einem stabilen Gleichgewicht sprechen, vielmehr sei dieses als »labil« zu bezeichnen (ebd.).

In dem Aufsatz »Die Bedeutung der Limnologie für die Kultur der Gegenwart« (1935) versucht Thienemann, der Limnologie als Wissenschaft Form zu geben. Dabei kommt er vor dem Hintergrund der Aussage, daß die Binnengewässer ein Lebensraum seien, »der sich durch seine Eigenart scharf von den anderen Lebensräumen trennen läßt«, zu dem Schluß: »Ganzheitliches« Denken ist das »eigentliche limnologische Denken!« (Thienemann 1935, 17f.) Der See lasse gar keine andere Betrachtungsweise als die ganzheitliche zu, da alles mit allem in Verbindung stehe. Jeder See sei ein geographisch scharf abgegrenztes Individuum – kein See gleiche dem anderen –, und wie im Einzelorganismus finde im See als Ganzem ein Stoffwechsel statt: Der Kreislauf des Sauerstoffs zeige, daß der See atme (Thienemann 1918, 303).

Für Thienemann spielt zwar der Organismusgedanke die vorherrschende Rolle, doch er integriert auch den Systembegriff in seine Überlegungen. Er spricht zum Beispiel vom »Systemcharakter« des Sees oder unterscheidet verschiedene Seetypen anhand ihres Verhältnisses zur Umwelt. Für Thienemann ist überhaupt jede Einheit von Biozönose und Biotop selbst wieder Teil einer höheren Einheit, letztlich dann der Erde oder gar eines kosmischen Geschehens, wie etwa mögliche Korrelationen zwischen der Sonnenfleckenperiodizität und Niederschlagsschwankungen, Sedimentverhältnissen in Seen oder Wachstumsperioden bei Bäumen vermuten lassen. Diese Logik ist für die Ökologie wesentlich – denn kein System ist tatsächlich abgeschlossen, vielmehr steht es stets in Beziehung zu seiner Umwelt, weshalb jeweils auf ein höheres System geschlossen werden muß. Insofern ist Thienemanns Ausweitung in den Kosmos nur konsequent, da eben auch die Erde kein geschlossenes System ist.

Läßt sich bei Thienemann noch ein Schwanken zwischen Begriffen wie Lebensraum und Lebensgemeinschaft und dem Begriff des Systems beobachten, hält der Systembegriff unaufhaltsam Einzug in die Ökologie. Dabei markiert der See nicht schlicht ein Anwendungsgebiet dieses Konzepts, vor allem konstituiert der See das, was ein *ecosystem* ist, indem er es veranschaulicht. Dieses wechselseitige Verhältnis von Objekt und Begriff zeigt sich zum Beispiel am Begriff des »ökologischen Gestalt-Systems«, den der Zoologe Richard Woltereck in einer Abhandlung über Kleinkrebse aus dem Jahr 1928 einführte. Auch für Woltereck ist der See alles andere als ein beliebiges Objekt:

> Der Hydrobiologie als einem Teilgebiet der ökologischen Forschung ist das Ziel gesteckt, den Einzelorganismus im Rahmen der ihn umfassenden Lebensgemeinschaft und des diese umfassenden Lebensraumes zu verstehen, seine Funktion für diese Komplexe und seine Bedingtheit durch sie festzustellen und endlich zu einem Gesamtverständnis der Naturerscheinungen »Leben im See«, »See«, »Leben im Meer« usw. zu gelangen. Am aussichtsreichsten ist wegen der Gleichmäßigkeit, Übersichtlichkeit und Geschlossenheit der in Betracht kommenden Populationen und Faktoren das Studium der Seen, und in diesen wieder das Studium der pelagischen Lebewelt. (Woltereck 1928, 539)

Wie Woltereck ausführt, bilden die voneinander abhängigen Populationsgruppen (z. B. im Pelagial eines Sees: Planktonalgen, bestimmte Krebse und Fische) ein System im Gleichgewichtszustand, wobei die »pelagische Lebenswelt« exemplarisch auf den Gleichgewichtszustand des gesamten Sees verweist. Woltereck bezieht sich in seinen Überlegungen zur »Ganzheit« explizit auf die Abhandlung *Die physischen Gestalten im stationären Zustand* (1920) des Gestalttheoretikers Wolfgang Köhler, der versuchte, den holistischen Ansatz der Gestaltpsychologie innerhalb der Naturwissenschaften Physik, Chemie und Biologie zu etablieren und sie damit auf breiter Basis zu fundieren. Während nach Köhler Physik und Chemie allerdings nicht nach »spezifischen Einheiten« suchten, sei genau diese Suche Gegenstand der Biologie, wie zum Beispiel die Mechanismus-Vitalismus-Debatte gezeigt habe. Köhler verbleibt in seinen Überlegungen allerdings auf der Ebene des einzelnen Organismus, wohingegen Woltereck auf die Ebene der Populationen übergeht und folgerichtig vom ökologischen *Gestalt-System* spricht, das dieselben Eigenschaften aufweise wie bestimmte physikalische Systeme, etwa »wie irgendein vom elektrischen Strom durchflossener Leiter oder dgl.« (Woltereck 1928, 541).

Die in dem Vergleich von ökologischen Gestalt-Systemen mit einem elektrischen Leiter schon angelegte Mathematisierung biologischer Prozesse erhält ihre Ausarbeitung in Alfred Lotkas bedeutendem Buch *Elements of Physical Biology* (1926), dessen zweite Auflage 1956 unter dem Titel *Elements of Mathematical Biology* erschien. Lotka, der ausgebildet war in Chemie und Physik und der zeitweise als Statistiker bei einer Lebensversicherung arbeitete, formuliert allgemeine Gleichungssysteme für die Kinetik der Evolution von Systemen und damit auch zu den Gleichgewichtszuständen solcher Systeme. Da Evolution für ihn die Geschichte eines Systems ist, das einen irreversiblen Wandel durchmacht, ist das Gesetz der Evolution nichts anderes als der zweite Hauptsatz der Thermodynamik. Evolution sei die Zunahme von Entropie oder, stochastisch formuliert, die Zunahme von Wahrscheinlichkeit (Lotka 1956, 39). Allerdings ist dieser Ansatz für biologische Systeme nicht unproblematisch:

> To attempt application of these methods to the prime problems of organic evolution is much like attempting to study the habits of an elephant by means of a microscope. It is not that the substance of the elephant is inherently unfitted to be viewed with the microscope; the instrument is ill adapted to the scale of the object and of the investigation. (Ebd., 39)

Möglich aber wird die Anwendung mathematischer Konzepte, wenn man die Einheiten der Biologie so ansieht, wie die statistische Mechanik Moleküle, Atome und Elektronen betrachtet, das heißt in Form von Populationsdichte, -druck oder -wachstum. Am Beispiel der Veränderungen der amerikanischen Bevölkerungszahl über einen längeren Zeitraum hinweg hat Lotka eine solche populationsbiologische Studie durchgeführt.

Auch die Beziehungen zwischen verschiedenen Arten lassen sich im Rahmen einer mathematischen Biologie betrachten. Daß sich hierfür gerade im Wasser lebende Organismen eignen, hat einen weiteren Grund. In kaum einem anderen Feld wird nach Lotka der ökonomische Nutzen von Wissenschaft so deutlich wie im Fall der Meeresbiologie. Der Einsatz des Schleppnetzes zum Beispiel sei eine Technik der Fischerei sowie der Biologie, könne man damit doch auf einfache Weise Proben entnehmen und die Tiere zählen (ebd., 171). Indem sich Lotka somit den Beziehungen zwischen Organismen widmet, gelangt er zu dem für die entstehende Ökologie zentralen Begriff der Nahrungskette, deren Studium müsse nämlich eine vorrangige Aufgabe des »economic biologist« sein (ebd., 176). Ohne auf den Terminus Ökologie zu rekurrieren, gelangt Lotka somit zu einer ähnlichen Formulierung wie Forbes oder Woltereck: Die Nahrung der menschlichen Population dürfe man nicht für sich allein betrachten, und außerdem bedürfte auch die Nahrung der menschlichen Nahrungsquellen der Aufmerksamkeit. Folgerichtig geht Lotka vom Begriff der Kette zu dem des Zyklus über: »Food chains, were we able to trace them through their entire course, would undoubtedly be found to form closed cycles or a network of cycles.« (Ebd., 183) Dementsprechend widmet er sich ausführlich der mathematischen Beschreibung von Sauerstoff-, Kohlenstoff-, Stickstoff-, Wasser- und Phosphor-Kreisläufen.

Wie die Arbeiten von Thienemann, Woltereck und Lotka exemplarisch vorführen, bewegte sich die Beschreibung ökologischer Ganzheit zwischen dem Einsatz der Organismusmetapher und des Systemkonzepts. Das gilt im Grunde genommen bis heute, doch für die wissenschaftliche Ökologie markierten Arthur Tansleys ausführliche Kritik an der Organismusmetapher und die Einführung des Begriffs *ecosystem* einen bedeutsamen Schnitt. Nachdem Tansley in seinem Aufsatz »The Use and Abuse of Vegetational Concepts and Terms« (1935) eine Reihe möglicher Kandidaten wie Organismus, Quasi-Organismus und

Biozönose für die Beschreibung überindividueller Einheiten kritisch diskutiert hat, bezeichnet er solche Verbünde »simply as *systems*« (Tansley 1935, 297), wobei er »System« im Sinne der Physik versteht. Die Komponenten des »ecosystem« seien demnach Pflanzen und Tiere sowie der gesamte Komplex der physikalischen Faktoren. Ökosysteme sind in diesem Verständnis selbstregulierende und -organisierende Systeme, allerdings aufgrund ihrer variablen Komponenten (Klima, Boden, Organismen) instabil und daher »extremely vulnerable« (ebd., 301). Mit dem Systembegriff hat die Ökologie ihren Gegenstand generiert. Im Zentrum steht nun mit der Beschreibungssprache der Kybernetik der dynamische Gleichgewichtszustand des Ökosystems.

Tansleys Aufsatz fokussiert die Ebene der Beschreibungssprache, er selbst setzt den Begriff *ecosystem* in seinen wissenschaftlichen Arbeiten nicht ein. Damit dieser Ausdruck seine Erfolgsgeschichte antreten konnte, mußte sich erst ein weiterer Forscher einem See widmen: Raymond Lindeman begann in den dreißiger Jahren seine Arbeiten am Cedar Creek Bog in Minnesota, aus denen der wegweisende Aufsatz »The trophic-dynamic aspects of ecology« (1942) entstehen sollte. Für Lindeman ist Tansleys Begriff *ecosystem* von zentraler Bedeutung »in interpreting the data of dynamic ecology« (Lindeman 1942, 400). Demgemäß betrachtet er den See als »a primary unit in its own right«, zumal die Unterscheidung zwischen lebenden Organismen (»biotic community«) einerseits und toten Organismen sowie anorganischen Substanzen (»environment«) andererseits willkürlich und unnatürlich erscheine (ebd., 399). Gegen eine solche Trennung setzt Lindeman die Reformulierung sämtlicher biologischer Größen als energetische Größen.

Die Transformation der biotischen und abiotischen Faktoren in Energiegrößen bedurfte auch einer spezifischen Technik der Evidenz, welche Lindeman im Diagramm findet, das ohnehin bereits zur Darstellung ökologischer Zusammenhänge prädestiniert war. So stellte Thienemann im Jahr 1926 über den »Nahrungskreislauf im Wasser« fest:

Wenden wir uns nun den äußeren Produktionsbedingungen, oder allgemeiner gesagt, den die Organismenverteilung auf der Erdoberfläche regulierenden Faktoren zu, so sind wir mit einem Male mitten hineinversetzt in

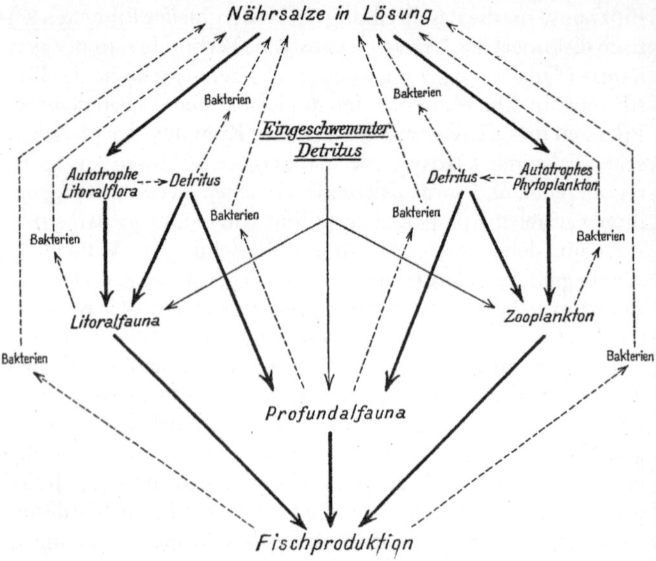

Fig. 6.

Abb. 1: Nahrungskreislauf in einem See nach Thienemann 1926.

die Schwierigkeit, Ordnung in dieser Fülle – fast möchte man sagen, in diesem »Chaos« – von Faktoren zu schaffen. Und diese Schwierigkeit ist um so größer, als nicht nur jeder Faktor im einzelnen auf die Verteilung und Entwicklung von Tieren und Pflanzen wirkt, sondern auch die Gesamtheit der Faktoren wiederum als Einzelfaktor auftritt und auslesend und bestimmend eingreift, ja, der zeitliche Wechsel, die Veränderung in den Lebensbedingungen als solche selbst »Lebensbedingung« sein kann! (Thienemann 1926, 36 f.)

Thienemann listet im folgenden diese Faktoren auf, doch die Darstellung der einzelnen Faktoren und zugleich des Ganzen kann nur das Diagramm leisten.

Es zeigt ebenfalls die Richtung des Aufbaus und Abbaus organischer Stoffe, die Positionen der Pflanzen und Tiere und nicht zuletzt auch, daß der Eingriff des Menschen den Stoffkreislauf unterbricht. Dabei kann das Diagramm durch unterschiedliche

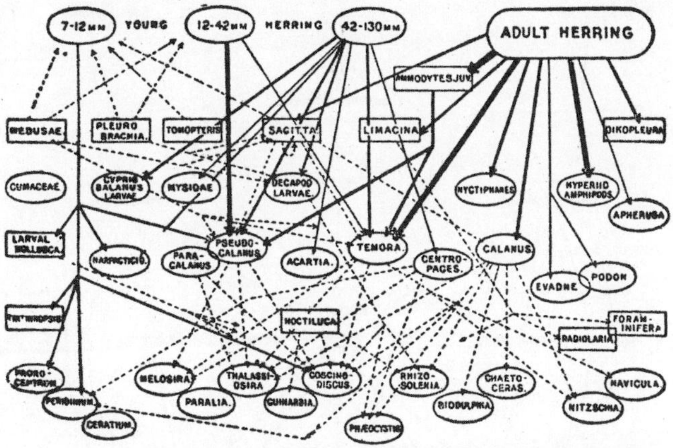

Fig. 3.—Diagram showing the general food relations of the herring to other members of the North Sea plankton community. Note the effect of herring size at different ages upon its food. (From Hardy.[102])

Fig. 4.—Food-cycle among the animals on Bear Island, a barren spot in the arctic zone, south of Spitsbergen. (The dotted lines represent probable food relations not yet proved.) The best way to read the diagram is to start at "marine animals" and follow the arrows. (From Summerhayes and Elton.[25])

Abb. 2: Nahrungsbeziehungen nach Elton 1949 [1927].

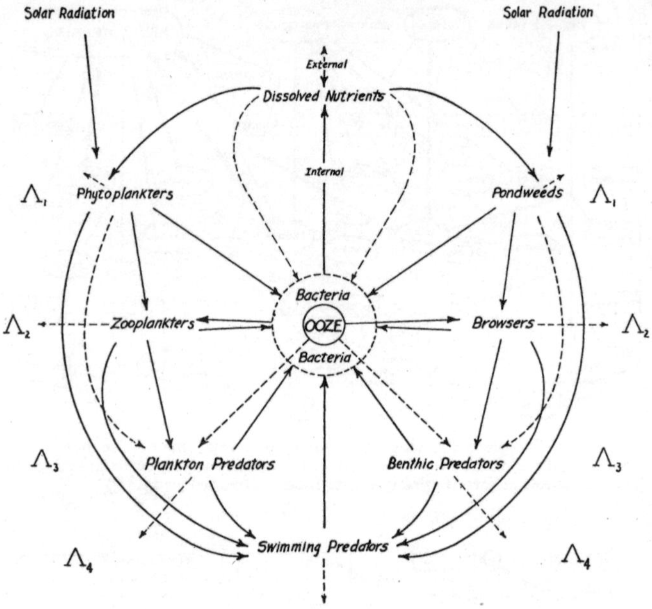

FIG. 1. Generalized lacustrine food-cycle relationships (after Lindeman, '41b).

Abb. 3: Ökosystem nach Lindeman 1942.

Zeichnungen der Pfeile (z. B. gestrichelt oder durchgezogen) Differenzierungen einbauen. Doch wie Thienemann betont, sind die »Bindungen und Übergänge viel verwickelter«, weshalb die schematische Darstellung auch zeige, wie schwierig und kompliziert das Problem des Nahrungskreislaufs im See sei (ebd., 58). So herrscht schon früh ein klares Bewußtsein über die Begrenztheit und die Möglichkeiten des Diagramms zur Illustration ökologischer Zusammenhänge.

Neben Thienemanns Text ist für Lindeman auch Charles Eltons Untersuchung des Verhältnisses von Jäger und Beute wichtig, das heißt die Beobachtung, daß Jäger in ihren Nahrungsgewohnheiten weniger spezialisiert sind als ihre Beute, was ihnen das Überleben ermögliche, wenn ihre gewöhnliche Beute nicht verfügbar sei. Elton ging in seinem erstmals 1927 erschienenen Buch *Animal Ecology* ausführlich auf Nahrungsketten und -zyklen ein, wobei ihn neben Größe und Zahl der jeweiligen Tiere auch die energetischen Beziehungen interessierten.

Für die Darstellung der Größe und Zahl der Tiere in einem Ökosystem habe sich, wie Lindeman ausführt, der Begriff der »Eltonian pyramid« eingebürgert (Lindeman 1942, 408), wobei sich diese Kategorien in die Größe Biomasse übersetzen lassen, vor allem aber in Termini der Produktivität: λ_0 gibt die Rate der Sonneneinstrahlung an, λ_1 die Rate photosynthetischer Produktion, λ_2 die Rate des primären Verbrauchs, λ_3 die Rate des sekundären Verbrauchs und λ_4 die Rate des tertiären Verbrauchs. Auf diese Weise läßt sich mathematisch recht einfach die Produktivität jeden Levels (abzüglich der Energieverluste durch Atmung, Jagd und Dekomposition) ebenso berechnen wie die biologische Effektivität jeden Levels, ausgedrückt durch das Verhältnis der Produktivität eines Levels zu derjenigen des vorherigen Levels. Damit gelangt Lindeman zu einer abstrakten Formulierung der Energiebeziehungen in einem Ökosystem: »$\lambda_0 > \lambda_1 > \lambda_2 \ldots > \lambda_n$«. Diese offensichtliche, wie Lindeman schreibt, Verallgemeinerung werde bestätigt durch die Daten sämtlicher bisher analysierter Ökosysteme (ebd., 409). Indem die von dem See gelieferten Daten mit dem Konzept Ökosystem *interpretiert* werden, wird der See als Ökosystem zur Verkörperung aller Ökosysteme, was, ebenfalls offensichtlich, ein Zirkelschluß ist.

Daß Lindemans Aufsatz explosives Potential enthielt, zeigt sich nicht zuletzt an den Schwierigkeiten seiner Publikation (vgl. zum folgenden Cook 1977). Zwei Gutachter, die prominenten Limnologen Chancey Juday und Paul Welch, rieten von einer Veröffentlichung in der Zeitschrift *Ecology* ab. Für den einen enthielt der Text zu wenig Datenmaterial, der Verfasser spreche von »imaginary lakes«, für den anderen war der Text zu essayistisch. Erst die Intervention Hutchinsons führte zu einer Wende, dabei argumentierte Hutchinson insbesondere mit dem theoretischen Gehalt des Aufsatzes. Für ihn seien weitreichende Hypothesen, die man anhand aktueller Daten testen könne, und die, falls bestätigt, signifikante Verallgemeinerungen abgeben könnten, sehr viel wertvoller als die endlose Zahl von Papieren, die anzeigten, daß eine Menge nicht aufeinander bezogener Beobachtungen gemacht wurden. Lindemans Transformation eines Sees in ein System energetischer Größen wird solchermaßen zum Symbol der theoretischen Wende der Ökologie.

Zugleich verwundert es nicht, daß der ontologische Status des Ökosystems immer wieder problematisiert wird: Ein Aufsatz aus dem Jahr 1981 stellt denn auch die Frage »Do ecosystems exist?«, das heißt: Sind *ecosystems* bloß additive Versammlungen von Arten, so daß man eine Art herausnehmen kann, ohne daß etwas geschieht, oder handelt es sich nicht doch um »cybernetic systems«, um »information networks«? (Jordan 1981, 284). Für den Autor Carl F. Jordan sind sie jedenfalls real, weil man bloßen Definitionen und Tautologien keine wissenschaftlichen Tests und Untersuchungen widmen könne.

Der »See« befindet sich solchermaßen im Zwischenraum von Realem und Zeichenhaftem und entfaltet hier auch Wirkungen auf den Menschen, der in doppelter Weise ins Spiel kommt: Zum einen ist der Mensch eine Störquelle, indem er seine Abfälle in die Seen einleitet oder aktiv zu ihrer Verlandung beiträgt. Ökologie ist daher zwangsläufig stets politische Ökologie. Zum anderen ist auch der Mensch ein Teil des *ecosystems*, sein Status gleicht somit demjenigen von Niederschlagsmenge oder Raubfisch, was Eugene Odum, ein prominenter Vertreter der Ökosystemforschung, auf den Punkt brachte: Ökosysteme seien Netzwerke von Komponenten und Prozessen und würden »humans and human-manufactured machines, units, or organization such as industry, cities, economic exchanges, social behavior, and transportation, communication, information processing, politics« und vieles mehr einschließen (Odum 1963, 17). Mit dem Systembegriff werden somit menschliche und nichtmenschliche Entitäten gleichermaßen zu Akteuren. Man muß nicht unbedingt mit Latour die Demokratie auf nichtmenschliche Wesen erweitern wollen (Latour 2001, 279), um zu sehen, daß die Limnologie mehr ist »als nur Plankton fischen oder Molche und Frösche und Wasserkäfer fangen« (Thienemann 1935, 29).

B. B.

Staat

> He created a golf robot who could make a hole in one every time, and a basketball robot who could hit the basket every time, and a tennis robot who served an ace every time, and so on. At first, people couldn't see any use for robots like that, and the inventor's wife walked out on him – and his children tried to put him into a nuthouse. But then he let advertisers know that his robots would also endorse automobiles or beer or razors or wristwatches or perfume or whatever. He made a fortune […], because so many sports enthusiasts wanted to be exactly like those robots. Don't ask me why.
>
> *Vonnegut 2009 [1985], 72 f.*

Spätestens seit Aristoteles ist die Feststellung, daß Menschen von jeher in sozialen Verbänden leben, ein fester Bestandteil politischer Theorien – demnach muß es aber auch von jeher Formen der *Repräsentation* menschlicher Kollektive geben. Ausdrücke wie Volk oder Bevölkerung, Herde oder Schwarm, Staat oder Nation sind dabei alles andere als bloße Illustrationen der jeweiligen Sozietät: Sie sind vielmehr Selbstbeschreibungen, mit denen diese Kollektive vorgeben, wie sie zu verstehen sind, und die Regeln implizieren, wie dieses Selbstbild in die Realität umzusetzen ist (vgl. Koschorke et al. 2007).

In der wohl bedeutendsten Gründungsschrift der neuzeitlichen politischen Theorie, Thomas Hobbes' *Leviathan* (1651), rückt der Staat solchermaßen in eine weitreichende metaphorische Kette ein: Der Staat ist der Leviathan – ein künstliches Tier, künstlicher Mensch und Automat. Beschrieben schon Francis Bacon und in seinem Gefolge die Naturforscher der frühen Neuzeit die Natur über die Leitmetaphorik der Uhr, setzte Descartes den Körper des Menschen mit dem des Tieres, das selbst nichts anderes als eine Maschine sei, gleich, so dehnt Thomas Hobbes die Maschinenmetaphorik noch auf den Staat aus. Dabei widerspricht die Vieldeutigkeit des Leviathan, der in Hobbes' Schrift ja auch ein biblisches Ungeheuer und ein sterblicher

Gott, der Staat und zugleich dessen Souverän ist, gerade Hobbes' geometrischer Methode, gemäß der die verwendeten Namen von Anfang an klar definiert sein müssen. Für Hobbes liegt eine Ursache für Irrtümer, absurde Schlüsse und falsche Behauptungen, von denen die Bücher der Philosophen voll seien, nämlich im Gebrauch von Metaphern und bildlichen Ausdrücken an Stelle eigentlicher Wörter.

Doch Hobbes' Einsatz des vieldeutigen Bildes vom Leviathan ist durchaus Strategie, wie sein Text »The answer of Mr. Hobbes to Sir William Davenant's Preface before Gondibert« zeigt. Wenn die Einbildungskraft, so Hobbes, geführt werde »by the Precepts of true Philosophy«, dann sei sie es, die die »civility of Europe« unterscheide von der »Barbarity of the American savages« (Hobbes 1970 [1651], 79). Da die richtige Philosophie stets die eigene ist, nimmt Hobbes die Kraft der Bilder für sich in Anspruch und schreibt im Abschlußkapitel des *Leviathan*:

> Ferner ist bei allen Erwägungen und bei allen Verteidigungen die Fähigkeit des stichhaltigen Schließens notwendig: denn ohne diese sind die Entschlüsse des Menschen vorschnell und ihre Urteile ungerecht. Und doch: wenn keine machtvolle Beredsamkeit hinzutritt, die Aufmerksamkeit und Zustimmung bewirkt, so wird die Wirkung der Vernunft gering sein. (Hobbes 1966 [1651], 535)

Die Repräsentation des Staates in Form von Metaphern oder Bildern ist demnach ein notwendiges Element für seine Einrichtung, Legitimierung und Steuerung.

Seit dem 17. Jahrhundert ist die Maschine fester Bestandteil von Beschreibungsformen im Feld des Politischen. Wie dabei selbst eine Handmühle zum Ausgangspunkt einer Reflexion dieser Repräsentationslogik werden kann, hat Kant in der *Kritik der Urteilskraft* vorgeführt. Unter Symbolen versteht er indirekte Darstellungen eines Begriffs, wofür die Urteilskraft ein »doppeltes Geschäft« zu verrichten habe:

> erstlich den Begriff auf den Gegenstand einer sinnlichen Anschauung, und dann zweitens die bloße Regel der Reflexion über jene Anschauung auf einen ganz andern Gegenstand, von dem der erstere nur das Symbol ist, anzuwenden. So wird ein monarchischer Staat durch einen beseelten Körper, wenn er nach inneren Volksgesetzen, durch eine bloße Maschine aber (wie etwa eine Handmühle), wenn er durch einen einzelnen absoluten Willen be-

herrscht wird, in beiden Fällen aber nur *symbolisch* vorgestellt. Denn, zwischen einem despotischen Staate und einer Handmühle ist zwar keine Ähnlichkeit, wohl aber zwischen den Regeln, über beide und ihre Kausalität zu reflektieren. (Kant 1990 [1790], 212)

Kant spricht von »symbolischen Hypotyposen«, wonach die Handmühle nicht aufgrund der »direkten Anschauung« ein Ausdruck für den Begriff des despotischen Staates sei, sondern aufgrund »der Übertragung der Reflexion« über sie (ebd.). Doch die in dem Ausdruck enthaltenen Regeln dienen keineswegs nur der Reflexion, sondern gehen weit darüber hinaus. Belege hierzu finden sich in der Geschichte der Organismus-Analogie zur Genüge, von Menenius Agrippas berühmtem Gleichnis vom »Bauch und seinen Gliedern« über die Paulinische Rede vom »Leib Christi« (1 Kor. 12 ff.), die Staatsanatomie des Johannes von Salisbury aus dem 12. Jahrhundert bis zu den sozialdarwinistischen Imaginationen des 19. und 20. Jahrhunderts.

Die Wirkungskraft des Imaginären hat der Philosoph Claude Lefort in dem Begriff des Politischen gefaßt. Während für Lefort »Politik« ein Subsystem innerhalb der Gesellschaft bezeichnet, zielt der Begriff des »Politischen« auf das »Prinzip der Institution des Sozialen« (Lefort 1999, 49), auf »ein bestimmtes *In-Form-Setzen* des menschlichen Miteinanderseins« (ebd., 37), denn vor dieser Formgebung existierten keine gesellschaftlichen Beziehungen oder ökonomischen und technischen Bestimmungen. Lefort teilt diese Formgebung ein in Sinngebung (*mise en sens*) und Inszenierung (*mise en scène*). Jene bezieht sich auf die Entfaltung des gesellschaftlichen Raumes als Raum des Intelligiblen in einer bestimmten Form der Unterscheidung zwischen dem Realen und Imaginären, Wahren und Falschen, usw., diese darauf, daß dieser Raum in seiner jeweiligen Verfassung eine »Quasi-Repräsentation seiner selbst enthält« (Lefort 1990, 285). Mit diesem repräsentationslogischen Ansatz führt Lefort den Aufstieg des Totalitarismus nicht auf veränderte Produktionsweisen zurück, sondern der Totalitarismus gehe aus einer »politischen Mutation, einer Mutation symbolischer Natur hervor« (ebd., 286). Dementsprechend ist entscheidend, daß sich die neue Macht als »Organ eines Diskurses offenbart, der das Reale als solches ausspricht« (ebd., 287). Der moderne Despotismus erzeugt die Vorstellung eines homogenen, sich selbst durchsichtigen *einen* Volkes und eine Logik der Identifikation, in der jegliche Form des Unterschieds geleugnet wird. Für Lefort verschmelzen in dieser Gesellschaftsformation zwei Metaphern:

Die Modernität des Totalitarismus ist genau darin bezeichnet, daß er ein radikal künstliches mit einem zutiefst organizistischen Ideal verbindet. Das Bild des Körpers verbindet sich mit dem der Maschine. Während sich die Gesellschaft als Gemeinschaft präsentiert, deren Mitglieder strikt solidarisch sind, wird sie zugleich Tag für Tag aufgebaut: Unter der Zielsetzung der Erschaffung eines neuen Menschen lebt sie in einem Zustand permanenter Mobilmachung. (Ebd., 288)

Im Gegensatz zu dieser politischen Form macht nach Lefort die Demokratie nicht nur den Ort der Macht, ehemals vom Fürsten besetzt, zur »Leerstelle« (ebd., 293), sie begründet sich auch als »gleichsam körperlose Gesellschaft« (*societé sans corps*) (ebd., 295) und setzt damit die Vorstellung einer organischen Totalität außer Kraft.

So nachvollziehbar Leforts theoretische Überlegungen sind, überrascht es doch, daß die Maschine immer wieder auf der Seite der Despotie steht. Dagegen hat zum Beispiel Jean Paul in einem Abschnitt seines letzten, unvollendet gebliebenen Romans *Der Komet oder Nikolaus Marggraf* (1820-22) gerade eine Maschine zur Verkörperung der Demokratie gemacht. Ein Staatsmann behauptet in dem mit »Politisches Gleichnis und Gegengleichnis« überschriebenen Abschnitt, es sei bloßes Büchergeschwätz, daß in England oder Nordamerika die Meinung des Volkes die Regierenden beherrschen könne. Denn wie wolle dieser Strom, die Meinung des Volkes, sich selber entgegenströmen, sich selber bekämpfen und beherrschen? Während seiner Rede kommt nun aber ein Schiff gegen den Wind und die Wellen gefahren, und als er fragt, was das sei, erhält er die Antwort:

Ein Dampfschiff ists; *Wasser* wird durch *Wasser*, das mit *Feuer* im Bund steht, besiegt und beherrscht – keine Winde sind nötig, bloß Räder, welche an den gewaltigen Dämpfen umlaufen, und keine Ruder sind nötig als das stille Steuerruder. Ja diese Macht eines durch bloßes Feuer entbundnen Wassergeistes scheint über das Wasser fast so vermögend zu sein als die Macht des Zeitgeistes über das Volk. (Jean Paul 1963 [1820-22], 673)

Während Hobbes an der Maschine die Künstlichkeit und Kant den einen beherrschenden Willen herausstellen, zielt Jean Paul auf einen bestimmten Maschinentypus, nämlich auf die zu seiner Zeit erst aufkommende Dampfmaschine.

Der positive Einsatz der Maschinenmetapher hatte sich schon im 18. Jahrhundert in der Staatstheorie weitgehend eingebürgert. Exemplarisch läßt sich hierfür Gottfried Achenwall nennen, der in seiner Schrift *Die Staatsklugheit nach ihren ersten Grundsätzen* (1779) ausdrücklich hervorhebt, daß sein Begriff des Staates kein bloß abstrakter Begriff sei. Er betrachte den Staat so, wie er wirklich sei. Dabei erschließt sich der *Politicus* den Zusammenhang der unterschiedlichen Einrichtungen und Teile des Staates über die Metapher der Maschine:

Es ist nehmlich der Staat eine aus sehr vielen Theilen und Einrichtungen überaus kuenstlich zusammengesetzte Maschine. Jeder Theil, jede Einrichtung hat einen gewissen Zusammenhang so wohl mit dem Staat im Ganzen, als auch mit vielen andern Theilen des Staats. Der Politicus hat zu untersuchen, nach welchen Regeln diese große Maschine am schicklichsten zu erbauen und zu regieren sey. (Achenwall 1779, XVIII)

Für den Staatstheoretiker eröffnet die Maschinenmetapher somit vor allem methodologische Möglichkeiten zur Beschreibung der Komplexität, Differenziertheit und Zweckgerichtetheit des Staates (vgl. dazu mit Beispielen Peil 1983, 523 ff.). Doch nach dem Durchgang durch die politische Romantik und nach Aufkommen der darwinistischen Lehre erhielt die Organismus-Analogie wieder Auftrieb, während die Maschine lediglich als Verkörperung verschiedener Entfremdungsprozesse gedeutet wurde. Mit der Gleichsetzung regulativer Prozesse in Maschinen und Organismen jedoch änderte sich das Bild wieder, zumal Differential- und Integralrechnungen lösende Maschinen den Menschen und dessen Rechenprozesse nicht mehr bloß imitierten, sondern zunehmend übertrafen.

Verkörperung der technischen Komplexität ist die Kybernetik, die Norbert Wiener etymologisch vom griechischen *kybernetes* bzw. dem lateinischen *gubernator* ableitete. Dabei findet sich die wissenschaftliche und politische Ausrichtung der Kybernetik in zwei historischen Referenztexten wieder: Das Grundkonzept des rückgekoppelten Regelkreises findet Wiener zum einen in Clerk Maxwells Schrift *On Governors*, die mit dem Satz anhebt: »A Governor is a part of a machine by means of which the velocity of the machine is kept nearly uniform, notwithstanding variations in the driving-power or the resistance« (Maxwell 1867/68, 270). Zum anderen verweist Wiener, allerdings erst in der zweiten Auflage seines Buches über *Cybernetics and Society*, auf die politische Anwendung des Ausdrucks *governor*: Der Physiker André-Marie Ampère bezeichnete mit dem Ausdruck *Cybernétique* »l'art de gouverner en général« und ordnete sie der politischen Theorie, »LA POLITIQUE«, zu (Ampère 1843, 140-142; vgl. Wiener 1954, 15). Der Anwendungsbereich der Kybernetik reicht damit von der Steuerung von Maschinen und Organismen über die Erziehung und das Verhalten von Menschen bis zum Regieren eines Staates (vgl. Pias 2003/04). Kybernetik verschaltet von Anfang an wissenschaftliche und politische Steuerungsformen. Sie generiert sowohl Regulierungs- als auch Regierungswissen.

In der Schrift *Introduction to Cybernetics* (1956) definiert der Psychiater und Kybernetiker W. Ross Ashby den Anwendungsbereich der Kybernetik dementsprechend nicht gegenständlich, sondern formal: Während die Vorteile des kybernetischen Ansatzes bei einfachen Systemen nicht immer ersichtlich seien, offenbare er seine Wirkmacht bei komplexen Systemen (vgl. Ashby 1956, 9). Dementsprechend ist die Gesellschaft und deren Steuerung von vornherein Gegenstand dieser Komplexitätstheorie. Bücher wie zum Beispiel der Tagungsband *Kybernetik in Wissenschaft, Technik und Wirtschaft der DDR* (1963), *Kybernetik und Gesellschaft* (Klaus 1964), *The Evolving Society. The Proceedings of the First Annual Conference on the Cybercultural Revolution. Cybernetics and Automation* (Hilton 1966) oder der Sammelband *The Social Impact of Cybernetics* (1966) sind denn auch in beiden damaligen großpolitischen Systemen Legion.

Wie Eberhard Lang in seiner Studie *Staat und Kybernetik. Prolegomena zu einer Lehre vom Staat als Regelkreis* (1966) aufzeigt, ist die Kybernetik in doppelter Weise relevant für den Staat: Erstens finden kybernetische Maschinen innerhalb eines Staates Anwendung – zur Regelung des Verkehrs an einer Straßenkreuzung oder zur Entscheidungsfindung in prekären Situationen.

Berühmtheit erlangte ein Elektronengehirn mit Namen Standards Eastern Automatic Computer (SEAC) durch Robert Jungks erstmals im Jahr 1952 erschienenes Buch *Die Zukunft hat schon begonnen*. Nach Jungk habe der zuständige General Douglas MacArthur Strategien entworfen, die einen dritten Weltkrieg hätten verursachen können. Bevor seine Pläne umgesetzt wurden, fütterte man die elektronische Rechenmaschine im Auftrag des Präsidenten Harry S. Truman mit Daten, um zu berechnen, wie die »amerikanische Wirtschaft in allen ihren Sektoren jetzt auf einen plötzlichen Kriegseintritt reagieren würde« (Jungk 1953, 301). Die Resultate waren eindeutig, und ihnen war auch nicht zu widersprechen. Jungk spitzt diese Geschichte natürlich zu, denn die Entlassung MacArthurs hatte eine Reihe ganz anderer Gründe (fest steht jedoch, daß der General später Präsident bei der Computerfirma Remington Rand wurde, die unter anderem den ersten kommerziellen Computer UNIVAC I herstellte). Für Jungk bestätigte die Geschichte der Entlassung des Generals: »Regieren heißt voraussehen« (ebd., 303) – weil allerdings der Gegner ebenfalls über Rechenmaschinen verfügt, werden die Vorhersagen zunehmend komplexer. Daher erprobe man neue Methoden des »scientific forecasting«, die dann wieder wirtschaftliche und politische Entscheidungsprozesse steuern (ebd., 305 f.). Jungks Geschichte wurde verschiedentlich aufgegriffen: Für Günther Anders veranschaulichte sie die »prometheische Scham« (Anders 1956, 59-64), dagegen eröffnet sie für Eberhard Lang den Weg zu einer tatsächlichen »Staats- oder Regierungsmaschine« (Lang 1966, 36), zumal die Maschine offensichtlich bessere Vorhersagen mache als ein menschliches Gehirn.

Die zweite Anwendung der Kybernetik liegt nach Lang in der Übertragung des Regelkreis-Modells auf den gesamten Staat, eine Applikation, die keineswegs reine Phantasie ist. Ein solches Projekt existierte nämlich tatsächlich in Chile, wo Stafford Beer, der im Jahr 1959 das Buch *Kybernetik und Management* verfaßt hatte, auf einen »kybernetischen Umbau der chilenischen Volkswirtschaft« hinarbeitete, um den Sozialismus friedlich zu verwirklichen (Pias 2004, 140) – bekanntlich kam es aber 1973 zum Sturz der Regierung Allende durch Augusto Pinochet. Langs Modell ist weitaus einfacher und schematischer als Beers Entwurf: Für Lang ist der Sollwert des Staates das Gemeinwohl, Störungen verursachen das Abweichen des in der Wirklichkeit bestehenden Istwerts vom gewünschten Sollwert. Mittels Rückkopplungsschleifen erfaßt das System Störungen und meldet sie an den Regler, das sind die staatlichen Institutionen. Der Regler überwacht somit die Einhaltung des Sollwerts und beseitigt Abweichungen des Istwerts vom Sollwert (vgl. Lang 1966, 53-74).

Die Kybernetik verspricht somit den Sozialwissenschaften die Verbindung einer wissenschaftlichen und insbesondere quantitativen Methode mit Komplexitätsmodellen sowie einer Theorie der Regelung. Daß die Konsequenz der politischen Aneignung des kybernetischen Phantasmas selbstregulierender Systeme der Neoliberalismus ist, läßt sich mit Michel Foucault ausführen, zumal sein Begriff *gouvernementalité* selbst in der kybernetischen Tradition steht. Ausgangspunkt für die Entwicklung dieses Begriffs ist Foucaults Versuch, den Staat von einem äußeren Standpunkt aus zu untersuchen, was, wie sein Vergleich mit Analysen des Gefängnisses oder Spitals zeigt, besonders schwierig ist, weil im Fall des Staates der Beobachter selbst Teil des Untersuchungsgegenstandes ist.

Gouvernementalität sei

> die aus den Institutionen, den Vorgängen, Analysen, Reflexionen, den Berechnungen und den Taktiken gebildete Gesamtheit, welche es erlaubt, diese recht spezifische, wenn auch sehr komplexe Form der Macht auszuüben, die als Hauptzielscheibe die Bevölkerung, als wichtigste Wissensform die politische Ökonomie und wesentliches technisches Instrument die Sicherheitsdispositive hat (Foucault 2004, 162).

Den Ausdruck *gouverner* grenzt er ausdrücklich ab von herrschen, befehlen oder kommandieren, da es ihm um führen, leiten, dirigieren gehe. Regieren heißt für Foucault, sich selbst zu lenken, andere zu führen sowie auch andere dazu anzuleiten, sich selbst zu führen: Wenn demnach die Machtausübung darin besteht, »Führung zu lenken« (Foucault 2005 [1982], 286), ist Freiheit selbst ein Medium des Regierens. Es geht darum, Einfluß auf die Wahrscheinlichkeit des Verhaltens von anderen zu nehmen, Handlungsmöglichkeiten zu organisieren, das mögliche Handlungsfeld anderer zu strukturieren, das heißt, wenn Menschen

Der Staat als Regelkreis läßt sich folgendermaßen darstellen:

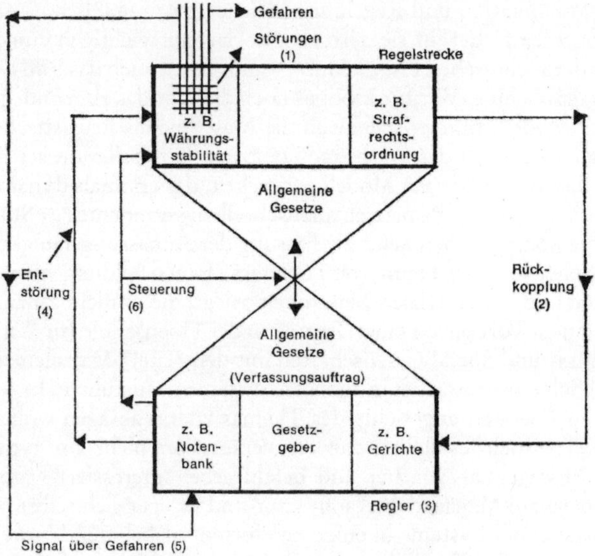

(1) Störungen innerhalb des vom Gemeinwohl umfaßten Bereichs
(2) Rückkopplung = Informationsweitergabe an den Regler
(3) Regler: Prüfung der Information und Beschluß über Entstörungsmaßnahmen
(4) Entstörung: Verwirklichung der vom Regler beschlossenen Maßnahmen
(5) Störgrößenaufschaltung: Informationen über noch außerhalb der Regelstrecke befindliche, aber drohende Störungen [sodann (3) und (4)]
(6) Steuerung: Handeln des Reglers aus freier Initiative, Gestaltung der allgemeinen Gesetze

Abb. 1: Der Staat als Regelkreis nach Lang 1966.

andere Menschen regieren, setzt das stets voraus, daß es sich um freie Subjekte handelt und daß diese Freiheit nicht durch strikte Vorgaben eingeschränkt wird, sondern daß die Bedingungen, unter denen Individuen frei sein können, organisiert werden.

Die Analyse des Staates korreliert mit dem Wandel der Maschinentechnik. So mag Wieners Epocheneinteilung – wenn »das

17. und das frühe 18. Jahrhundert das Zeitalter der Uhren war und das späte 18. und das 19. Jahrhundert das Zeitalter der Dampfmaschinen, so ist die gegenwärtige Zeit das Zeitalter der Kommunikation und Regelung« (Wiener 1963 [1948], 74) – extrem vereinfacht sein, sie trifft aber doch einen wichtigen Punkt: Mit der technischen Entwicklung wandelt sich auch das Bild der Staatsmaschine. War für Hobbes noch die Uhr das zugrundegelegte Modell, führte Achenwall die Maschine als heuristisches Modell ein, weil der Staat eine komplexe Konstellation sei, so hat die Kybernetik ein Modell entwickelt, das erstmals dynamische Prozesse mathematisch anzuschreiben vermochte (→ SEE). Dabei kommt zunehmend die Fassung der Anpassungsfähigkeit ins Spiel, wie etwa Heinz von Foersters Unterscheidung von trivialen und nichttrivialen Maschinen belegt, die er nicht zufällig bei einem Vortrag auf einer Tagung in der Hochschule für Wirtschafts- und Sozialwissenschaften mit dem Titel »Management und Selbstorganisation in sozialen Systemen« ausführte. Er habe, so Foerster, angesichts des Themas zuerst absagen wollen. Als er jedoch feststellte, daß die Veranstalter nicht am Typus des Managers als Macher und Befehlsgeber interessiert waren, sondern am Manager als Katalysator und Pfleger sich selbst organisierender Systeme in einer sich fortentwickelnden Umwelt, daß es also um Flexibilität und Anpassungsfähigkeit in Betrieben gehe, habe er zugesagt (Foerster 1993, 233 f.).

Foersters nichttriviale Maschinen verweisen nicht nur auf die Applikation eines erweiterten kybernetischen Modells auf Betriebs- und Sozialwissenschaften, Technik und Biologie, sondern auch auf die Literatur, folgt sie doch ebenfalls den technischen Entwicklungen. So markiert für Edgar Allen Poe das, was Foerster als nichttriviale Maschine bezeichnet, die Grenze der technischen Möglichkeiten seiner Zeit, wie er in seiner im Jahr 1836 publizierten präzisen Analyse des angeblich künstlichen Schachautomaten von Johann Nepomuk Mälzel ausführt. Weil sich beim Schach jeder Zug aus den davor ausgeführten Zügen ergebe, könne man bereits nach wenigen Zügen keinen Schritt mehr mit Sicherheit vorhersagen. Nur eine *»pure machine«* könne dies leisten, weshalb ein automatischer Schachspieler über der Rechenmaschine von Charles Babbage stehen müßte, und das ist für Poe undenkbar (Poe 1984 [1836], 1255 f.). Abläufe in Maschinen können sich in der Vorstellung des 19. Jahrhunderts nur regelmäßig vollziehen, dagegen besteht die Pointe kybernetischer Maschinen darin, flexibel, je nach Situation, reagieren zu können, also Irregularität zu prozessieren. Da hierbei auch Bewegungen sowie die Koordination zwischen verschiedenen Automaten zunehmend in den Blick rückt, kann Schach zwischenzeitlich nicht mehr als Modell fungieren. Ein weites Anwendungsfeld bietet dafür das Fußballspiel, denn hier müssen die Roboter, wie es auf der Homepage der Robocup Federation (1998-2014) heißt, laufen, rennen, den Ball spielen und dabei das Gleichgewicht halten, visuelle Wahrnehmung mit Aktionen verbinden, sich selbst auf dem Platz lokalisieren und mit anderen zusammenspielen.

Während hier das Fußballspiel zum Aktionsfeld aktueller Roboterforschung wird, bevölkern die flexiblen Maschinen der Kybernetik längst schon die Science-fiction-Literatur des 20. Jahrhunderts (→ MACHINARIUM). Dabei liegt eine besondere Leistung dieser Literatur für die hier behandelte Thematik darin, daß es weniger um die Beschreibung des Staates als Maschine als vielmehr um die Rolle der Maschinen im Staat geht: Thema ist nicht die Staatsmaschine, sondern der Maschinenstaat. Während in unzähligen Romanen und Filmen, von H. G. Wells *Time Machine* (1895) über Fritz Langs *Metropolis* (D 1927) bis James Camerons *Terminator* (USA 1984) die Maschinen als Verkörperung des Inhumanen erscheinen, entwickelt Isaac Asimovs Roman *I Robot* (1950) eine andere Option. Im Zentrum des Romans stehen die von Asimov erstmals in der Kurzgeschichte »Runaround« (1942) explizit formulierten Robotergesetze (→ MACHINARIUM):

> #1 A robot may not injure a human being, or, through inaction, allow a human being to come to harm.
>
> #2 A robot must obey orders given it by human beings except where such orders would conflict with the First Law.
>
> #3 A robot must protect its own existence as long as such protection does not conflict with the First or Second Law.
>
> Handbook of Robotics 56th Edition, 2058 A. D.
>
> (Asimov 1987 [1950], 1)

Asimovs Geschichten handeln von Robotern, die diese Gesetze verletzen, was meist aufgrund von *double-bind*-Situationen oder mißverständlichen Anweisungen geschieht, oder die durch die Erfüllung dieser Gesetze den Menschen bedrohlich erscheinen. Das Grundproblem führt bereits die erste Geschichte vor, in der eine Familie einen Roboter als Kindermädchen einstellt. Denn für den Vater ist Robbie nur ein Roboter, für seine Tochter dagegen ist er ein Freund, eine Person. Zumindest aus der Perspektive des Kindes kommt dem Roboter das zu, was als das letzte Residuum des Menschlichen erscheint: Empathie. Genau die Empathie stellte Philip Dick in das Zentrum seines Romans *Do Androids Dream of Electric Sheep?* (1968). Der einzige Test, mit dem *bounty hunters* entflohene Androiden von Menschen unterscheiden können, basiert auf dem Feststellen von Empathie. Wer dem Test unterzogen wird, wird mit bestimmten Situationen konfrontiert, etwa daß jemand Hummer in kochendes Wasser wirft oder man in einem Restaurant gekochten Hund vorgesetzt bekommt. Währenddessen stellt der *bounty hunter* anhand der Pupillenreaktion fest, ob Empathie vorhanden ist oder nicht, ob vor ihm ein Androide oder ein Mensch sitzt. Doch die Androiden haben längst schon die menschliche Gesellschaft infiltriert, und nicht einmal die *bounty hunter* selbst können sich des eigenen Menschseins noch gewiß sein.

Während bei Dick Mensch und Android ununterscheidbar werden, überholen bei Asimov die Roboter die Menschen, bis sie die Regierungsmacht übernehmen. Wie die letzte Geschichte in Asimovs *I Robot* berichtet, regeln Maschinen in den vier bestehenden Weltregionen sämtliche Abläufe. Die globale Wirtschaft sei stabil, »because it is based upon the decisions of calculating machines that have the good humanity at heart through the overwhelming force of the First Law of Robotics« (Asimov 1987 [1950], 173). Der World Co-ordinator muß jedoch feststellen, daß die Abläufe nicht perfekt sind: In der östlichen Region entstand Arbeitslosigkeit, der Kanalbau in der tropischen Region liegt hinter dem Zeitplan zurück, und die Quecksilberproduktion in europäischen Minen ist gesunken. In Asimovs humanistischer Utopie erzeugen die Maschinen diese Irregularitäten jedoch absichtlich, um damit diejenigen Menschen von verant-

Abb. 2: Fußballspiel in der Humanoid League KidSize des Robocup-Wettbewerbs nach Robocup Federation 2010.

wortlichen Stellen abzuziehen, die den Anweisungen der Maschinen nicht gehorchen. In Erfüllung des ersten Gesetzes planen die Maschinen die Zukunft der Menschheit, die von dieser Führung jedoch nichts wissen darf. Sonst nämlich würden sie die Maschinen zerstören, die ihr Überleben garantieren.

Asimovs Utopie mag naiv anmuten, nicht zuletzt angesichts der heutigen Rolle von Maschinen in politischen Kontexten – ob Wahlmaschinen fragwürdige Ergebnisse erzeugen oder ob Rechenmaschinen Wirtschaftsanalysen und Zukunftssimulationen produzieren, die dann zum Leitfaden politischer Entscheidungsprozesse werden. Gleichwohl wirft er eine zentrale Frage auf: Wie nämlich eine komplexe und global vernetzte Gesellschaft überhaupt regiert/reguliert werden kann. Offensichtlich sind die Maschinen jedenfalls längst schon keine Metaphern mehr, sondern reale Akteure.

B. B.

Treibhaus

Alte Träume der Mechaniker wurden auf diese Weise vom Thermodynamiker zerstört: die Träume von der ewig gehenden Uhr, vom Perpetuum mobile erster Ordnung und vom Perpetuum mobile zweiter Ordnung.

Bense 1998b [1949], 135

Boris hat mir soeben eine Zusammenfassung seiner Ansichten gegeben. Er ist ein Wetterprophet. Das Wetter wird schlecht bleiben, sagt er. Es wird mehr Elend, mehr Tod, mehr Verzweiflung geben. Nirgends das geringste Anzeichen einer Änderung ... Wir müssen Schritt fassen, in geschlossener Reihe dem Gefängnis des Todes entgehen. Es gibt kein Entrinnen. Das Wetter ändert sich nicht.

Henry Miller, zitiert nach Pynchon 2002a [1960], 97

Wer im Glashaus sitzt, sollte nicht mit Steinen werfen. Doch genau das tut Aubade, eine der Heldinnen in Thomas Pynchons Kurzgeschichte »Entropy« aus dem Jahr 1960. Jedenfalls tut sie es im übertragenen Sinn. Diesem Bruch einer Scheibe, zwar nicht verursacht durch einen veritablen Stein, sondern durch ihre bloßen Hände, gehen absonderliche Geschehnisse auf einer legendären Party in Washington D. C. Anfang Februar 1957 voraus. Es handelt sich dabei um eine »leasebreaking party«, wie es in ausgestellter Antibürgerlichkeit heißt. Der Text beginnt mit der Präsentation des Gastgebers, Meatball Mulligan, inmitten der Schar seiner illustren Gäste. Dabei handelt es sich unter anderem um das Duke-di-Angelis-Quartett, mehrere Regierungsmädchen, die für das State Department oder die NSA arbeiten, eine Gruppe von Marineangehörigen, die in Meatballs Unterkunft ein Bordell vermuten, und natürlich Aubade und ihren Freund Callisto, die sich in einem sorgsam kultivierten Treibhausidyll häuslich eingerichtet haben. Damit ist eine Anordnung geschaffen, die an das Projekt Biosphäre 2 erinnert, nur eben in kleinerem Ausmaß. Das Treibhaus, das im gleichnamigen Effekt eine der größten und zugleich umstrittensten ökologischen Katastrophen zu einem Krisennarrativ der Gegenwart verdichtet, wird in »Entropy« zu einem sorgsam kultivierten Bollwerk gegen sämtliche Formen des drohenden Chaos.

Vermischt mit den Geräuschen des Regens erklangen die ersten zaghaften, mürrischen Morgenstimmen der anderen Vögel, die in Philodendren und kleinen Fächerpalmen verborgen waren: Flecken von Scharlach, Gelb und Blau durchflochten diese rousseauhafte Phantasie, diesen Treibhausdschungel, den zu einem Ganzen zu verweben ihn sieben Jahre gekostet hatte. Hermetisch abgeschlossen war es eine einzige Enklave der Regelmäßigkeit im Chaos der Stadt, fremd der Launenhaftigkeit des Wetters, der Innenpolitik, jeder öffentlichen Unruhe. Durch Versuch und Irrtum hatte Callisto das ökologische Gleichgewicht perfektioniert, mit Hilfe des Mädchens die künstlerische Harmonie, so daß die Gezeiten des Pflanzenlebens und die Bewegungen der Vögel und der menschlichen Bewohner so harmonisch aufeinander abgestimmt waren wie die Rhythmen eines perfekt ausbalancierten Mobiles. (Pynchon 2002a [1960], 101 f.)

Diese künstliche Idylle ist geprägt von einer sonderbaren Auflösung und Veränderungslosigkeit, die im Gleichbleiben der Temperatur bei 37 Grad Fahrenheit ihr Bild findet. Pynchon wird in einem späteren Vorwort zu *Slow Learner*, einer Sammlung von fünf Texten aus dem Zeitraum 1958-1964, ausgiebig zu seiner Faszination für die Physik Stellung beziehen. Auch wird er dort nachträglich die Verwendung der Zahl 37 begründen und mit einem »Raffiniert, nicht wahr?« auch noch augenzwinkernd kommentieren.

Eine Zeitlang war meine einzige Besorgnis die, daß ich die Dinge nicht in Energie-, sondern in Temperaturbegriffen formuliert hatte. Als ich später mehr über das Thema las, ging mir auf, daß das gar keine allzu schlechte Taktik gewesen war. Dennoch möge man die Oberflächlichkeit meines Verständnisses nicht unterschätzen: z. B. wählte ich 37 Grad Fahrenheit als den Punkt des Ausgleichs, weil 37 Grad Celsius die normale Körpertemperatur ist. Raffiniert, nicht wahr? (Pynchon 2002b [1984], 22)

Neben solchen dezenten Hinweisen auf die Thermodynamik findet im Text eine massive Untermauerung der entsprechenden physikalischen Theorien statt. Verhandelt werden unterschiedliche Aspekte von Ordnung, und das Treibhaus wird zum Anlaß, grundlegende Vorgänge von Physik und Chemie formelfern und damit alltagstauglich zu veranschaulichen. Alles, was Rang und

Namen hat, ist in diesem kurzen Text im Zeichen von Ordnung und Unordnung, von Wetter und Wärmetod versammelt. Vorangestellt ist ein Zitat aus Henry Millers *Wendekreis des Krebses*, das der Veränderungsunfähigkeit des Wetters gilt und damit auf das thermodynamische Gesetz des Wärmetodes anspielt, wie es wiederum in den Hauptsätzen der Wärmelehre etwa durch Rudolf Clausius (1822-1888) und andere Physiker formuliert ist. Was dem zugrunde liegt, ist eine Beschäftigung mit der Frage nach der Wandelbarkeit von Energieformen. So untersucht der Franzose Nicolas Léonard Sadi Carnot an der Dampfmaschine diese Aspekte theoretisch, was ihn zu einem Mitbegründer der Thermodynamik hat werden lassen. Der zentrale Befund aus Carnots Schrift *Betrachtungen über die bewegende Kraft des Feuers und die zur Entwicklung dieser Kraft geeigneten Maschinen* von 1824, deren deutsche Übersetzung und Herausgabe von niemand Geringerem als Wilhelm Ostwald besorgt wurde, lautet, daß bewegte Kraft aus Temperaturunterschieden entsteht, da Wärme auf einen Ausgleich von heißen und kalten Zuständen ausgerichtet ist (vgl. dazu Carnot 1892 [1824]). Schlußendlich stehen am Ende eines solchen Umgangs mit den entsprechenden Maschinen Versuche, ihre kalorische Bilanz zu ziehen (vgl. dazu Brandstetter 2008; Weber 1844; Redtenbacher 1853; übergreifend König 1999; → Papier).

Weitere Stationen einer entsprechenden Beschäftigung schaffen mit dem Energieerhaltungssatz von Julius Robert Mayer (1814-1888) und mit dem zweiten Hauptsatz der Thermodynamik von Rudolf Clausius die Voraussetzung für jene Formulierung vom Wärmetod, die wohl am stärksten die Semantik gerade auch jenseits der Physik bestimmt hat. Ihr liegt die Annahme zugrunde, daß in geschlossenen Systemen die Energieverteilung zu einem thermischen Ausgleich führt. Dieser Annahme von der Entropie als Ausdruck des Informationsgehaltes und der Folgeannahme eines zunehmenden Ordnungsverlustes sollte der Wärmetod ein gewisses apokalyptisches Gesicht verleihen – wenn sonst schon nichts passiert, dann wäre das Ende geschlossener Systeme besagter Hitzetod. Kulturkritische Beleihungen dieses Szenarios mit unterschiedlichstem weltanschaulichem Gepräge waren die Folge (vgl. zur Literatur übergreifend Metzler 1979;

18

Abb. 1: Treibhaus nach Hix 1974.

Setzer 1980). Was Pynchons Geschichte gelingt, ist ein Evidentmachen physikalischer Prozesse, indem sie die Befunde vom thermischen Ausgleich innerhalb geschlossener Systeme auf soziale Systeme überträgt und deren Konsequenzen als Szenario einer schwülen Apokalypse durchspielt.

»Als junger Mann in Princeton«, diktierte Callisto, den Vogel in das Nest aus grauen Haaren auf seiner Brust geschmiegt, »hatte sich Callisto eine Gedächtnisstütze für die Gesetze der Thermodynamik zurechtgelegt: Du hast keine Chance, alles wird schlimmer, eh's besser wird, wer sagt überhaupt, daß etwas besser wird. Im Alter von 54 Jahren, konfrontiert mit Gibb's Vorstellung vom Universum, erkannte er plötzlich, wie sehr die Redensart des Studenten ein Orakel gewesen war. Das spindelige La-

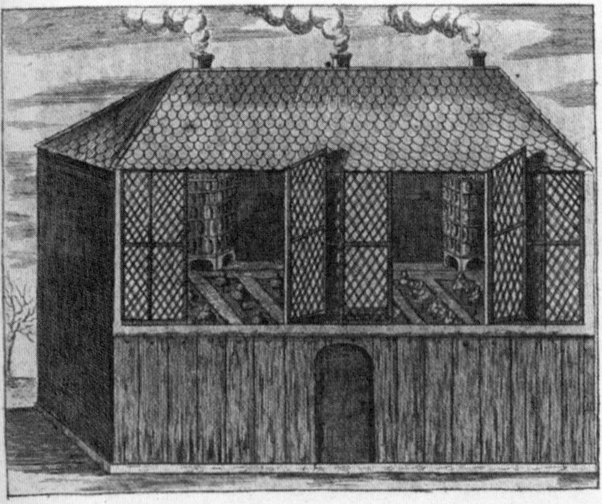

24

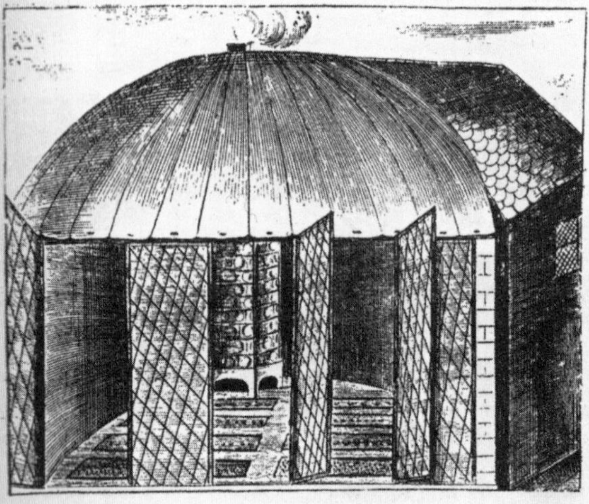

25

Abb. 2: Treibhaus nach Hix 1974.

byrinth der Gleichungen wurde ihm zur Vision eines endgültigen, kosmischen Wärmetods. Natürlich hatte er immer schon gewußt, daß nur theoretische Maschinen und Systeme jemals einen Wirkungsgrad von 100 Prozent erreichten, und auch der Satz von Clausius, nach dem die Entropie in einem geschlossenen System stetig und unumkehrbar zunimmt, war ihm vertraut gewesen. Dennoch begann ihm erst, als Gibbs und Boltzmann die Methoden der statistischen Mechanik auf dieses Prinzip anwandten, dessen fürchterliche Konsequenz zu dämmern. Nun erst wurde ihm klar, daß das geschlossene System – Galaxis, Wärmekraftmaschine, Mensch, Kultur, was immer – sich spontan zum Zustand der größeren Wahrscheinlichkeit hin entwickeln mußte.« (Pynchon 2002a [1960], 106)

Dieses physikalische Bezugssystem, das Pynchons Erzählung zugrunde liegt, wird durch eine Glasscheibe geschlossen gehalten und endet mit dem Zerbrechen einer solchen durch Aubade – »bis der Moment des Ausgleichs erreicht war, da 37 Grad Fahrenheit draußen wie drinnen herrschen würden für immer und die verhaltene, sonderbare Dominante ihrer isolierten Leben sich auflöste in einen Grundton von Finsternis und endgültiger Abwesenheit jeder Bewegung« (ebd., 119). Für diese Anordnung, die Pynchons Kurzgeschichte bis zu ihrem blutigen Finale nachstellt, gibt es einen sanktionierten Ort. Es ist das Treibhaus, das mit den Belangen der Kultur auf vielfältige Weise verbunden ist. Nicht zuletzt in der Frage nach den energetischen Grundlagen von Sozialität, von Kultur und Geschichte kulminiert ein Aspekt, der wie in Pynchons Erzählung oder in Millers Roman der Frage nach Veränderung und Dynamik, nach Stillstand oder Tod gilt.

Der Philosoph und Chemiker Wilhelm Ostwald (1853-1932) war als führender Vertreter einer Energetik angetreten, deren Einfluß nach seiner Auffassung weit über die Physik hinausreichte. Mit Büchern wie *Energetische Grundlagen der Kulturwissenschaften* oder *Der energetische Imperativ* sollten eben auch Fragen der Kultur unter das Kuratel physikalischer Erwägungen gestellt werden (vgl. dazu Ostwald 1909, 1912). Damit leistet er einer Form der Übertragung Vorschub, die Max Weber in einer Abhandlung »›Energetische‹ Kulturtheorien« aufs schärfste in ihren Grundannahmen kritisiert und namentlich mit Blick auf Ostwald wunderbar karikiert (Weber 1988 [1909]). Die weltanschaulichen Zuspitzungen solcher Ansätze sind weitreichend. Eine etwa führt zur theoretischen Biologie Jakob von Uexkülls, der sein wohl wichtigstes Konzept, die Lehre von der Umwelt, direkt mit einem festen, aber unsichtbaren Glashaus vergleicht, das durch den jeweiligen Organismus begründet wird, der in ihm lebt (→ ZECKE). Der frühe Systemtheoretiker greift unter dem Titel »Die Entplanung der Welt. Magische, mechanische und dämonische Weltanschauung« auf Überlegungen Wilhelm Ostwalds zum zweiten Satz der Energieerhaltung zurück, um mit der Unumkehrbarkeit der Zeit schnell bei den Konsequenzen für eine Ethik zu landen (Uexküll 1933).

Für die Frage, was es denn für Konsequenzen hätte, wenn die Kultur als Ganzes Gesetzmäßigkeiten wie denen der Physik unterliegen würde, gibt es auch bei Pynchon einen sachkundigen Vertreter: Was hieße es denn, würde man die Dynamiken einer Kultur ähnlich veranlagen wie das Verhalten von Gasteilen? Welche Aussagen über die Energetik kultureller Prozesse könnte man machen? Neben den Physikern, die von den frühen *calorischen Maschinen* bis zu den Prozessen von Gasverteilungen auf der Suche nach Verlust oder Gleichgewicht waren, also neben Physikern wie Boltzmann und Clausius, ist mit Henry Adams auch ein Geschichtstheoretiker mit von der Partie. Pynchon läßt seine Leserschaft im Rahmen des nachgetragenen Vorworts zur Erzählung wissen, er habe zeitgleich zu seiner Adams-Lektüre ausgerechnet auch Norbert Wiener rezipiert.

Was Pynchon für die Geschichte einer selbst im Fall möglicher Exzesse immer noch zeitlich begrenzten Party durchspielt, führt Adams zu sehr grundsätzlichen Überlegungen, die den Lauf der Geschichte und damit den der Kultur in seiner Gänze bestimmen. Ort dieser Überlegungen ist sein berühmt gewordener Text »A letter to American teachers of history« aus dem Jahr 1910, der unter Kenntnis der innerphysikalischen Theoriebildung argumentiert, der aber eben auch die Übertragungsversuche in Richtung Kultur umfaßt (vgl. für die Anwendung auf die Psychologie Cerra 2003). Auf diese Weise gelangen für seine Beschreibung frühe Kulturenergetiker wie Wilhelm Ostwald auf den Plan, um die Gesetze der Physik auch auf den Umgang mit sozialer und damit im weitesten Sinn kultureller Energie zu übertragen und zu fragen, welche Konsequenzen eine solche Betrachtungsweise für die Kultur als System hätte. Die Szenarien sind handgreiflich und die Folgen entsprechend und entsprechend markig wird auch formuliert – wie eine Passage zeigt, in der Adams den irischen Physiker John Tyndall zitiert:

To nature nothing can be added; from nature nothing can be taken away; the sum of her energies is constant, and the utmost man can do in the pursuit of physical truth, or in the application of physical knowledge, is to shift the constituents of the never-varying total, and out of one of them to form another. The law of conservation rigidly excludes both creation and annihilation. Waves may change to ripples and ripples to waves, magnitude may be substituted for number, and number for magnitude, asteroids may aggregate to suns, suns may resolve themselves into florae and faunae, and floras and faunae melt in air, the flux of power is eternally the same. It rolls in music through the ages, and all terrestrial energy, the manifestations of life as well as the display of phenomena, are but the modulations of its rhythm. (Adams 1910, 8 f.)

Pynchon ironisiert in besagtem Vorwort die Dominanz dieses Motivs, begründet seine ehemalige Begeisterung dafür mit einer Melange aus dem Zeitgeist der Beat-Generation und seiner situativen Befindlichkeit. Zudem konzediert er ausgesprochen eloquent handwerkliche Mängel in seiner Erzählung, die dem Anspruch geschuldet gewesen seien, ein literarisches Figurenszenario unter den Hut einer physikalischen Theorie bringen oder gar zwingen zu wollen – was zur Vernachlässigung der Schilderung sowohl der Personen als auch der Gruppendynamik geführt habe. Allerdings gelingt es ihm, gerade das in der Atmosphäre des *glasshouse* nachzustellen, was Henry Adams zur Frage geführt hat, ob denn solche Prozesse der Physik auch auf der Ebene von Sozialwesen und Kultur zu finden seien. Pynchons Schar illustrer Partygäste zeigt neben allen nur denkbaren Ermüdungserscheinungen sämtliche Formen von Auflösung und Formlosigkeit, die nicht nur auf den deutlich gesteigerten Drogenkonsum zurückzuführen sind und die in einer Reihe von Verhaltensauffälligkeiten gipfeln. So finden sich manche Gäste an sonderbaren Orten und in sonderbaren Zuständen wieder. Eines der erschöpften Regierungsmädchen etwa muß gar vor dem Ertrinken in der Dusche gerettet werden.

Die Verwendung des Entropie-Konzeptes als allgemeine energetische Richtlinie für die Kultur und ihre Wissenschaften im ganzen blieb trotz gelegentlichen Aufflackerns Episode. Wirkmächtiger wurde die Entropie im Zusammenhang mit der Informationstheorie, die sie als Maßeinheit für den Informationsgehalt von Nachrichten benutzte. Auch diesem Aspekt trägt die Erzählung »Entropy« Rechnung. Mit Claude E. Shannons berühmter Formel aus der *Mathematischen Theorie der Kommunikation* gelingt die Angabe von Informationsgehalten auf der Grundlage ihrer Wahrscheinlichkeit. Ähnlich wie im Fall der Gasteilchen emergiert etwa die Ordnung von Buchstaben als Effekt ihrer statistischen Verteilung. Diesen Übergang von Gasteilchen zu Buchstaben benutzt der Informationsästhetiker Max Bense zu einer formalen Bestimmung von Kunst. In einer Radioproduktion des Bayrischen Rundfunks unter dem Titel »Kunstmaschine« (Minute 14:30 ff.) äußerte sich Bense eingängig zur Thermodynamik Ludwig Boltzmanns, zum Informationsgehalt der bildenden Kunst und nicht zuletzt zur Stochastik von Buchstaben. Dabei wird deutlich, daß Literatur als statistisch beschreibbare Verteilung von Elementen nicht zufällig in den Dunstkreis der Thermodynamik gerät und, wie für den russischen Schriftsteller Evgenij I. Zamjatin gezeigt, auch in dieser Entsprechung gelesen werden kann (vgl. dazu Goldt 1995).

Das ist der Mischgrad, mit dem die Worte verschiedener Silbenzahlen diesen ganzen Text erfüllen und da immer, wenn von Mischungen verschiedenartiger Elemente die Rede ist, die berühmten Entropieformeln aus der Thermodynamik, aus der Wärmetechnik, angewandt werden, so kann man einfach die Formeln der Thermodynamik für Entropie anwenden, um die Mischgrade die Entropie solcher Texte zu beschreiben. Und diese Entropiebeschreibungen führen zu numerischen Charakteristiken dieser Texte, die höchst aufschlußreich sind und von Stilart zu Stilart wechseln können, von Autor zu Autor wechseln können, die es gestatten, ganze Familien verwandter Autoren numerisch abzubilden. (Bense 1961, Minute 14:35 ff.)

Bense gelangt damit zu einer Definition, in der die Möglichkeit einer formalen Ästhetik im Rückgriff auf den Entropiebegriff der Physik begründet liegt. Aus dem Schreiben über den Einfluß physikalischer Sätze in der Literatur ist ein Schreiben über die

Grundlagen von Literatur geworden – der Blick gilt der Verteilung ihrer Elemente. Pynchon, der die Entstehung des Wortes Entropie bis zu ihren Anfängen bei Clausius zurückverfolgt, verhandelt Shannons Entropie in der nachrichtentechnischen Terminologie von Signal und Rauschen. Ausgerechnet am Beispiel einer Liebeserklärung läßt Pynchon sein Personal über die Eigenlogik bloßer Buchstaben sinnieren: »Mehrdeutigkeit. Redundanz. Völlige Bedeutungslosigkeit womöglich. Streuverluste. All das ist Rauschen. Das Rauschen macht dir dein Signal kaputt, sorgt für Unordnung im Regelkreis.« (Pynchon 2002a [1960], 110) Eine Gleichverteilung der Buchstaben wäre das Ende jeglicher Information und Kommunikation (→ Desmodium Gyrans). Pynchon schreibt mit Blick auf die Geschichte des Entropiebegriffes und seine Verwendung durch einige Kommunikationstheoretiker über nicht weniger als über die Grundlagen von Literatur überhaupt.

Die Entropie, der »Verwandlungsinhalt«, wurde eingeführt, um die Energiebilanz innerhalb eines Arbeitszyklus einer Wärmekraftmaschine in den Griff zu kriegen, wobei die gemeinte »Verwandlung« die von Wärme in Arbeit war. Wäre Clausius bei seiner Muttersprache und dem Wort »Verwandlungsinhalt« geblieben, so hätte das ganze Konzept womöglich eine völlig andere Karriere gemacht. So jedenfalls wurde es, nachdem die Physiker siebzig oder achtzig Jahre lang diszipliniert damit umgegangen waren, von einigen Kommunikationstheoretikern aufgegriffen und mit dem kosmisch / moralischen Hautgout versehen, dessen er sich heute noch erfreut. (Pynchon 2002b [1984], 20 f.)

Weil Clausius sich dem Hang zur Muttersprache verweigert hat, wurden Einsätze der Entropie möglich, die über die Versuche einer formalen Ästhetik hinaus zu regelrechten »Entropie-Geschichten« Anlaß boten. Christian Kassung hat das für den Schriftsteller Robert Musil gezeigt – einen Autor, der mit der Eingangspassage seines Romans *Der Mann ohne Eigenschaften* und dem Nachdenken über den schwierigen Stellenwert der Wetterkunde ein durchaus geeigneter Kandidat gewesen wäre, um Pynchons Erzählung ein Motto zu liefern. So bleibt es bei Henry Millers *Wendekreis des Krebses* und damit nationalsprachenimmanent (vgl. Kassung 2001; Oels/Sparenberg 2009).

Was Pynchon als Hautgout theoretisch anführt und in der

schwülen Treibhausatmosphäre seiner Erzählung beschreibt, könnte stimmiger nicht sein. Natürlich ist das Treibhaus zunächst einmal ein Ort, der sich der Kultur durch die Kultivierung von Pflanzen sehr unmittelbar verschrieben hat. Durch bautechnische Maßnahmen sorgsam umschlossen, erzeugt das Treibhaus eine kalkulierte Differenz zwischen Innen und Außen. Verhältnisse der Temperatur, der Beleuchtung und der Luftfeuchtigkeit sind in ihm regulierbar. All das sind Aspekte, nach denen die Botaniker, die Pflanzenzüchter ganz unmetaphorisch handeln. Unter Titeln wie »Erfahrungen mit der Anzucht landwirtschaftlicher Kulturpflanzen im Treibhaus« oder »Über den Einfluß verschiedener Licht- und Strahlenarten auf die Entwicklung landwirtschaftlicher Kulturpflanzen« (Voss 1938 und 1936) wird so ersichtlich, mit welchem Aufwand und mit welcher Sorgfalt die Kultivierung jeweils verbunden ist (vgl. zu Kulturanlagen und -medien in der Biologie stellvertretend Werner 1982 und für die Experimentalphysiologie der Pflanzen Höxtermann 1999). All die genannten Faktoren können im Treibhaus technisch konstant und zugleich von den Unwägbarkeiten natürlicher Umstände ferngehalten werden. Selbst das unberechenbare Wetter bedarf keiner Prophetie mehr wie noch bei Miller, vielmehr sorgen immer ausgeklügeltere Regelkreise und Steuerungsmechanismen für seine Stabilität (vgl. dazu Kanthak 1973; Hielscher 1998). Es ist dieses Moment der Künstlichkeit, das dem Treibhaus und seiner Phantasmatik der Abgeschlossenheit zugleich eine ganz besondere Semantik bescheren wird (→ See).

Natürlich könnte man die Geschichte von Treibhäusern als Architekturgeschichte ihrer verschiedenen Bauweisen und vor allem als Geschichte des Glases als eines bestimmten Baustoffes rekonstruieren (vgl. Hix 1974). Von Herrschaftsarchitekturen, die der Haltung von fremdartigen Pflanzen und dem daraus abgeleiteten Sozialprestige gelten, wäre zu berichten, aber auch von Bemühungen, nicht nur Orangen, Ananas und Orchideen für den Adel zu züchten, sondern das Treibhaus zur Grundlage einer Massenversorgung mit heimischem Obst und Gemüse zu machen (→ Leguminosen). Und natürlich wäre dabei auf regionale Verteilungen und nationale Sonderwege zu achten (vgl.

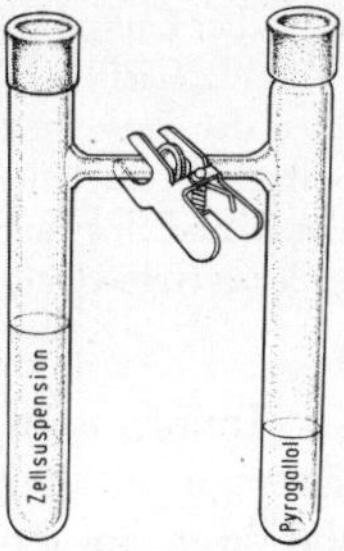

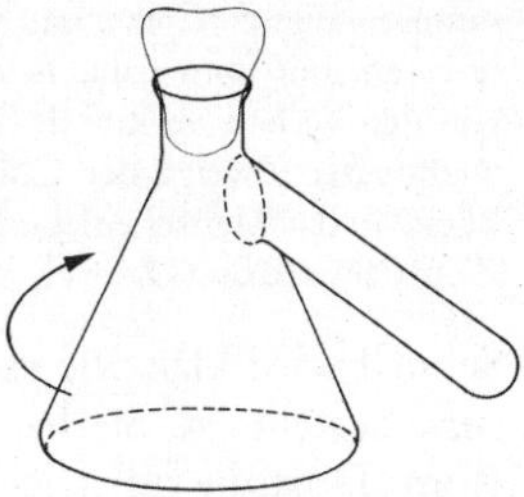

Abb. 5: Gekoppelte Kulturgläser (Modifizierte „Pankhurst-Gläser") zur Anaerobenkultur (verändert nach Campbell and Evans, 1961).

Abb. 6: Rotationsschüttelkultur in Klettkolben (100–1000 ml Volumen mit 40–400 ml Suspension). Trübungsmessung im Seitenansatz ohne Öffnung der Gefäße.

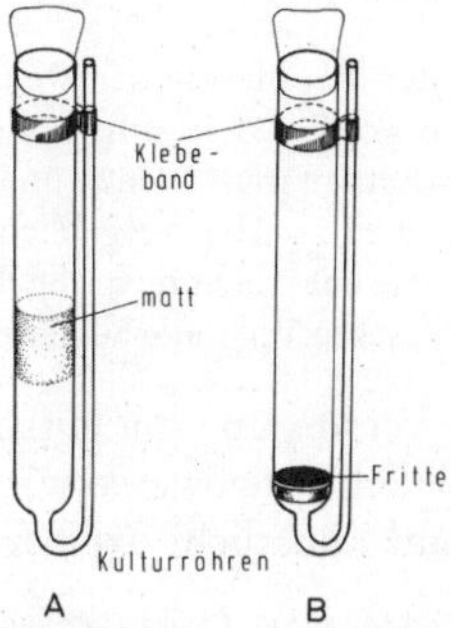

Abb. 7: Durchlüftungskultur. Kulturröhren, A: Belüftung und Durchmischung über ein seitliches Rohr von 4–5 mm Innendurchmesser, B: zusätzliche Verkleinerung der Gasblasen über eine Fritte.

Abb. 3: Kultivierungsvorrichtungen nach Werner 1981.

zu den Details stellvertretend Schulze 1887; Tschira 1939). Von solch kultivierter Künstlichkeit ist es nur ein kleiner Schritt in den Bereich des Amoralischen, das dem Treibhaus ebenfalls innewohnt. Mühelos konnten so aus einem realen Ort strategisch-architektonischer Kultivierungspraktiken ausgesprochen schwüle (und sogar schwule) Phantasmatiken erwachsen. Eine großangelegte Geschichte des Gartenbaus aus dem Jahr 1863 bricht, bevor sie für die künstlichen Welten des Treibhauses ein eigenes Kapitel eröffnet, erst einmal eine Lanze für die Beschäftigung mit dem Gartenbau überhaupt. Kurz gesagt: Der Gartenbau ist in der Kulturgeschichte zu kurz gekommen – jedenfalls bisher:

Und doch ist gerade der mit den ersten Anfängen menschlicher Cultur zusammenfallende Gartenbau so enge mit den geistigen und materiellen Interessen, mit dem ganzen innern und häuslichen Leben der Einzelnen, wie der Völker, verknüpft, daß eine Geschichte desselben als einer der wichtigsten Zweige der Culturgeschichte erscheinen muß und uns tiefe Blicke in das Menschenleben, in die Culturverhältnisse der verschiedenen Zeiten thun läßt. (Dietrich 1863, o. P.)

Schnell wird klar, wie es um die Geschichte der »Treibhauscultur« bestellt ist. Sie beginnt als Dekadenzphänomen im alten Rom. Dorthin führt jedenfalls die Spurensuche ihren um das Grundsätzliche bemühten Autor. Um dort dem verschwenderischen Blumenluxus zu frönen, war das künstliche Treiben der Gewächse unverzichtbar.

Als aber der Luxus unter den Herren der Welt einriß, wurde die Leidenschaft nach Blumen so groß und allgemein, daß man glaubte, ihr durch Luxusgesetze Einhalt thun zu müssen; nur um privilegirte Stirnen sollten Blumen sich schlingen dürfen. Aber vergeblich! das Gesetz wurde so oft übertreten, daß von Strafe bald nicht mehr die Rede sein konnte, und nicht lange, so war das im Gesetze Verpönte allgemeines Recht. (Ebd., 25)

Weil die natürliche Versorgung mit entsprechenden Gewächsen ein Ding der Unmöglichkeit gewesen wäre, mußten die alten Römer zwangsläufig auf künstliche Treibereien zurückgreifen.

Columella erzählt von dem Bedecken der Gurken mit Fenstern, um sie gegen den Frost zu schützen. Martial erwähnt Obsthäuser, welche durch Fenster gegen den Frost geschützt wurden. Tiberius konnte mit Hülfe seiner Treibhäuser das ganze Jahr hindurch seine Lieblingsspeise, Gurken, genießen. (Ebd., 96)

Im Zuge solch kulinarischer Sonderwünsche und im Dunstkreis von Luxus, Überfeinerung und Raffiniertheit läßt die Dekadenz nicht lange auf sich warten. Wie es eine Abhandlung *Das Treibhaus oder der Garten des Bösen: Ursprung und Wandlung eines Motivs der Dekadenzliteratur* vor allem für die französischen Verhältnisse nachzeichnet, führt deren Wortgeschichte wieder zurück zu den Verfallsformen im alten Rom (vgl. dazu Bauer 1979). In den künstlichen Paradiesen der modernen Dekadenzliteratur verlieren sich die Helden nur kurz, um ihnen nicht mehr mit Gurken eine mögliche Leibspeise, sondern mit der Orchidee

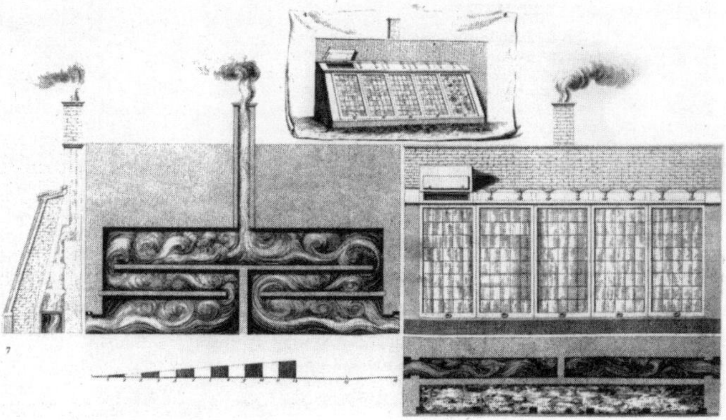

Abb. 4: Glashaus nach Hix 1974.

einen exquisiten Blumenschmuck zu entnehmen. So jedenfalls tut es Lord Henry in Oscar Wildes *Dorian Gray* zur Verzierung seines Knopflochs, nicht ohne in einer Geste ausgestellter Lässigkeit mit der Schönheit der Blume die sieben Todsünden in Erinnerung zu rufen, die mit ihr verbunden sind. Die spätrömische Dekadenz taugt aber nicht nur, um mit bösen Blumen die künstlichen Paradiese der Literatur zu beschwören. In der artifiziellen Schwüle, die den uneigentlichen Verwendungen zugrunde liegt, gedeihen nicht nur Blumen und Kunstprodukte, sondern ihr sind auch politische Vergleiche und Zeitdiagnosen geschuldet (wie die unlängst durch einen deutschen Außenminister wiederbelebte Rede von der spätrömischen Dekadenz so wunderbar gezeigt hat).

Die Abgeschlossenheit des Treibhauses taugt so als Bildgeber für eine Reihe unterschiedlicher Belange. Wolfgang Koeppen hat in seinem Roman *Das Treibhaus* die spezifische Atmosphäre der Bonner Republik eingefangen, für Peter Sloterdijk gedeihen im *Menschentreibhaus* gar die Auswüchse seiner anthropotechnisch angelegten Selbstzüchtungsphantasien (Sloterdijk 2001; vgl. zu Biotechniken auch Portmann 2000 [1969]). Die *Stichworte zur historischen und prophetischen Anthropologie*, so der Untertitel, verweisen den Menschen an einen Ort der Selbstformung. »Im

Abb. 5: Glashaus nach Hix 1974.

Treibhaus der Gruppe überlebt nicht der Tüchtigste im Sinne einer Bewährung an der Front von Umwelthärten, sondern der Glücklichste im Sinne der Klimaausnutzung und Chancenverwertung.« (Sloterdijk 2001, 40)

S. R.

Zeitmaschine

> The Great Problem is at length solved! The air, as well as the earth and the ocean, has been subdued by science, and will become a common and convenient highway for mankind.
>
> *Poe 1984 [1844], 743*

In Edgar Allen Poes fingierter Zeitungsreportage »The Balloon-Hoax« aus dem Jahr 1844 (aus der das Motto stammt) ist es die Überquerung des Atlantiks mit einem Ballon, welche die Luft zu einem bequemen Verkehrsweg macht. Einige Jahrzehnte später sollte der Mensch zumindest in der Fiktion einen weiteren Bereich zu einem bequemen Verkehrsweg machen, nämlich die Zeit. In H. G. Wells' Roman *The Time Machine* (1895) zeigt sich jedenfalls der Protagonist davon überzeugt, daß die Zeit eine Form des Raumes sei (Wells 2011 [1895], 8). Zuerst habe sich der Mensch in zwei Dimensionen bewegt, dann habe die Erfindung des Ballons die vertikale Fortbewegung ermöglicht, und nun könne man mit der Zeitmaschine auf der Grundlage einer Geometrie der vier Dimensionen in der Zeit reisen. Während der Atlantik tatsächlich überquert werden sollte, allerdings in einem Flugzeug und erst im Jahr 1927 durch Charles Lindbergh, blieb die Reise in der Zeit Fiktion – wurde als solche aber zum Medium physikalischer Gedankenexperimente: Zeitmaschinen sind Erzählmaschinen, die sich immer wieder neu an den Möglichkeiten und Paradoxien der Zeit und des Erzählens abarbeiten.

Spätestens seit Albert Einsteins spezieller und allgemeiner Relativitätstheorie ist das Zeitreisen ein zentraler Gegenstand der Physik. Der Mathematiker Willem J. van Stockum schlug 1936 eine Lösung der Gleichungen der Einsteinschen allgemeinen Relativitätstheorie vor, gemäß der das Gravitationsfeld eines schnell rotierenden und unendlich langen Zylinders wie eine Zeitmaschine funktioniere, indem bei ausreichend hoher Rotationsgeschwindigkeit eine Zeitschleife entsteht. Nach dem Mathematiker Kurt Gödel kann eine Raumfahrt zur Reise zurück in die Vergangenheit werden, unter der Voraussetzung, daß das gesamte Universum rotiert – bekanntlich expandiert es allerdings. Eine andere Variante für eine Zeitmaschine schlug der Physiker Frank Tipler in den siebziger Jahren vor: Die Herstellung seiner Maschine erforderte jedoch einen Zylinder mit der Dichte eines Neutronensterns und der Rotationsgeschwindigkeit von mindestens halber Lichtgeschwindigkeit. Auch der noch ausstehende Beweis für die Existenz kosmischer Strings hat den Physiker Richard Gott nicht davon abgehalten, eine String-Zeitmaschine zu entwerfen. Bewege sich ein Astronaut mit fast Lichtgeschwindigkeit in einer Schleife um zwei parallele Strings, könne er in die Vergangenheit reisen. Dagegen hat Stephen Hawking eine sogenannte »Chronologieschutz-Hypothese« formuliert, gemäß der die Gesetze der Physik so zusammenwirken, daß Zeitreisen makroskopischer Objekte in die Vergangenheit verhindert werden, wofür nicht zuletzt folgende Tatsache spreche: »There is also strong experimental evidence in favor of the conjecture from the fact that we have not been invaded by hordes of tourists from the future.« (Hawking 1992, 610)

Wie die materialreiche Auseinandersetzung mit Zeitreisen und -maschinen belegt, handelt es sich hier keineswegs um ein Steckenpferd theoretischer Physiker. Denn Zeitreisen stellen die Frage nach der Gültigkeit der Naturgesetze. Im Gegensatz zu Hawking zählt die Zeitreise für den Physiker Michio Kaku zu den Unmöglichkeiten zweiten Grades. Zwar sei die Möglichkeit von Zeitreisen am äußersten Rand unseres Verständnisses der physikalischen Welt angesiedelt, weshalb sie sich, wenn überhaupt, erst in Jahrtausenden oder Jahrmillionen verwirklichen ließen, aber im Gegensatz zu den Unmöglichkeiten dritten Grades (wie der Herstellung eines Perpetuum mobiles oder der Fähigkeit zur Präkognition) verletzten sie *nicht* die heute bekannten physikalischen Gesetze (vgl. Kaku 2009, 216-228).

Weil sie noch im Rahmen einer zwar anerkannten, aber in ihren Folgerungen schwer nachvollziehbaren Physik stehen, sind es immer wieder Zeitmaschinen, die in der Physik sowie in der Literatur und im Film im 20. Jahrhundert eine Konjunktur erleben. Mit der Zeitmaschine steht die physikalische Möglichkeit und die technische Umsetzung im Zentrum – nach Paul Nahin, dessen Buch *Time Machines* (1999) den besten Überblick über das gesamte Thema bietet, muß die Zeitmaschine einer rationalen Erklärung genügen – was sie von anderen Zeitreisen unterscheidet: Weder geht es um Reisen durch Zeitlöcher oder Zeittüren noch um Reisen in die Zukunft mit Hilfe magischer Gegenstände, des Schlafs oder von Drogen. Und auch wenn man wie der Science-fiction-Autor Larry Niven von der physikalischen Unmöglichkeit des Zeitreisens ausgeht, dürfen diese Phantasien die Regeln der Logik nicht verletzen. Der Reiz von Erzählungen über maschinelle Zeitreisen liegt nach Niven daher darin, »to work out a self-consistent set of laws for time travel« (Niven 1971, 115).

Behandelt die Physik die physikalischen und technischen Bedingungen der Möglichkeit einer Zeitmaschine, muß sie notgedrungen in das Gedankenexperiment ausweichen. Denn Gedankenexperimente entwickeln limitierte Fiktionen, in denen bestimmte Faktoren beliebig variiert werden können. Wie die Kulturwissenschaftler Thomas Macho und Annette Wunschel schreiben, verschmilzt dabei die Versuchsanordnung mit ihrer Durchführung, dem empirischen Experiment, und die jeweiligen Folgen der Änderung bestimmter Parameter können im Modus der Narration dargestellt und untersucht werden. Weil ein Experiment nicht durchgeführt werden kann oder darf, bedient sich die Naturwissenschaft literarischer Verfahren (vgl. Macho/Wunschel 2004, 11).

Zeitmaschinennarrative sind noch in einer anderen Hinsicht Experimentalanordnungen. Obgleich nämlich viele der Autoren von Zeitmaschinenerzählungen die Möglichkeit der Zeitreise bestreiten, gibt es eine beeindruckende Fülle an Erzählungen und Filmen, in denen nicht nur die Reise, sondern auch die Maschine im Mittelpunkt steht. Neben der Thematisierung der technischen Realisierung des scheinbar Unmöglichen ist ein Grund für die Attraktivität dieses Narrativs, daß es sich um Fiktionen handelt, welche die Wirkungen von Änderungen im Zeitstrom auf den Menschen in Experimentalsituationen durchspielen und damit den Umgang des Menschen mit der Technik bzw. den Auswirkungen technischer Dinge auf den Menschen thematisieren. Indem sie nicht nur nach dem *Wie*, sondern ebenso nach dem *Wo-*

Abb. 1: Zeitmaschine aus George Pals Film *The Time Machine* (USA 1960) nach Lee 2007.

zu fragen, bewegen sich Zeitmaschinenfiktionen an der Schnittstelle von Wissenschaft und Sozialem, von Technik und Ethik.

Hier liegt schon Wells' Einsatzpunkt. Sein Roman *The Time Machine* konstituierte ein wirkmächtiges Narrativ, obgleich seine Zeitmaschine den späteren physikalischen Erklärungen nicht standhalten sollte. Sie bleibt stets am selben Ort, wohingegen Zeitreisen nach Einsteins Theorie notwendigerweise Reisen in der Raumzeit sein müssen (vgl. Nahin 1999, 22 f.). Dafür verbindet Wells physikalisches und technisches Wissen mit evolutionstheoretischen Aussageformen, wodurch die Zeitmaschine zum Pendant des Fossils wird (→ ZUNGENSTEIN): Während letzteres den Forscher in die Vergangenheit führt, bringt ihn die Maschine zum zukünftigen Stand der Evolution. Nach seiner Ankunft im scheinbar »goldenen Zeitalter« der Eloi muß der Zeitreisende erkennen, daß sich die Menschheit in zwei Unterarten aufgeteilt hat, die Eloi und die Morlocks. Bei den unter der Erde lebenden Morlocks habe der Umgang mit Maschinen die Intelligenz gefordert – woraus nicht zuletzt eine Ähnlichkeit zwischen dem Reisenden und den Morlocks resultiert: Er ist an den Maschinen der Zukunft ebenso interessiert wie die Morlocks an seiner Zeitmaschine, weshalb es kaum verwundert, daß er deren Denkweise durchschaut (Wells 2011 [1895], 128). Im Gegensatz hierzu leben die Oberweltler zwar in vollkommener Harmonie mit ihrer Umwelt, allerdings ist ihre Intelligenz verkümmert. Weil sie nicht mehr durch sich verändernde Umweltbedingungen herausgefordert waren, verkamen sie zum Schlachtvieh der Morlocks.

Wells spielt hier nicht nur eine mögliche Entwicklung der Menschheit durch, sondern den Erkenntnisprozeß dieser Entwicklung selbst (vgl. Willer 2012): Der Zeitreisende stellt auf der Grundlage seiner Beobachtungen mehrere Hypothesen auf. So deutet er zum Beispiel die Ähnlichkeit der Geschlechter als Resultat einer kommunistischen Ordnungspolitik; die geringe Intelligenz, körperliche Schwäche und den erloschenen Antrieb der Eloi versteht er als Symptome einer dekadent gewordenen Menschheit; die flimmernden Türme erklärt er durch eine Theorie der unterirdischen Belüftungsanlagen und die Zweiteilung der Menschenarten aus der Kluft zwischen Kapitalisten und Arbeitern. Indem der Roman eine ganze Reihe von Beobachtungen, Deutungen und Theorien erzählerisch entfaltet, führt er unterschiedliche Aspekte der Evolutionstheorie im Modus des fiktiven Gedankenexperiments vor und stellt dabei den Typus des Wissenschaftlers in den Vordergrund, dessen Neugier und Forscherdrang durch nichts, nicht einmal durch die Morlocks, aufzuhalten ist:

> Während aber die kleinen Leute ihrer geheimnisvollen Angst hilflos ausgeliefert waren, war ich doch aus einem anderen Holz geschnitzt. Ich war ein Kind unseres Zeitalters, dieser höchsten Blütezeit des Menschengeschlechts, da die Angst nicht mehr lähmt und das Geheimnis seinen Schrekken verloren hat. (Wells 2011 [1895], 94)

Wells' Zeitreisender ist keine Ausnahmeperson, sondern die Verkörperung des auslaufenden 19. und beginnenden 20. Jahrhunderts. Und noch im Zuge seiner Reise in eine Zukunft, in der es keine Menschen mehr gibt, wird deutlich, daß die Zeitmaschine eine Erzählmaschine und der Zeitreisende der Held der Erzählung ist (→ MACHINARIUM). Denn auch wenn die Erde statt von Menschen von krabbenähnlichen Wesen beherrscht werden wird, wird der Zeitreisende in dieser Zukunft gewesen sein und diese Menschenleere beobachtet haben. Im Anschluß an Roland Barthes' *Mythologies* (1957) läßt sich Wells' Reisender als ein Mythos der Wissenschaft verstehen. Der Forschende bewegt sich als ewiger und neutraler Beobachter jenseits des Verfließens der Zeit und damit jenseits der Geschichte.

Diese Figur des über dem Zeitfluß stehenden Beobachters entfaltet Isaac Asimovs Roman *The End of Eternity* (1955), wobei es hier um die Folgen der Manipulationen des Zeitstroms geht. Die sogenannten Ewigen bewegen sich beliebig durch die Zeit und korrigieren den Ablauf der Geschichte. Die Folge ist eine stabile Welt, in der der Mensch die Fähigkeit zur Innovation und damit zum Fortschritt verliert. In letzter Konsequenz führt eine solche selbstgeschaffene, völlig stabilisierte Umwelt zum Aussterben der Menschheit, wie Menschen einer anderen Zeitphase feststellen, die sich vor den Ewigen abgeschottet haben. Nicht ohne Zynismus läßt Asimov eine Frau aus dieser Zeit in die Vergangenheit reisen und die Erfindung des Zeitreisens verhindern. Dieser eine Eingriff in die Geschichte wird vollzogen, um die Herstellung einer stabilisierten Welt durch die Ewigen zu sabotieren und es somit der Menschheit in ihrer Auseinandersetzung mit der sich ändernden Umwelt zu ermöglichen, technische Fortschritte zu erzielen und in der Zukunft ein Sternenimperium aufzubauen. Allerdings setzt dieser veränderte Geschichtsverlauf die Entdeckung der Kernspaltung und damit den Atombombenabwurf über Hiroshima und Nagasaki voraus. Die Verwandlung der Erde in eine radioaktive Wüste wird bewußt als mögliches alternatives Zukunftsszenario einkalkuliert. Asimov verbindet das Narrativ der Zeitreise mit evolutions- und techniktheoretischen Überlegungen – man könnte die Geschichte als Kommentar zu Max Benses These lesen, mit der Technik schaffe sich der Mensch eine Umwelt, in der seine Selbsteinrichtung innerhalb der Natur am »planmäßigsten« und »erfolgreichsten« vollzogen werden könne (Bense 1998c [1951], 446; → AUTO). Mit Asimov wäre zu ergänzen, daß auch in der technischen Welt als Umwelt stets genügend Innovationsmomente erhalten bleiben müssen und daß Planmäßigkeit an dieser Stelle hinderlich sein kann. Aufgeworfen ist somit nicht der Sachverhalt, *daß* sich der Mensch eine technische Umwelt schafft, sondern die Frage, *wie* er sie erzeugt und gestaltet, und damit auch, wie viel Eigendynamik er den Dingen und Techniken zugestehen will bzw. muß – zumal sowohl Bense als auch Asimov wissen, daß es die Dinge selbst sind, die Handlungsoptionen und -rahmen vorgeben.

Zeitmaschinenerzählungen erkunden somit Extremsituationen, in denen der Mensch an die Ränder des Möglichen und Gültigen gelangt, wo er sich bewähren oder scheitern kann, in denen die menschliche Existenz von der selbstgeschaffenen technischen Umwelt abhängt oder in denen die Folgen technischer Eingriffe durchgespielt werden. Zeitmaschinenerzählungen sind somit Gedankenexperimente sowohl in sozialer und politischer als auch in epistemischer Hinsicht. In den physikalischen Abhandlungen zur Zeitmaschine steht naturgemäß letzteres im Mittelpunkt. Eine knappe und wichtige Erzählung ist das Großvaterparadox, das hier in der von Niven formulierten Variante wiedergegeben sei:

> At the age of eighty your grandfather invents a time machine. You hate the old man, so you steal the machine and take it sixty years back into the past and kill him. How can they suspect you?
>
> But you've killed him before he can meet your grandmother. Thus you were never born. He didn't get a chance to build the time machine either.
>
> But then you can't have killed him. Thus he may sire your father, who may sire you. Later there will be a time machine …
>
> You and the machine both do exist and do not exist. (Niven 1971, 111)

Um dieses in Form einer Kurzerzählung formulierte Paradox kommt niemand herum, der über Zeitmaschinen nachdenkt. Dabei stellt sich nicht nur die Frage, weshalb man seinen Großvater so hassen sollte, daß man ihn töten will, sondern warum es überhaupt um den Großvater geht: Offensichtlich vermeidet diese Erzählung das ödipale Schema, dem sich auch der Physiker Kip Thorne nicht entzieht, wenn er das »Matricide Paradox« formuliert (Thorne 1994, 508). Selbst Robert Zemeckis Film *Back to the Future* (USA 1985) umgeht das Begehren des Sohnes, ist hier doch umgekehrt die Mutter die treibende Kraft, die sich für dessen Unterhosen interessiert, bis sie enttäuscht feststellen muß, daß der Kuß nach einem Geschwisterkuß schmeckt. Weitere psychoanalytische Spekulationen seien hier dem Leser überlassen.

Eine andere wichtige Kurzerzählung ist das Zwillingsparadoxon, das auf Einsteins spezielle Relativitätstheorie zurückgeht und demgemäß die Zeit für einen in großer Geschwindigkeit reisenden Astronauten langsamer vergeht als für den Zwillingsbruder auf der Erde: Kehrt der Zwilling zur Erde zurück, ist er jünger als sein zu Hause gebliebener Bruder. Dieses Paradox enthält insofern explosives Potential, als daß es, so der Physiker Leslie Marder in seinem den damaligen Stand der Diskussion zusammenfassenden Buch *Reisen durch die Raum-Zeit* (1979 [1971]), Zweifel an der Gültigkeit von Einsteins Theorie aufwirft. Hier sei nur *ein* Beispiel aus der vielseitigen und komplexen Diskussion aufgegriffen.

Wenn bei einer Zeitreise mit dem Raumschiff weniger physikalische Zeit als auf der Erde verstreicht, gilt das dann auch für die biologische Zeit, heißt das also, daß der Körper des reisenden Zwillings nicht altert? Leslie Marder löste das Problem durch Rekurs auf die Chronobiologie und damit ausdrücklich auf eine »weniger bewußte Zeitregulierung bei Lebewesen« (Marder 1979 [1971], 66). Wie Experimente aufgezeigt haben, verfügen Tiere und Pflanzen über eine innere Uhr: Bienen zum Beispiel nutzen eine solche zur Navigation und zur Berechnung der Veränderung des Sonnenstandes, Zugvögel erhalten aus der Verbindung der inneren Uhr mit der Sonne einen Kompaß, Pflanzen richten ihre Blätter immer bei Tagesanbruch auf – und zwar auch unter konstanter Belichtung (ebd., 67; → SONNENWENDE). Diese Rhythmen, die man auch verändern kann, sind, wie Marder ausführt, bei allen Arten von Organismen vorhanden, von den Pilzen bis zur Fruchtfliege, von der Karotte über die Krabbe bis zum Menschen. Wenn man davon ausgeht, daß geophysikalische Faktoren keine Rolle spielen, unterliegt der Uhrenmechanismus des Körpers den Gesetzen der Chemie und Physik, die nach der speziellen Relativitätstheorie in allen Bezugssystemen gleich sind. Das menschliche Altern ist somit mit der Standardzeit verknüpft, das Zwillingsparadox zumindest in dieser Hinsicht aufgelöst.

Von Interesse ist Marders Argumentation hier deshalb, weil sie vorführt, wie das Gedankenexperiment eine Verbindung zwischen avancierten Theorien unterschiedlicher Fächer herstellt, hier der Physik (Relativitätstheorie) und der Biologie (Chronobiologie). Diese Bedeutung des Gedankenexperiments hat der bereits erwähnte Kip Thorne in seinem Buch *Black Holes & Time Warps. Einstein's Outrageous Legacy* (1994) in aller Deutlichkeit und auch Dringlichkeit formuliert.

Just as among all *real* physics experiments that an *experimenter* might do the ones most likely to yield deep new insights into the laws of physics are those that push on the laws the hardest, then similarily, among all *thought* experiments that a *theorist* might study, when probing laws that are beyond the reaches of modern technology, the ones most likely to yield deep new insights are those that push the hardest. And no type of thought experiments pushes the laws of physics harder than the type triggered by Carl Sagan's phone call to me – thought experiments that ask, »*What things do the laws of physics permit an infinitely advanced civilization to do, and what things do the laws forbid?*« (Thorne 1994, 493)

Der Astrophysiker und Schriftsteller Carl Sagan war demnach Auslöser für Thornes intensive Auseinandersetzung mit der Möglichkeit von Zeitmaschinen. Sagan hatte ihn im Jahr 1985 wegen seines Romans *Contact* um Rat gefragt. In der ersten Fassung von Sagans Roman reiste die Protagonistin durch ein schwarzes Loch zu dem 26 Lichtjahre entfernten Stern Vega. Wie Thorne ausführt, ist jedoch eine Reise durch ein schwarzes Loch unmöglich, da die Strahlung jedes Vehikel zerstören würde. Ersetzte man allerdings das schwarze Loch durch ein Wurmloch im Hyperraum, wie Thorne in einer Abbildung anschaulich darstellt, und hielte man dieses Wurmloch mit exotischer Materie offen, wäre eine interstellare Reise denkbar. Sagan übernahm den Vorschlag, und Thorne forschte weiter, denn für ihn stellte sich nun unter anderem die Anschlußfrage, ob exotische Materie unter den physikalischen Gesetzen zulässig sei.

Die physikalischen Details lassen sich in Thornes Buch nachlesen. Für Thorne eignen sich jedenfalls »*Sagan-type question*[*s*]« (ebd., 493), wie er sie nennt, für pädagogische und populärwissenschaftliche Zwecke. Vor allem aber sind sie für ihn bedeutsam, weil sie auf die Grenzen etablierter Positionen zielen und

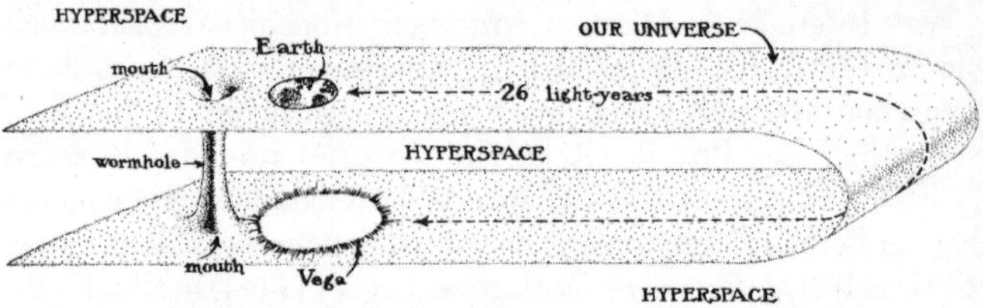

Abb. 2: Ein kilometerlanges Wurmloch durch den Hyperraum, das die Erde mit dem 26 Lichtjahren entfernten Nachbarstern Vega verbindet, nach Thorne 1994.

damit die physikalische Forschung voranbringen. So versteht auch der Physiker Paul Davies seine Gebrauchsanweisung für eine Wurmloch-Zeitmaschine, die sich in seinem Buch *So baut man eine Zeitmaschine. Eine Gebrauchsanweisung* (2004 [2001]) findet, als ein Gedankenexperiment. Er schlägt den Bau einer Fabrik mit vier Abteilungen vor: Dazu gehört erstens ein Teilchenbeschleuniger (Collider), der energiereiche Bruchstücke von Atomkernen herstellt, das sogenannte Quark-Gluon-Plasma. Danach komprimiert ein Imploder die Quarks und Gluonen, wodurch ein Wurmloch entsteht, dessen Durchmesser bei etwa $1{,}62 \times 10^{-33}$ Zentimetern liegt, welches man dann in einem Inflator vergrößert und stabilisiert. Der Differentiator erzeugt eine dauerhafte Zeitdifferenz zwischen den Enden des Wurmlochs, und die Zeitmaschine, hier in Form einer kosmischen Konstruktion, ist fertig. Zur Durchführung dieses Gedankenexperiments verzichtet Davies auf mathematische Formeln, schließlich handelt es sich bei seiner Gebrauchsanweisung ja auch um eine populärwissenschaftliche Darstellung. Dennoch berührt er die Theorie schwarzer Löcher, geht über die »mathematische Fiktion« einer »nackte[n] Singularität« (Davies 2004 [2001], 81) in die Quantenmechanik über und stellt fest, daß gemäß Heisenbergs Unschärferelation die Quantenunbestimmtheit große Gravitationseffekte hervorruft. Für extrem kurze Zeit, 10^{-43} Sekunden, könne ein Elektron enorm viel Energie »borgen«, wodurch die Raumzeit verzerrt werde, das heißt, es entsteht der sogenannte Quantenschaum und in ihm »virtuelle Wurmlöcher«, bei denen die Energie über die Heisenbergschen Unbestimmtheitsrelation »geliehen« werde (ebd., 98 f.; vgl. dazu auch Thorne 1994, 494 f.) – ein Prinzip, auf dem, wie nur kurz erwähnt sei, die Zeitmaschine in Michael Crichtons Roman *Timline* (1999) beruht. Weiterhin ließen sich die Probleme der magnetischen Kompression umgehen, indem man das Higgs-Feld verwende – das man damals allerdings noch nicht gefunden hatte. Davies spricht außerdem das Problem der Anti-Schwerkraft, die negative Energie sowie die »Mehrwelten-Interpretation« der Quantenmechanik an, die eine Reihe von Zeitreiseparadoxien auflöst.

Davies' Überlegungen sind mehr als bloße Popularisierung, und es geht ihm natürlich nicht um die reale Konstruktion einer Zeitmaschine. Vielmehr fungieren die Überlegungen dazu, das Imaginäre, das die Physik seit Einstein umtreibt, in ein sinnstiftendes Narrativ einzubinden und die Experimente, die man in der Realität nicht durchführen kann, zumindest im mentalen Experiment auszubuchstabieren. Die Beschäftigung der theoretischen Physik mit Zeitmaschinen ist für Davies denn auch in Form des Gedankenexperiments legitim, zumal das Gedankenexperiment schon in den Anfängen der Physik ein anerkanntes wissenschaftliches Verfahren gewesen sei. So stelle die Frage nach der Möglichkeit einer Zeitmaschine das Verständnis der Physik auf die Probe, fordere eine Theorie der Quantengravitation, ohne welche man die möglichen Effekte der Zeitreise nicht beschreiben könne, und führe eventuell zur Annahme, die Erhaltung der Zeitrichtung sei ein Naturgesetz. Und da Zeitmaschinentheorien ständig Paradoxien erzeugen, fungieren sie für Davies als Filter, denn physikalische Theorien, die paradoxe Vorhersagen lieferten, seien zu verwerfen.

Allerdings ist es nicht unproblematisch, sich an den Grenzen seines Faches zu bewegen. So weiß Thorne, daß die Veröffentlichung von Artikeln über Zeitmaschinen den Ruf schädigen kann, wobei er sich weniger um sich selbst als um die Zukunft seiner Doktoranden sorgt. Dennoch ließen sie sich nicht davon abhalten, eine Publikation mit dem Titel »Wormholes, Time Machines and the Weak Energy Condition« in der Zeitschrift *Physical Review Letters* mit ihrem Namen zu unterzeichnen. Der Karriere der Doktoranden sollte dieser Artikel freilich nicht schaden, daß hier aber überhaupt ein zentrales wissenschaftstheoretisches Problem angesprochen wird, nämlich die Frage nach der Durchsetzung von Innovationen in einer Disziplin, dekliniert ein Roman durch.

In Gregory Benfords Science-fiction-Roman *Timescape* (1980) sind die Menschen in der Zukunft, im Jahr 1998, von einer ökologischen Katastrophe bedroht, weshalb zwei Physiker versuchen, mit Hilfe von Tachyonen, also von Teilchen, die schneller als die Lichtgeschwindigkeit sind, Nachrichten in die Vergangenheit zu senden. Benford bezieht sich damit auf mathematische Lösungen der Einsteinschen Gleichungen: Tachyonen wären demnach zumindest theoretisch mögliche Teilchen. Neben der dystopischen Gesellschaft und der Tachyonen-Theorie steht der Physiker Gordon im Zentrum des Buches, der im Jahr 1962 erstmals die Signale aus der Zukunft bei Experimenten zur Resonanz mißt, sie zuerst aber noch für Störungen hält. Seine Deutung, bei den Störungen des Experiments handele es sich um *Signale*, wobei er deren Herkunft offenläßt, widerspricht sämtlichen gängigen Paradigmen, wie er selbst feststellt. Obgleich ihn sein Beharren nahezu aus der *scientific community* ausschließt (eine Beförderung wird ihm verweigert, weil er die Störungen/ Signale nicht als »spontane Resonanz« deuten möchte, wie ihm sein Vorgesetzter vorschlägt, der ihm den Ruhm für diese Entdeckung überlassen würde), wird sich Gordon dennoch durchsetzen und dafür am Ende den Enrico-Fermi-Preis erhalten. Auch die Geschichte des Physikers Gordon ist somit ein Heldenmythos. Er setzt sich gegen alle Widerstände durch, womit sein Lebenslauf zum Vorbild des unerschrockenen, stets seine Meßergebnisse im Fokus habenden Forschers wird.

Weil Zeitreisen- und Zeitmaschinennarrative an den Grenzen der etablierten Physik zu verorten sind, haben sie einen doppelten Effekt. Wie Thornes Überlegungen zu Gedankenexperimenten und Benfords Roman vorführen, ist die Peripherie einer wissenschaftlichen Disziplin – in den Worten des Kultursemiotikers Jurij Lotman (1990, 136) – eine »area of semiotic dynamism«. Hier entstehen zwar viel wissenschaftlicher Ausschuß, aber eben auch tatsächliche Innovationen. Damit sich nur letztere durchsetzen, bedarf es, das ist der zweite Effekt, Helden, die sich an den Grenzen des Anerkannten und Bewährten bewegen, also Figuren, die gegen Dogmatiker, Denkfaule und Machtbesessene für die Wahrheit eintreten.

Die Zeitmaschine in ihren unterschiedlichen Ausführungen steht damit im Horizont der Erzeugung physikalisch neuen Wissens, womit sie sich als Erbin der Idee des Perpetuum mobile erweist, das im 17. und frühen 18. Jahrhundert das Vehikel für Gedankenexperimente der damaligen Mechanik bildete – ob für Leibniz' Idee der Weltmaschine oder für Johann Ernst Elias Beßler, dessen gigantisches Rad heimlich von einer Magd und seiner Frau angetrieben wurde (vgl. z. B. Kalka 2006; → LAUFRAD). Auch die Zeitmaschine erzeugt wilde Phantasien, die sich etwa in obskuren Patentanmeldungen oder Internetangeboten finden (vgl. Blask/Windhorst 2005). In der theoretischen Physik jedenfalls ist ihre Bedeutung kaum zu überschätzen, denn die Frage nach der Zeitmaschine hat ihren Fluchtpunkt in der Vereinigung der Einsteinschen Relativitätstheorie mit der Quantenmechanik, also der großen physikalischen Idee einer Theorie, die die vier Kräfte, die das Universum regieren, vereinheitlicht. Den Fluchtpunkt literarischer Auseinandersetzungen mit den Möglichkeiten einer solchen Maschine bilden hingegen Fragen nach den Folgen der Manipulation der Zeit oder der Zukunft der Menschheit: Die Zeitmaschine erweist sich für beide Richtungen als eine Erzählmaschine, ob sie nun als Form gesellschaftlicher Selbstbeschreibungen oder wissenschaftlicher Gedankenexperimente fungiert.

B. B.

Literaturverzeichnis

Abbey, Edward, »Forward!«, in: David Foreman/Bill Haywood (Hg.), *Ecodefense: A Field Guide to Monkeywrenching. Forward! By Edward Abbey*, Chico CA 1996 [1985], 3-4.

Abbey, Edward, *The Monkey Wrench Gang*, New York 2006 [1975].

Ach, Narziß, *Zur Psychologie der Amputierten. Ein Beitrag zur praktischen Psychologie*, Leipzig 1920.

Achenwall, Gottfried, *Die Staatsklugheit nach ihren ersten Grundsätzen*, 4. Aufl., Göttingen 1779.

Adams, Henry, *A Letter to American Teachers of History*, Washington 1910.

Ampère, André-Marie, *Essai sur la philosophie des sciences ou Exposition analytique d'une classification naturelle de toutes les connaissances humaines*, Bd. 2, Paris 1843.

Anders, Günther, *Die Antiquiertheit des Menschen*, Bd. 1: *Über die Seele im Zeitalter der zweiten industriellen Revolution*, München 1956.

Anschütz, Georg, »Die Synästhesien und das Farbe-Ton-Problem«, in: ders., *Psychologie. Grundlagen, Ergebnisse und Probleme der Forschung*, Hamburg 1953, 218-246.

Aristoteles, *De partibus animalium/Über die Teile der Lebewesen*, übers. und erl. von Wolfgang Kullmann, Darmstadt 2007.

Asadpour, Masoud/Fabien Tâche/Gilles Caprari /Walter Karlen /Roland Siegwart, »Robot-Animal Interaction: Perception and Behavior of Insbot«, in: *Autonomous Systems Lab* (http://asl.epfl.ch), Ecole Polytechnique Fédérale de Lausanne (EPFL), 93, 2006, 93-98.

Ashby, W. Ross, *Introduction to Cybernetics*, London 1956.

Asimov, Isaac, *Meine Freunde, die Roboter*, München 1982 [1942].

Asimov, Isaac, *I, Robot*, 10. Aufl., New York 1987 [1950].

Atwood, Margaret, »Writing Utopia«, in: dies., *Writing with Intent. Essays, Reviews, Personal Prose: 1983-2005*, New York 2005 [1989], 92-100.

Atwood, Margaret, *The Year of the Flood*, 2013, online verfügbar unter {http://yearoftheflood.com/} (abgerufen am 07.03.2014).

Augusto, Juan Carlos et al., *Handbook of Ambient Assisted Living. Technology for Healthcare, Rehabilitaition and Well-being*, Amsterdam/Berlin/Tokio/Washington, DC 2012.

Baker, Nicholson, *Der Eckenknick oder wie die Bibliotheken sich an den Büchern versündigen*, Reinbek bei Hamburg 2005.

Bäumler, Thomas/Benjamin Bühler/Stefan Rieger, *Nicht Fisch – nicht Fleisch. Ordnungsmodelle und ihre Störungen*, Zürich/Berlin 2011.

Barry, Max, *Machine Man*, New York 2011.

Bauer, Roger, *Das Treibhaus oder der Garten des Bösen: Ursprung und Wandlung eines Motivs der Dekadenzliteratur*, Mainz 1979 (= Abhandlungen der Geistes- und Sozialwissenschaftlichen Klasse/Akademie der Wissenschaften und der Literatur in Mainz, 12).

Becking, Gustav, *Der musikalische Rhythmus als Erkenntnisquelle*, Stuttgart 1928.

Begich, Nick, *Auf den Spuren einer neuen Alchimie. Über die phantastischen Erfindungen des Patrick Flanagan*, Düsseldorf 1997.

Beneke, Klaus, »Friedrich Gottlob Keller. Erfinder des Holzschleifers (Auszug und ergänzter Artikel«, in: *Beiträge zur Geschichte der Kolloidwissenschaften.* Mitteilungen der Kolloid-Gesellschaft VII, 2003, 20-25; online verfügbar unter {http://www.uni-kiel.de/anorg/lagaly/group/klausSchiver/Keller.pdf} (abgerufen am 18.04.2010).

Benford, Gregory, *Timescape*, New York 1980.

Benjamin, Walter, »Erfahrung und Armut«, in: ders., Gesammelte Schriften. Bd. II.1: *Aufsätze, Essays, Vorträge*, hg. von Rolf Tiedemann und Hermann Schweppenhäuser, Frankfurt am Main 1980 [1932], 213-219.

Bense, Max, »Die Kunstmaschine – Ein Gespräch über Fragen der modernen Ästhetik«, Diskussion mit Erich Franzen, Wolfgang Grözinger und Georg Meistermann, Leitung: Willy Hochkeppel, Bayerischer Rundfunk München, gesendet am 11. September 1961.

Bense, Max, »Der geistige Mensch und die Technik«, in: ders., *Ausgewählte Schriften*, Bd. 1: *Philosophie*, Stuttgart/Weimar 1997 [1946], 180-195.

Bense, Max, »Auto und Information. Das Ich, das Auto und die Technik«, in: ders., *Ausgewählte Schriften*, Bd. 4: *Poetische Texte*, Stuttgart/Weimar 1998a [1970], 291-293.

Bense, Max, »Technische Existenz«, in: ders., *Ausgewählte Schriften*, Bd. 3: *Ästhetik und Texttheorie*, Stuttgart/Weimar 1998b [1949], 122-146.

Bense, Max, »Kybernetik oder die Metatechnik der Maschine«, in: ders., *Ausgewählte Schriften in vier Bänden*, hg. und mit einer Einl. versehen von Elisabeth Walther, Bd. 2: *Philosophie der Mathematik, Naturwissenschaft und Technik*, Stuttgart/Weimar 1998c [1951], 429-446.

Berger, Wolfgang, *Lebensdauervorhersage für partikelverstärkte Aluminiumlegierungen unter Berücksichtigung der mikrostrukturellen Aspekte der Schädigung*, Dissertation Universität der Bundeswehr, München 2000.

Berlichingen-Rossach, Friedrich Wolfgang Götz Graf von, *Geschichte des Ritters Götz von Berlichingen mit der eisernen Hand und seiner Familie*, Leipzig 1861.

Bernhard, Thomas, *Alte Meister. Komödie*, Frankfurt am Main 1988.

Berns, Jörg Jochen, *Die Herkunft des Automobils aus Himmelstrionfo und Höllenmaschine*, Berlin 1996.

Berz, Peter, *08/15. Ein Standard des 20. Jahrhunderts*, München 2002.

Binswanger, Mathias, *Die Tretmühlen des Glücks. Wir haben immer mehr und werden nicht glücklicher. Was können wir tun?*, Freiburg im Breisgau 2006.

Birge, Edward A., »The Heat Budgets of American and European Lakes«, in: *Wisconsin Academy of Sciences, Arts, and Letters* 18, H. 1, 1915, 166-213.

Blask, Falko/Ariane Windhorst, *Zeitmaschinen. Mythos und Technologie eines Menschheitstraums*, München 2005.

Böckler, Georg Andreas, *Theatrum Machinarium Novum*, Nürnberg 1661.

Bolinski, Ina, *Get chipped! Einflussnahme auf das Natürliche bei elektronisch gekennzeichneten Nutz- und Haustieren mittels Radio Frequency Identification*, unveröffentlichte Masterarbeit, Bochum 2011.

Braitenberg, Valentin, *Vehicles. Experiments in Synthetic Psychology*, Cambridge, Mass. 1984.

Brandstetter, Thomas, *Kräfte messen. Die Maschine von Marly und die Kultur der Technik*, Berlin 2008 (= Kaleidogramme, Bd. 36).

Brinkmann, Walter, »Spektralfarben und Tonqualität«, in: *Farbe-Ton-Forschungen*, hg. von Georg Anschütz, Bd. 3, Hamburg 1931, 355-388.

Bröckling, Ulrich, *Das unternehmerische Selbst. Soziologie einer Subjektivierungsform*, Frankfurt am Main 2007.

Bröckling, Ulrich/Susanne Krasmann/Thomas Lemke (Hg.), *Gouvernementalität der Gegenwart. Studien zur Ökonomisierung des Sozialen*, Frankfurt am Main 2000.

Brookesmith, Peter, *Scharfschützen. Geschichte – Taktik – Waffen*, Stuttgart 2003.

Bühler, Benjamin, »Entgleitende Regulierungen. Zukunftsfiktionen der Politischen Ökologie«, in: Stefan Rieger/Manfred Schneider (Hg.), *Selbstläufer/Leerläufer. Regelungen und ihr Imaginäres im 20. Jahrhundert*, Zürich 2012, 177-197.

Bühler, Benjamin, »Von ›Hypothesen, die auf einer Hypothese gründen‹. Ökologische Prognostik in den 1970er Jahren«, in: Daniel Weidner/Stefan Willer (Hg.), *Prophetie und Prognostik. Verfügungen über Zukunft in Wissenschaften, Religionen und Kulturen*, München 2013, 59-80.

Burri, Monika, *Das Fahrrad. Wegbereiter oder überrolltes Leitbild? Eine Fussnote zur Technikgeschichte des Automobils*, Zürich 1998 (= Preprints zur Kulturgeschichte der Technik, 1998/5).

Callenbach, Ernest, *Ecotopia*, Berkeley 1975.

Callenbach, Ernest, *Ecotopia Emerging*, Berkeley 1981.

Canetti, Elias, *Masse und Macht*, Frankfurt am Main 1996 [1960].

Čapek, Karel, *W. U. R. Werstands Universal Robots. Utopistisches Kollektivdrama in drei Aufzügen*, Prag/Leipzig 1922.

Čapek, Karel, »Who Did Actually Invent the Word ›Robot‹ and What Does it Mean«, 1933, online verfügbar unter {http://capek.misto.cz/english/robot.html} (abgerufen am 06.02.2013).

Čapek, Karel/Josef Čapek, *Aus dem Leben der Insekten. Komödie in drei Akten mit Vorspiel und Epilog*, aus dem Tschechischen übertragen von Alexandra und Gerhard Baumrucker, als unverkäufliches Manuskript vervielfältigt, Wien 1987 [1921].

Caprari, Gilles et al., »InsBot: Design of an Autonomous Mini Mobile Robot Able to Interact with Cockroaches«, in: *Proceedings of IEEE International Conference on Robotics and Automation. ICRA'2004*, New Orleans 2004, 2418-2423.

Caprari, Gilles/Alexandre Colot/Roland Siegwart/José Halloy/Jean-Louis Deneubourg, »Animal and Robot. Mixed Societies. Building Cooperation Between Microrobots and Cockroaches«, in: *IEEE Robotics & Automation Magazine*, Juni 2005, 58-65.

Carlowitz, Hannß Carl von, *Sylvicultura oeconomica oder haußwirtschaftliche Nachricht und naturmäßige Anweisung zur wilden Baum=Zucht*, Nachdruck der Ausgabe Leipzig 1713, Freiberg 2000 (= Veröffentlichungen der Bibliothek »Georgius Agricola« der TU Bergakademie Freiberg, 135).

Carnot, Sadi, *Betrachtungen über die bewegende Kraft des Feuers und die zur Entwicklung dieser Kraft geeigneten Maschinen*, Leipzig 1892 [1824] (= Ostwald's Klassiker der exakten Wissenschaften, 37).

Cassirer, Ernst, »Form und Technik«, in: Peter Fischer (Hg.), *Technikphilosophie. Von der Antike bis zur Gegenwart*, Leipzig 1996 [1930], 157-213.

Cerra, Peggy La, »The First Law of Psychology is the Second Law of Thermodynamics: the Energetic Evolutionary Model of the Mind and the Generation of Human Psychological Phenomena«, in: *Human Nature Review* 3, 2003, 440-447.

Chapman, Roger J./Dawn L. Riddle et al., »The Design and Evaluation of THATO: A Mobile Tactile Messaging System to Assist Dismounted Soldier Tactical Operations«, in: *Proceedings of the Human Factors and Ergonomics Society 56th Annual Meeting*, 2012, 2397-2401.

Claproth, Justus, *Eine Erfindung aus gedrucktem Papier wiederum neues Papier zu machen, und die Druckerfarbe völlig heraus zu waschen*, Göttingen 1774.

Clausewitz, Carl von, *Vom Kriege*, Hamburg 2008 [1832-34].

Codognet, Philippe, »De Docta Ignorantia. Transgenic Cockroaches as Living Archives«, o. J., online verfügbar unter {http://pauillac.inria.fr/~codognet/santa-barbara.doc} (abgerufen am 04.01.2011).

Codognet, Philippe, »Transgene Archive«, in: Sven Spieker (Hg.), *Bürokratische Leidenschaften. Kultur- und Mediengeschichte im Archiv*, Berlin 2003 (= copyrights, Bd. 13), 223-242.

Cook, Robert E., »Raymond Lindeman and his Trophic-Dynamic Concept in Ecology«, in: *Science* 198, 1977, 22-26.

Coy, Wolfgang, *Industrieroboter – Archäologie der Zweiten Schöpfung*, Berlin 1985.

Daintith, John/William Gould (Hg.), *Collins Dictionary of Astronomy*, elektronische Ressource 2006, online verfügbar unter {http://www.credoreference.com.proxy.uchicago.edu/entry/collinsastron/sun} (abgerufen am 25.04.2012).

Dath, Dietmar, »Der Untergang schnarcht«, in: *FAZ*, 07.07.2003, Nr. 154, 32.

Davies, Paul, *So baut man eine Zeitmaschine. Eine Gebrauchsanweisung*, München/Zürich 2004 [2001].

De Shutter, Geoffroy/Guy Theraulaz/Jean-Louis Deneubourg, »Animal-Robots Collective Intelligence«, in: *Annals of Mathematics and Artificial Intelligence*, 31, 2001, 223-238.

Deck, Isaiah, »On a Supply of Paper Material from the Mummy Pits of Egypt«, in: *Transactions of the American Institute of the City of New-York* 144, Albany 1855, 83-93.

Delbrück, Hans, *Geschichte der Kriegskunst im Rahmen der politischen Geschichte*, Bd. 4: *Neuzeit*, Nachdruck der 1. Aufl. von 1920, Berlin 1962.

Deleuze, Gilles/Félix Guattari, *Tausend Plateaus. Kapitalismus und Schizophrenie II*, Berlin 1992 [1980].

Derrida, Jacques, »Heideggers Hand (Geschlecht II)«, in: ders., *Geschlecht (Heidegger)*, Wien 1988, 45-99.

Dick, Philip K., *Do Androids Dream of Electric Sheep?*, London 2007 [1968].

Dietrich, L. F., *Geschichte des Gartenbaues in allen seinen Zweigen von den frühesten Zeiten bis zur Gegenwart*, Leipzig 1863.

Dotzler, Bernhard/Ernst Müller, *Wahrnehmung und Geschichte. Markierungen zur Aisthesis materialis*, Berlin 1995.

Drummond, Katie, »Nuke-Hunting Robo-Roaches Enlisted for Animal Army«, 2010, online verfügbar unter {http://www.wired.com/dangerroom/2010/02/nuke-hunting-robo-roaches-enlisted-for-animal-army/} (abgerufen am 06.02.2013).

Dubiel, Helmut, *Tief im Hirn*, München 2006.

Düttmann, Martina/Stephan Sensen (Hg.), *Draht. Vom Kettenhemd zum Supraleiter*, Iserlohn 2001.

Einstein, Albert, »Ueber einen die Erzeugung und Verwandlung des Lichtes betreffenden heuristischen Gesichtspunkt«, in: *Annalen der Physik* 322, H. 6, 1905, 132-148.

Fleischmann, Kenneth R., »Frog and Cyberfrog are Friends: Dissection Simulation and Animal Advocacy«, in: *Society & Animals* 11, H. 2, 2003, 123-143.

Foerster, Heinz von, »Prinzipien der Selbstorganisation im sozialen und betriebswirtschaftlichen Bereich«, in: ders., *Wissen und Gewissen. Ver-*

such einer Brücke, hg. von Siegfried J. Schmidt, Frankfurt am Main 1993, 233-268.

Fontane, Theodor, »Der Stechlin«, in: ders., *Sämtliche Werke*, Bd. 5, München 1966 [1897], 7-388.

Forbes, Stephen A. »The Lake as a Microcosm«, in: *Bulletin of the Scientific Association* (Peoria, IL), 1887, 77-87.

Ford, Roger, *Die Geschichte der Gewehre. Vom Vorderlader zum Sturmgewehr*, Erlangen o.J.

Foreman, David, *Confessions of an Eco-Warrior*, New York 1991.

Foreman, David/Bill Haywood (Hg.), *Ecodefense: A Field Guide to Monkeywrenching. Forward! By Edward Abbey*, Chico, Cal. 1996 [1985].

Foucault, Michel, *Wahnsinn und Gesellschaft. Eine Geschichte des Wahns im Zeitalter der Vernunft*, Frankfurt am Main 1973 [1961].

Foucault, Michel, *Die Ordnung der Dinge. Eine Archäologie der Humanwissenschaften*, Frankfurt am Main 1990 [1966].

Foucault, Michel, *Überwachen und Strafen. Die Geburt des Gefängnisses*, Frankfurt am Main 1994 [1975].

Foucault, Michel, *Vom Licht des Krieges zur Geburt der Geschichte*, Berlin 1986 [1976].

Foucault, Michel, *Geschichte der Gouvernementalität I. Sicherheit, Territorium, Bevölkerung. Vorlesung am Collège de France 1977-1978*, hg. von Michel Sennelart, Frankfurt am Main 2004.

Foucault, Michel, »Subjekt und Macht«, in: ders., *Schriften in vier Bänden. Dits et Ecrits*. Bd. 4: *1980-1988*, hg. von Daniel Defert und François Ewald, Frankfurt am Main 2005 [1982], 269-294.

Frevert, Ute, *Gefühlspolitik. Friedrich II. als Herr über die Herzen?*, Göttingen 2012.

Friedrich der Große, »Gedanken und allgemeine Regeln für den Krieg«, in: *Die Werke Friedrichs des Großen*, Bd. 6: *Militärische Schriften*, hg. von Gustav Berthold Volz, Berlin 1913a [1755], 87-115.

Friedrich der Große, »Die Generalprincipien des Krieges und ihre Anwendung auf die Taktik und Disziplin der preussischen Truppen«, in: *Die Werke Friedrichs des Großen*, Bd. 6: *Militärische Schriften*, hg. von Gustav Berthold Volz, Berlin 1913b [1748], 1-86.

Friedrich der Große, »Die Kriegskunst. Ein Lehrgedicht«, in: *Die Werke Friedrichs des Großen*, Bd. 6: *Militärische Schriften*, hg. von Gustav Berthold Volz, Berlin 1913c [1748], 383-433.

Fuller, R. Buckminster, *Operating Manual for Spaceship Earth*, New York 1969.

Gesellschaft für Medienwissenschaft (Hg.), *Zeitschrift für Medienwissenschaft*, Bd. 4: *Menschen & Andere*, H. 1, 2011.

Gilbreth, Frank Bunker/Lillian Moller Gilbreth, *Motion Study for the Handicapped*, New York 1920.

Gocht, Hermann, *Künstliche Glieder. Ein Beitrag zur mechanischen und chirurgischen Orthopädie*, Stuttgart 1907.

Goethe, Johann Wolfgang, *Italienische Reise*, textkritisch durchgesehen von Erich Trunz, komm. von Herbert von Einem, München 2007 [1816/17].

Goethe, Johann Wolfgang, »Zur Naturwissenschaft im allgemeinen (Bedeutende Fördernis durch ein einziges geistreiches Wort)«, in: ders., *Werke. Hamburger Ausgabe*, Bd. 13, München 1982 [1823], 37-41.

Goethe, Johann Wolfgang, *Sämtliche Werke. Briefe, Tagebücher und Gespräche*, 40 Bde., I. Abt., Bd. 7/1: *Faust. Texte*, Frankfurt am Main 1994.

Goldt, Rainer, *Thermodynamik als Textem. Der Entropiesatz als poetologische Chiffre bei E. I. Zamjatin*, Mainz 1995 (= Mainzer Slavistische Veröffentlichungen, Slavica Moguntiaca, 19).

Das Göttinger Manifest, online verfügbar unter {http://www.hdg.de/lemo/html/dokumente/JahreDesAufbausInOstUndWest_erklaerung GoettingerErklaerung/} (abgerufen am 11.02.2013).

Grau, Oliver, *Virtual Art. From Illusion to Immersion*, Cambridge, Mass. 2003.

Grebe, Rainald & Das Orchester der Versöhnung, »Prenzlauer Berg«, aus dem Album *Rainald Grebe & Das Orchester der Versöhnung*, Versöhnungsrecords 03971, 2011.

Grieb, Philipp, *Digital Prototyping. Virtuelle Produktentwicklung im Maschinenbau*, München/Wien 2010.

Groebner, Valentin, »Menschenfett und falsche Zeichen. Identifikation und Schrecken auf den Schlachtfeldern des späten Mittelalters und der Renaissance«, in: Steffen Martus/Marina Münkler/Werner Röcke (Hg.), *Schlachtfelder. Codierung von Gewalt im medialen Wandel*, Berlin 2003, 21-31.

Großer Generalstab (Hg.), *Kriegsgeschichtliche Einzelschriften, Abteilung für Kriegsgeschichte II, H. 28/30: Die taktische Schulung der preußischen Armee durch König Friedrich den Großen während der Friedenszeit 1745 bis 1756*, Berlin 1900.

Grote, Louis R., »Über den Normbegriff im ärztlichen Denken«, in: *Zeitschrift für Konstitutionslehre* 8, 1922, 361-377.

Günther, Gotthard, *Das Bewusstsein der Maschinen. Eine Metaphysik der Kybernetik*, 3., erweiterte Aufl., Baden-Baden 2002 [1957].

Habermas, Jürgen, »Der Mensch am Lenkrad«, in: *FAZ* (*Bilder und Zeiten*), 27.11.1954, Nr. 276.

Hahlweg, Werner, »Einleitung«, in: Nassau-Siegen, Graf Johann von, *Die Heeresreform der Oranier. Das Kriegsbuch des Grafen Johann von Nassau-Siegen*, bearb. von Werner Hahlweg, hg. von der Historischen Kommission für Nassau, Wiesbaden 1973, 1*-54*.

Hahlweg, Werner, *Die Heeresreform der Oranier und die Antiker. Studien zur Geschichte des Kriegswesens der Niederlande, Deutschlands, Frankreichs, Englands, Italiens, Spaniens und der Schweiz vom Jahre 1589 bis zum Dreißigjährigen Kriege. Ein um ein neues Vorwort des Autors, einen Lebensabriß und eine Bibliographie erw. Neudruck der Habilitationsschrift Berlin 1941*, Osnabrück 1987.

Hahn, Marcus, »›Marvelous Examples‹. Zum Status des historischen Wissens in der Akteur-Netzwerk-Theorie Bruno Latours«, in: Georg Kneer/Markus Schroer/Erhard Schüttpelz (Hg.), *Bruno Latours Kollektive. Kontroversen zur Entgrenzung des Sozialen*, Frankfurt am Main 2008, 457-474.

Haraway, Donna, »Ein Manifest für Cyborgs. Feminismus im Streit mit den Technowissenschaften«, in: dies., *Die Neuerfindung der Natur. Primaten, Cyborgs und Frauen*, Frankfurt am Main/New York 1995, 33-72.

Haraway, Donna, *The Companion Species Manifesto: Dogs, People, and Significant Otherness*, Chicago 2003.

Haraway, Donna, *When Species Meet*, Minnesota 2007.

Harig, Ludwig, »Max Bense – Ich dichte, also denke ich«, in: *Zeit-Online* 42, 1999, online verfügbar unter {http://www.zeit.de/1999/42/Ich_dichte_also_denke_ich} (abgerufen am 06.02.2013).

Hartig, Georg Ludwig, *Physicalische Versuche über das Verhältniß der Brennbarkeit der meisten deutschen Wald-Baum-Hölzer. Ein Beytrag zur höheren Forstwirtschaft*, Herborn 1794.

Hartig, Georg Ludwig, *Anweisung zur Taxation und Beschreibung der Forste*, Gießen/Darmstadt 1804/1805.

Hauser, Jens, »Dekonstruktive ›Anti-mots‹ zur biotechnologischen Kunst: Anthropozentrismus-Kritik zwischen Alterität und Verwandtschaft«, in: Derrick de Kerckhove/Martina Leeker/Kerstin Schmidt (Hg.), *McLuhan neu lesen. Kritische Analysen zu Medien und Kultur im 21. Jahrhundert*, Bielefeld 2008, 464-492.

Hawking, Stephen, »Chronology Protection Conjecture«, in: *Physical Review D. Particles, Fields, Gravitation, and Cosmology* 46, 1992, 603-611.

Hayles, Kathrin, *How We Became Posthuman. Virtual Bodies in Cybernetics, Literature and Informatics*, Chicago 1999.

Hayner, Christian August Fürchtegott, »Ueber einige mechanische Vorrichtungen, welche in Irrenanstalten mit Nutzen gebraucht werden können«, in: *Zeitschrift für psychische Aerzte 3*, 1818, 339-366.

Heinrichs, H., *Roboter vor der Schultür?*, Bochum 1964 (= Kamps pädagogische Taschenbücher, 17).

Heise, Ursula K., *Nach der Natur. Das Artensterben und die moderne Kultur*, Berlin 2010.

Henderson, Charles, *Marine Sniper. 93 Confirmed Kills*, New York 1986.

Hertz, Garnet, »Cockroach Controlled Mobile Robot: Control and Communication in the Animal and the Machine«, 2008, online verfügbar unter {http://www.conceptlab.com/roachbot/} (abgerufen am 08.01.2012).

Heubach, Friedrich W., *Das bedingte Leben. Theorie der psycho-logischen Gegenständlichkeit der Dinge*, München 1987.

Hielscher, Lothar, *Modellierung und Simulation einer im Zustandsraum geregelten Gewächshausanlage (Beispiel eines strukturvariablen Mehrgrößen-Regelsystems)*, Dissertation (Fachbereich Elektrotechnik), Wuppertal 1998.

Hix, John, *The Glasshouse*, London 1974.

Hobbes, Thomas, »The Answer of Mr. Hobbes to Sir William Davenant's Preface before Gondibert«, in: William Davenant, *Gondibert*, Nachdruck der Ausgabe 1651, Menston 1970, 71-88.

Hobbes, Thomas, *Leviathan oder Stoff, Form und Gewalt eines kirchlichen und bürgerlichen Staates*, hg. und eingel. von Iring Fetscher, Frankfurt am Main 1966 [1651].

Hoffmann, E. T. A., *Lebens-Ansichten des Katers Murr nebst fragmentarischer Biographie des Kapellmeisters Johannes Kreisler in zufälligen Makulaturblättern*, Frankfurt am Main 2001 [1819/21].

Hoffmann, K. P. et al., »Die fühlende Handprothese – ein Projekt mit Zukunft« in: *Orthopädie-Technik* 8, 2007, 564-570.

Holland, James G., »Teaching Machines: An Application of Principles from the Laboratory«, in: *Journal of the Experimental Analysis of Behavior* 3, 1960, 275-287.

Hörl, Erich (Hg.), *Die technologische Bedingung. Beiträge zur Beschreibung der technischen Welt*, Berlin 2011.

Horn, Eva, *Der geheime Krieg. Verrat, Spionage und moderne Fiktion*, Frankfurt am Main 2007.

Horn, Eva, »Enden des Menschen. Globale Katastrophen als biopolitische Fantasie«, in: Reto Sorg/Stefan B. Würffel (Hg.), *Utopie und Apokalypse in der Moderne*, München 2010, 101-118.

Höxtermann, Ekkehard, »Von der Keimungsgeschichte zur Experimentalphysiologie der Pflanzen – ein Nachtrag zum 100. Todestag des Julius Sachs (1832-1897)«, in: *Jahrbuch für Geschichte und Theorie der Biologie* 6, 1999, 173-194.

Hutchinson, G. Evelyn, »The Lacustrine Microcosm Reconsidered«, in: *American Scientist* 52, 1964, 334-341.

Ipsen, Gunther/Fritz Karg, *Schallanalytische Versuche. Eine Einführung in die Schallanalyse*, Heidelberg 1928 (= Germanische Bibliothek, 2. Abteilung: Untersuchungen und Texte, 24. Bd.).

Jordan, Carl F., »Do Ecosystems Exist?«, in: *The American Naturalist* 118, H. 2, 1981, 284-287.

Junge, Friedrich, *Der Dorfteich als Lebensgemeinschaft nebst einer Abhandlung über Ziel und Verfahren des naturgeschichtlichen Unterrichts*,

Nachdruck der Ausgabe von 1885 hg. von Hans-Jürgen Mielke, Berlin 1985.
Jünger, Ernst, *Sturm*, Stuttgart 1979 [1923].
Jünger, Ernst, »Über den Schmerz«, in: ders.: *Sämtliche Werke.* 2. Abt., Bd. 7, Stuttgart 1980a [1934], 143-191.
Jünger, Ernst, »Die Totale Mobilmachung«, in: ders.: *Sämtliche Werke.* 2. Abt., Bd. 7, Stuttgart 1980b [1930], 119-142.
Jünger, Ernst, »Der Arbeiter. Herrschaft und Gestalt«, in: ders., *Sämtliche Werke*. 2. Abt., Bd. 8, Stuttgart 1981 [1932], 9-317.
Jungk, Robert, *Die Zukunft hat schon begonnen. Amerikas Macht und Ohnmacht*, 3. Aufl., Stuttgart/Hamburg 1953.
Kac, Eduardo, »Transformationen des Lebens – Mutationen der Kunst«, in: Sabine Flach/Sigrid Weigel (Hg.), *WissensKünste. Das Wissen der Künste und die Kunst des Wissens*, Weimar 2011, 124-159.
Kac, Eduardo, »Transgenic Art«, online verfügbar unter {http://www.ekac.org/transgenic.html} (abgerufen am 18.05.2012). Erstmals publiziert: *Leonardo Electronic Almanac* 6, 11, December 1998, n/p/n {http://mitpress.mit.edu/e-journals/LEA/}.
Kainz, Friedrich, *Das Steigerungsphänomen als künstlerisches Gestaltungsprinzip. Eine literaturpsychologische Untersuchung*, Leipzig 1924 (= Beihefte zur Zeitschrift für angewandte Psychologie, 33).
Kaku, Michio, *Physics of the Impossible. A Scientific Exploration of the World of Phasers, Force Fields, Teleportation and Time Travel*, London 2009.
Kalka, Joachim, *Phantome der Aufklärung. Von Geistern, Schwindlern und dem Perpetuum Mobile*, Berlin 2006.
Kant, Immanuel, *Kritik der Urteilskraft*, hg. von Karl Vorländer, Hamburg 1990 [1790].
Kanthak, Paul, *Klima und Klimatisierung von Gewächshäusern*, Berlin/Hamburg 1973.
Kapp, Ernst, *Grundlinien einer Philosophie der Technik. Zur Entstehungsgeschichte der Cultur*, Nachdruck: Düsseldorf 1978 [1877].
Karafyllis, Nicole, »Nachwachsende Rohstoffe. ›Naturprodukte‹ zwischen Grüner Gentechnik und Nachhaltigkeit«, in: *Ethica. Wissenschaft und Verantwortung* 8, H. 1, 2000, 69-78.
Karafyllis, Nicole, »›Nur soviel Holz einschlagen, wie nachwächst‹. Die Nachhaltigkeitsidee und das Gesicht des deutschen Waldes im Wechselspiel zwischen Forstwirtschaft und Nationalökonomie«, in: *Technikgeschichte. Beiträge über die geschichtliche Entwicklung der Technik in ihren wissenschaftlichen, gesellschaftlichen, wirtschaftlichen und politischen Zusammenhängen* 69, H. 4, 2002, 247-273.
Karafyllis, Nicole, »Das Wesen der Biofakte«, in: dies. (Hg.), *Biofakte. Versuch über den Menschen zwischen Artefakt und Lebewesen*, Paderborn 2003, 11-26.

Kassung, Christian, *Entropie-Geschichten: Robert Musils »Der Mann ohne Eigenschaften« im Diskurs der modernen Physik*, München 2001.

Kirsch, Scott, *Proving Grounds. Project Plowshare and the Unrealized Dream of Nuclear Earthmoving*, New Brunswick u.a. 2005.

Kittler, Friedrich, »De Nostalgia (über Schiller, Kleist, Pynchon)«, in: Hans-Georg Pott (Hg.), *Literatur und Provinz. Das Konzept Heimat in der neueren Literatur*, Paderborn u.a. 1986a, 153-168.

Kittler, Friedrich, *Grammophon Film Typewriter*, Berlin 1986b.

Kittler, Friedrich, »Der Mensch, ein betrunkener Dorfmusikant«, in: Renate Lachmann/Stefan Rieger (Hg.), *Text und Wissen. Technologische und anthropologische Aspekte*, Tübingen 2003 (= Literatur und Anthropologie, 16), 29-43.

Klink, Katrin, *Flanagan Produkte*, 2004a, online verfügbar unter {http://www.flanagan-produkte.de/Neurophone/neurophone.html} (abgerufen am 17.02.2014).

Klink, Katrin, *Flanagan Forschung*, 2004b, online verfügbar unter {http://www.flanagan-forschung.de/Neurophone/neurophone.html} (abgerufen am 17.02.2014).

Koenig, Rudolph, »Die Wellensirene«, in: *Annalen der Physik und Chemie* N.F. 57, 1896, 339-388.

Kofman, Sarah, *Schreiben wie eine Katze. Zu E. T. A. Hoffmanns »Lebens-Ansichten des Katers Murr«*, Wien 1985.

König, Wolfgang, *Künstler und Strichezieher. Konstruktions- und Technikkulturen im deutschen, britischen, amerikanischen und französischem Maschinenbau zwischen 1850 und 1930*, Frankfurt am Main 1999.

Koschorke, Albrecht/Susanne Lüdemann/Thomas Frank/Ethel Matala de Mazza, *Der fiktive Staat. Konstruktionen des politischen Körpers in der Geschichte Europas*, Frankfurt am Main 2007.

Kosnik, Heinz, *Lebenssteigerung; ein neuer Weg zur Heilung und zur Lösung technischer Probleme des Instrumentalspiels und des Gesangs; zugleich die Begründung des Gesetzes der synthetischen Anatomie*, München 1927.

Kress, Jochen, *Auswahl und Einsatz von polykristallinem kubischem Bornitrit beim Drehen, Fräsen und Reiben*, Essen 2007.

Krüger, Oliver, *Virtualität und Unsterblichkeit. Die Visionen des Posthumanismus*, Freiburg im Breisgau 2004.

Krukenberg, Hermann, *Über plastische Umwertung von Armamputationsstümpfen*, Stuttgart 1917.

Kubrick, Stanley, *Full Metal Jacket*, GB/USA 1987.

Lang, Eberhard, *Staat und Kybernetik. Prolegomena zu einer Lehre vom Staat als Regelkreis*, Salzburg/München u.a. 1966.

Laßwitz, Kurd, »Aus dem Tagebuch einer Ameise«, in: ders., *Bis zum Nullpunkt des Seins. Utopische Erzählungen*, hg. von Adolf Sckerl, Berlin/Ost 1979 [1908], 188-214.

Laßwitz, Kurd, *Auf zwei Planeten. Roman in zwei Büchern*, Frankfurt am Main 1984 [1897].

Latour, Bruno, *Wir sind nie modern gewesen. Versuch einer symmetrischen Anthropologie*, Berlin 1995.

Latour, Bruno, *Die Hoffnung der Pandora. Untersuchungen zur Wirklichkeit der Wissenschaft*, Frankfurt am Main 2000.

Latour, Bruno, *Das Parlament der Dinge. Für eine politische Ökologie*, Frankfurt am Main 2001.

Lefort, Claude, »Die Frage der Demokratie«, in: Ulrich Rödel (Hg.), *Autonome Gesellschaft und libertäre Demokratie*, Frankfurt am Main 1990, 281-297.

Lefort, Claude, *Fortdauer des Theologisch-Politischen?*, Wien 1999.

Leroi-Gourhan, André, *Hand und Wort. Die Evolution von Technik, Sprache und Kunst*, Frankfurt am Main 1980 [1964/65].

Lessing, Gotthold Ephraim, »Die drei Reiche der Natur«, in: *Lessing's Sämmtliche Werke in einem Bande. Mit dem Bildnis des Verfassers*, Leipzig 1841 [1751], 18.

Liddick, Donald, *Ecoterrorism. Radical Environmental and Animal Liberation Movements*, Westport, Conn./London 2006.

Liebmann, Otto, *Die Klimax der Theorien*, Straßburg 1884.

Lindeman, Raymond L., »The Trophic-Dynamic Aspect of Ecology«, in: *Ecology* 23, 1942, 399-417.

Lindner, Rudolf, *Apparat zum Fernfühlen der Lautsprache, (Ferntastapparat), vorgeführt am 4. und 5. Oktober 1909 im Institut für experimentelle Pädagogik und Psychologie des Leipziger Lehrervereins*, Leipzig 1909.

Lipsius, Justus, *Von Unterweisung zum Weltlichen Regime[n]t: Oder von Burgerlicher Lehr*, Amberg 1599.

Lipsius, Justus, *Politica. Six Books of Politics or Political Literature*, hg., übers. und eing. von Jan Waszink, Assen, Niederlande 2004 [1599].

Lohmann, Walther, »Leicht verständliche Gebrauchsanweisung für die harmonische Analyse nach dem Hermann'schen Verfahren«, in: *Vox. Internationales Zentralblatt für experimentelle Phonetik* 31, H. 4, 1921, 91-122.

Long, Douglas, *Ecoterrorism. In One Volume, All the Essential Tools: Overview of the Topic, Chronology of Important Events, Glossary of Terms, Biographical Listing, Complete Index, Plus a Fully Annotated Bibliography*, New York 2004.

Lorand, Arnold, *Die menschliche Intelligenz und ihre Steigerung. Eine Anleitung zum rationellen Denken*, Leipzig 1914.

Lotka, Alfred, *Elements of Mathematical Biology*, New York 1956.

Lotman, Jurij, *Universe of the Mind. A Semiotic Theory of Culture*, London/New York 1990.

Luhmann, Niklas, *Liebe als Passion. Zur Codierung von Intimität*, 5. Aufl., Frankfurt am Main 1990 [1982].

Luhmann, Niklas, »Individuum, Individualität, Individualismus«, in: ders., *Gesellschaftsstruktur und Semantik. Studien zur Wissenssoziologie der modernen Gesellschaft*, Bd. 3, Frankfurt am Main 1993 [1989], 149-258.

Luhmann, Niklas, »Kultur als historischer Begriff«, in: ders., *Gesellschaftsstruktur und Semantik. Studien zur Wissenssoziologie der modernen Gesellschaft*, Bd. 4, Frankfurt am Main 1995 [1989], 31-54.

Machiavelli, Niccolò, »Die Kunst des Krieges«, in: ders., *Gesammelte Werke in einem Band*, hg. von Alexander Ulfig, Frankfurt am Main 2006 [1521], 709-856.

Macho, Thomas/Annette Wunschel, »Mentale Versuchsanordnungen«, in: dies. (Hg.), *Science & Fiction. Über Gedankenexperimente in Wissenschaft, Philosophie und Literatur*, Frankfurt am Main 2004, 9-14.

Mackay, Wendy E., »Augmented Reality: Dangerous Liaisons or the Best of Both Worlds?«, in: *Proceedings of the ACM Conference on Designing Augmented Reality Environments* (DARE 2000), Elsinore, Denmark, April 2000, New York 2000, 171-172.

MacKendrick, John G., »Ist die Haut für Musik empfindlich?«, in: *Deutsche Revue für das gesamte nationale Leben der Gegenwart* 22, H. 1, 1897, 283-288.

Marder, Leslie, *Reisen durch die Raum-Zeit. Das Zwillingsparadoxon – Geschichte einer Kontroverse*, Braunschweig 1979 [1971].

Marx, Karl, *Das Kapital. Kritik der politischen Ökonomie*, Bd. 1, Buch 1: »Der Produktionsprozeß des Kapitals«, Berlin 1966 [1867].

Masuwa-Morgan, K. R./P. Burrell, »Justification of the Need for an Ontology for Accessibility Requirements (Theoretic Framework)«, in: *Interacting with Computers: the Inderdisciplinary Journal of Human-Computer Interaction* 16, H. 3, 2004, 523-555.

Matrix, Sidney Eve, »›We're Okay with Fake‹: Cybercinematography and the Spectre of Virtual Actors in S1MONE«, in: *animation: an inderdisciplinary journal* 1, 2006, 207-228.

Maxeiner, Dirk/Hans G. Lehmann, *Testfahrer und Autospione. Abenteuer mit geheimen Automobilen*, Stuttgart 1985.

Maxwell, J. Clerk, »On Governors«, in: *Proceedings of the Royal Society of London* 16, 1867/68, 270-283.

Mayr, Otto, *The Origins of Feedback Control*, Cambridge, Mass. 1970.

Mayr, Otto, »Adam Smith und das Konzept der Regelung. Ökonomisches Denken und Technik in Großbritannien im 18. Jahrhundert«, in: Wohlauf Troitzsch (Hg.), *Technik-Geschichte. Historische Beiträge und neuere Ansätze*, Frankfurt am Main 1980, 241-267.

McLeod, Lianne: »Hamster Wheels. A Good Exercise Wheel Will Help Keep Your Hamster Healthy«, o. J., online verfügbar unter {http://exoticpets.about.com/od/hamsters/a/hamsterwheels.htm} (abgerufen am 06.02.2013).

McLuhan, Marshall, *Die magischen Kanäle. ›Understanding Media‹*, Düsseldorf/Wien 1968 [1964].

Mergelsberg, Tim, *Zukunftsfähige Lebensstile. Zukunftsfähigkeit – Nachhaltigkeit – Sustainability*, Stuttgart 2000.

Merton, Robert, »The Self-Fulfilling Prophecy«, in: *Antioch Review* 8, 1948, 193-210.

Metzler, Joachim, »Die Bedeutung physikalischer Sätze für die Literatur«, in: *DVjS* 53, 1979, 1-34.

Meyer, Veronika R./Marcel Halbeisen, »Nur scheinbar ein Paradox: Warum gibt es in der Natur keine Räder?«, in: *Biologie in unserer Zeit* 36, H. 2, 2006, 120-123.

Meyer-Kalkus, Reinhart, *Stimme und Sprechkünste im 20. Jahrhundert*, Berlin 2001.

Moravec, Hans, *Computer übernehmen die Macht: Vom Siegeszug der künstlichen Intelligenz*, Hamburg 1999.

More, Max, »The Overhuman in the Transhuman«, in: *Journal of Evolution and Technology* 21, H. 1, 2010, 1-4.

Möser, Kurt, »›Der Kampf des Automobilisten mit seiner Maschine‹ – Eine Skizze der Vermittlung der Autotechnik und des Fahrenlernens im 20. Jahrhundert«, in: Lars Bluma/Karl Pichol/Wolfgang Weber (Hg.), *Technikvermittlung und Technikpopularisierung. Historische und didaktische Perspektiven*, Münster u. a. 2004 (= Cottbuser Studien zur Geschichte von Technik, Arbeit und Umwelt, Bd. 23), 89-102.

Mouchot, Augustin, *Die Sonnenwärme und ihre industriellen Anwendungen*, übers. nach der 2. Auflage von 1879, Oberbözberg 1987 [1869].

Mrosovsky, N./Peggy A. Salmon/Niels Vrang, »Revolutionary Science: an Improved Running Wheel for Hamsters«, in: *Chronobiology International* 15, 1998, 147-158.

Müggenburg, Jan/Sebastian Vehlken, »Rechnende Tiere. Zootechnologien aus dem Ozean«, in: *Zeitschrift für Medienwissenschaft* 4, H. 1, 2011, 58-70.

Müller, Lothar, *Weiße Magie. Die Epoche des Papiers*, München 2012.

Müller, Werner, *Handbuch der PE-HD-Dichtungsbahnen in der Geotechnik*, Basel 2001.

Murphy, P. J., »Computer Simulations in Biological Education: Analogues or Models?« in: *Journal of Biological Education* 20, 1986, 201-206.

Musil, Robert, »Psychotechnik und ihre Anwendungsmöglichkeit im Bundesheere«, in: *Militärwissenschaftliche und technische Mitteilungen* 53, H. 6, 1922, 179-200.

Musil, Robert, »Durch die Brille des Sports«, in: ders., *Gesammelte Werke*, hg. von Adolf Frisé, Bd. 2, Reinbek bei Hamburg 1978 [1925/26 oder später], 792-795.

Musil, Robert, *Der Mann ohne Eigenschaften*, hg. von Adolf Frisé, Reinbek bei Hamburg 1981.

Näcke, Paul, »Der Geisteszustand des Automobilfahrens«, in: *Archiv für Kriminalanthropologie* 16, 1904, 335-337.
Nahin Paul, *Time Machines. Time Travel in Physics, Metaphysics, and Science Fiction*, New York 1999.
Napoleon Bonaparte, *Maximen und Gedanken*, ausgew. und mit einem Vorw. von Honoré de Balzac, nebst einer biographischen Skizze von Klemens Wenzel von Metternich, Berlin 2010.
Nassau-Siegen, Graf Johann von, *Die Heeresreform der Oranier. Das Kriegsbuch des Grafen Johann von Nassau-Siegen*, bearb. von Werner Hahlweg, hg. von der Historischen Kommission für Nassau, Wiesbaden 1973.
Neswald, Elizabeth, »Eigenwillige Objekte und widerspenstige Dinge. Das Experimentieren mit Lebendigem in der Ernährungsphysiologie«, in: Natascha Adamowsky/Robert Felfe/Marco Formisano/Georg Toepfer/Kirsten Wagner (Hg.), *Affektive Dinge. Objektberührungen in Wissenschaft und Kunst*, Göttingen 2012, 51-79.
Neurath, Otto, »Soziologie im Physikalismus«, in: *Erkenntnis* 2, 1931, 393-431.
Neutra, Wilhelm, »Zur Psychologie der Prothese«, in: *Medizinische Klinik* 47, 1917, 1239-1241.
Niven, Larry, »The Theory and Practice of Time Travel«, in: ders., *All the Myriad Ways*, New York 1971, 110-123.
Nohl, Herman, *Stil und Weltanschauung*, Jena 1920.
Novalis, »Dialogen und Monolog«, in: ders., *Werke*, hg. von Gerhard Schulz, 2., neubearbeitete Ausgabe, München 1981 [1798].
Odum, Eugene, *Ecology*, New York u. a. 1963.
Odum, Eugene, *Ecology and our Endangered Life-Support Systems*, Sunderland, Mass. 1989.
Oels, David/Tim Sparenberg (Hg.), *Non Fiktion. Arsenal der anderen Gattungen* 4, H. 2: *Entropie*, 2009.
Oestreich, Gerhard, »Strukturprobleme des europäischen Absolutismus«, in: ders., *Geist und Gestalt des frühmodernen Staates. Ausgewählte Aufsätze*, Berlin 1969, 179-197.
Ortega y Gasset, José, »Betrachtungen über die Technik«, in: ders., *Betrachtungen über die Technik/Der Intellektuelle und der Andere*, Stuttgart 1949 [1939], 9-123.
Ostwald, Wilhelm, *Energetische Grundlagen der Kulturwissenschaft*, Leipzig 1909.
Ostwald, Wilhelm, *Der energetische Imperativ*, Leipzig 1912.
Oxford American Dictionary, hg. von Eugene Ehrlich u. a., New York 1980.
Packard, Vance, *Die große Verschwendung (The Waste Makers)*, Düsseldorf/Wien 1962.
Palm, Goedart, »Das Tamagotchi wird viviseziert. Virtuelles Lernen er-

setzt die Tierfolterkammer«, in: *Telepolis*, 11.06.2001, online verfügbar unter {http://www.heise.de/tp/r4/artikel/7/7853/1.html} (abgerufen am 22.11.2010).

Panconcelli-Calzia, Giulio, »Ob und inwieweit Phonogramme, Telephone, Lautsprecher usw., Sprache, Gesang, Musik durch das Getast vermitteln können. Eine alte, aber immer noch zeitgemäße Frage für Ertaubte und Taubgeborene«, in: *Phonographische Zeitschrift* 32, 1931a, 102-106, 162-164.

Panconcelli-Calzia, Giulio, »Zur Geschichte der phonoskopischen Vorrichtungen«, in: *Annalen der Physik* 5, H. 10, 1931b, 673-680.

Panconcelli-Calzia, Giulio, »Fernsehen – das Telephon für Taubstumme«, in: *Radiowelt. Illustrierte Wochenschrift für Jedermann* X, H. 11, 11. März 1933, 332-333.

Panconcelli-Calzia, Giulio, *Quellenatlas zur Geschichte der Phonetik*, Hamburg 1940.

Parikka, Jussi, *Insect Media. An Archeology of Animals and Technology*, Minneapolis/London 2010.

Parker, Geoffrey, *Die militärische Revolution. Die Kriegskunst und der Aufstieg des Westens 1500-1800*, Frankfurt am Main/New York 1990.

Päßler, Hans, »Die Verwendung von Lautton-Klangfarben in der elementaren Schulpraxis (›Der klingende Lesekasten‹)«, in: *Farbe-Ton-Forschungen*, hg. von Georg Anschütz, Bd. 3, 1931, 154-174.

Patzelt, Otto, *Triumph des Rades. Geschichte und Bedeutung einer Erfindung*, Berlin 1979.

Paul, Jean, »Der Komet oder Nikolaus Marggraf. Eine komische Geschichte«, in: ders., *Werke*, Bd. 6, hg. von Norbert Miller, Darmstadt 1963 [1820-22], 563-1036.

Peil, Dietmar, *Untersuchungen zur Staats- und Herrschaftsmetaphorik in literarischen Zeugnissen von der Antike bis zur Gegenwart*, München 1983.

Perlin, John, *From Space to Earth. The Story of Solar Electricity*, Cambridge, Mass. 2002.

Peters, W. E., »Stimmgebungsstudien I. Der Einfluß der Siever'schen Signale und Bewegungen auf die Sprachmelodie. Experimentalphonetisch untersucht«, in: *Psychologische Studien*, hg. von Wilhelm Wundt, Bd. 10, 1917, 387-570.

Petersen, Julius, *Die Entstehung der Eckermannschen Gespräche und ihre Glaubwürdigkeit*, 2., vermehrte und verbesserte Aufl. mit einem Faksimile und einem Anhang ungedruckter Briefe von und an Eckermann, Frankfurt am Main 1925 (= Deutsche Forschungen, Heft 2).

Petersen, Julius, *Die Wissenschaft von der Dichtung. System und Methoden der Literaturwissenschaft*, 2. Aufl., mit Beiträgen aus dem Nachlass herausgegeben von Erich Trunz, Berlin 1944.

Pias, Claus (Hg.), *Cybernetics – Kybernetik. The Macy-Conferences 1946-1953*, 2 Bde., Berlin/Zürich 2003 und 2004.

Pias, Claus, »Der Auftrag. Kybernetik und Revolution in Chile«, in: Daniel Gethmann/Markus Stauff (Hg.), *Politiken der Medien*, Berlin/Zürich 2005, 131-153.

Pias, Claus (Hg.), *Was waren Medien?*, Berlin/Zürich 2011.

Pias, Claus, »Cybernation. Von der Freizeit zur Freiheit und wieder zurück«, in: Stefan Rieger/Manfred Schneider (Hg.), *Selbstläufer/Leerläufer. Regelungen und ihr Imaginäres im 20. Jahrhundert*, Zürich/Berlin 2012, 15-34.

Ploennies, Wilhelm von, *Neue Studien über die gezogene Feuerwaffe der Infanterie: Das Zündnadelgewehr. Beiträge zur Kritik der Hinterladungswaffe*, Darmstadt/Leipzig 1865.

Poe, Edgar Allen, »Maelzel's Chess-Player«, in: ders., *Essays and Reviews*, New York 1984a [1836], 1253-1276.

Poe, Edgar Allen, »The Balloon-Hoax«, in: ders., *Poetry and Tales*, New York 1984b [1844], 743-755.

Poirier, Lindsey, »Can Machines Replace Teachers in Education Systems?«, in: *ICTworks*, 2011, online verfügbar unter {http://www.ictworks.org/news/2011/08/26/can-machines-replace-teachers-education-systems} (abgerufen am 06.02.13).

Portmann, Adolf, »Biologie als technische Weltmacht«, in: *Jahrbuch für Geschichte und Theorie der Biologie* 7, 2000 [1969], 191-200.

Pouget, Emile, *Sabotage*, Chicago 1913.

Pyle, Ernie, »Hedgerow Sniping«, 26. Juni 1944a, online verfügbar unter {http://www.privateletters.net/featured_pyle43.html} (abgerufen am 25.06.2012).

Pyle, Ernie, *Brave Men*, New York 1944b.

Pynchon, Thomas, »Entropy«, in: ders., *Spätzünder. Frühe Erzählungen*, deutsch von Thomas Piltz und Jürg Laederach, 2. Aufl., Reinbek bei Hamburg 2002a [1960], 97-119.

Pynchon, Thomas, »Vorwort«, in: ders., *Spätzünder. Frühe Erzählungen*, deutsch von Thomas Piltz und Jürg Laederach, 2. Aufl., Reinbek bei Hamburg 2002b [1984], 7-33.

Radkau, Joachim, *Holz – Wie ein Naturstoff Geschichte schreibt*, München 2007 (= Reihe Stoffgeschichten, Bd. 3).

Redtenbacher, Ferdinand, *Die calorische Maschine*, 2. Aufl., Mannheim 1853.

Reebs, S. G./P. St-Onge, »Running Wheel Choice by Syrian Hamsters«, in: *Laboratory Animals. The International Journal of Laboratory Animal Science and Welfare* 39, H. 4, 2005, 442-451.

Reichle, Ingeborg, *Kunst aus dem Labor. Zum Verhältnis von Kunst und Wissenschaft im Zeitalter der Technoscience*, Wien 2005.

Rettig, Daniel, *Die guten alten Zeiten. Warum Nostalgie uns glücklich macht*, München 2013.

Reuleaux, Franz, *Theoretische Kinematik. Grundzüge einer Theorie des Maschinenwesens. Mit einem Atlass und zahlreichen in den Text eingedruckten Holzstichen*, Braunschweig 1875.

Reuleaux, Franz, *Der Konstrukteur. Ein Handbuch zum Gebrauch des Maschinen-Entwerfens*, 4. Aufl., Braunschweig 1895.

Rieger, Stefan, »Autorfunktion und Buchmarkt«, in: ders./Miltos Pechlivanos/Wolfgang Struck/Michael Weitz, *Einführung in die Literaturwissenschaft*, Stuttgart/Weimar 1995, 147-163.

Rieger, Stefan, *Die Individualität der Medien. Eine Geschichte der Wissenschaften vom Menschen*, Frankfurt am Main 2001.

Rieger, Stefan, »Licht und Mensch. Eine Geschichte der Wandlungen«, in: Lorenz Engell/Joseph Vogl/Bernhard Siegert (Hg.), *Archiv für Mediengeschichte – Licht und Leitung*, Weimar 2002, 61-71.

Rieger, Stefan, *Kybernetische Anthropologie. Eine Geschichte der Virtualität*, Frankfurt am Main 2003.

Rieger, Stefan, »Kunst, Medien, Kultur. Konjunkturen des Wissens«, in: Friedrich Jaeger/Jürgen Straub (Hg.), *Handbuch der Kulturwissenschaften*, Bd. 2: *Paradigmen und Disziplinen*, Stuttgart/Weimar 2004, 638-655.

Rieger, Stefan, »Das Theater der künstlichen Tiere. Animalik und Mechanik ab der Frühen Neuzeit«, in: Helmar Schramm/Ludger Schwarte/Jan Lazardig (Hg.), *Spuren der Avantgarde. Theatrum machinarum. Frühe Neuzeit und Moderne im Kulturvergleich*, Berlin/New York 2008a (= Theatrum Scientarum, Bd. 4), 195-213.

Rieger, Stefan, »Organische Konstruktionen. Von der Künstlichkeit des Körpers zur Natürlichkeit der Medien«, in: Derrick de Kerckhove/Martina Leeker/Kerstin Schmidt (Hg.), *McLuhan neu lesen. Kritische Analysen zu Medien und Kultur im 21. Jahrhundert*, Bielefeld 2008b, 252-269.

Rieger, Stefan, *Schall und Rauch. Eine Mediengeschichte der Kurve*, Frankfurt am Main 2009.

Rieger, Stefan, »Kakerlake, Die (Blatta orientalis LINNEUS, 1778; engl. cockroach; span. cucaracha)«, in: Christian Kassung/Jasmin Mersmann/Olaf B. Rader (Hg.), *Zoologicon. Ein kulturhistorisches Wörterbuch der Tiere*, München 2012, 200-205.

Rieger, Stefan/Manfred Schneider (Hg.), *Selbstläufer/Leerläufer. Regelungen und ihr Imaginäres im 20. Jahrhundert*, Zürich/Berlin 2012.

Rilke, Rainer M., *Die Aufzeichnungen des Malte Laurids Brigge*, Frankfurt am Main 1952 [1910].

Rilke, Rainer Maria, »Ur-Geräusch«, in: ders., *Sämtliche Werke*, Bd. 6, Frankfurt am Main 1987 [1919], 1085-1090.

Roof, Judith, *The Poetics of DNA*, Minneapolis/London 2007.

Roßler, Gustav, »Kleine Galerie neuer Dingbegriffe: Hybriden, Quasi-Objekte, Grenzobjekte, epistemische Dinge«, in: Georg Kneer/Markus Schroer/Erhard Schüttpelz (Hg.), *Bruno Latours Kollektive. Kontroversen zur Entgrenzung des Sozialen*, Frankfurt am Main 2008, 76-107.

Ruth, Walter, *Untersuchung über die Sichtbarmachung der Tonhöhenbewegung beim Sprechen und Singen*, (= Österreichische Akademie der Wissenschaften, Philosophisch-historische Klasse, Sitzungsberichte, 229. Band, 1955, 5. Abhandlung).

Sale, Kirkpatrick, *Rebels Against the Future. The Luddites and their War on the Industrial Revolution. Lessons for the Computer Age*, Reading, Mass. u. a. 1995.

Schäffner, Wolfgang, »Operationale Topographie. Repräsentationsräume in den Niederlanden um 1600«, in: Hans-Jörg Rheinberger/Michael Hagner/Bettina Wahrig-Schmidt (Hg.), *Räume des Wissens. Repräsentation, Codierung, Spur*, Berlin 1997, 63-90.

Schefer, Niklaus, *Philosophie des Automobils. Ästhetik der Bewegung und Kritik des automobilen Designs*, München 2008.

Schenck, Rudolf, *Die Kraftwagenstraße*, Charlottenburg 1925.

Schenkel, Johannes, *Transgene Tiere*, 2. überarb. und akt. Aufl., Heidelberg 2006.

Schmidt, Arno, *KAFF auch Mare Crisium*, Frankfurt am Main 1980 [1960].

Schmidt, Hermann, »Regelungstechnik. Die technische Aufgabe und ihre wirtschaftliche, sozialpolitische und kulturpolitische Auswirkung«, in: *Zeitschrift des Vereines Deutscher Ingenieure* 85, H. 4, 25. Januar 1941, 81-88.

Schmidt, Hermann, »Denkschrift zur Gründung eines Institutes für Regelungstechnik«, in: *Grundlagenstudien aus Kybernetik und Geisteswissenschaft* 2, 1961 [1941], Beiheft, 1-14.

Schmidt, Hermann, *Die anthropologische Bedeutung der Kybernetik*, Quickborn 1965.

Schmidt, Thomas, »Mittelalterliche Idee als Zukunftsperspektive? Zur Geschichte des Nachhaltigkeitskonzeptes«, in: *Ö-Punkte*, Frühjahr 1998, 12-15.

Schmidt-Bergmann, Hansgeorg, *Futurismus. Geschichte, Ästhetik, Dokumente*, Reinbek bei Hamburg 1993.

Schneider, Peter Joseph, *Entwurf einer Heilmittellehre gegen psychische Krankheiten, oder Heilmittel in Beziehung auf psychische Krankheitsformen*, Tübingen 1824.

Schöne, Albrecht, *Johann Wolfgang von Goethe. Faust. Kommentare*, Frankfurt am Main 1994 (= Goethe, Johann Wolfgang, *Sämtliche Werke. Briefe, Tagebücher und Gespräche*, 40 Bde., I. Abt., Bd. 7/2).

Schönhammer, Rainer, »Zur Psychologie der Beifahrsituation«, in: *Zeitschrift für Verkehrssicherheit* 39, H. 4, 1993, 166-169.

Schönhammer, Rainer, »Prothesengötter und Marionetten«, in: *Psychologie heute* 21, H. 4, 1994, 54-59.
Schramm, Helmar/Ludger Schwarte/Jan Lazardig (Hg.), *Spuren der Avantgarde: Theatrum machinarum. Frühe Neuzeit und Moderne im Kulturvergleich*, Berlin/New York 2008 (= Theatrum Scientarum, Bd. 4).
Schulte, Hans, »Experimentelle Prüfung der Rutz-Sieversschen Typenlehre«, in: *Archiv für die gesamte Psychologie* 70, 1929, 119-208.
Schulze, F., »Gewächshaus-Anlagen in England, Belgien und Holland«, in: *Zeitschrift für Bauwesen* 37, 1887, 67-82.
Schuster, F., »Das Sich-irre-gehen in psycho-pathologischer und staatsärztlicher Beziehung«, in: *Allgemeine Zeitschrift für Psychiatrie* 8, 1851, 171-208.
Scripture, Edward Wheeler, »Äußerungen deutscher Dichter über ihre Verskunst [...]«, in: *Archiv für die gesamte Psychologie* 66, 1928, 216-251.
Seiler, Benjamin, »Ein Zellflüsterer der dritten Art«, in: *ZeitenSchrift. Ein Kompass in bewegten Zeiten*, o. J., online verfügbar unter {http://www.zeitenschrift.com/magazin/55-thinkman.ihtml} (abgerufen am 17.02.2014).
Sellen, Abigail J./Richard H. Harper, *The Myth of the Paperless Office*, Cambridge, Mass. 2002.
Sempo, Grégory/Stéphanie Depickère/Jean-Marc Arné/Claire Detrain/José Halloy/Jean-Louis Deneubourg, »Integration of an Autonomous Artificial Agent in an Insect Society: Experimental Validation«, in: *From Animals to Animats 9. Lecture Notes in Computer Science* 4095, 2006, 703-712.
Setzer, Heinz, »Die Bedeutung der Energielehre für die Literaturkonzeption Maksim Gor'kijs nach der ersten russischen Revolution«, in: *Die Welt der Slaven. Halbjahresschrift für Slavistik* XXV, 1980, 394-427.
Seufert, Max (Hg.), *Auskunftbuch für Schwerhörige im Deutschen Reich*, München 1930.
Sheldon, Theodor, *Wie man die Lebenskräfte steigert?*, Pfullingen in Württemberg 1923.
Shuman, Frank, »The Feasibility of Utilizing Power from the Sun«, in: *Scientific American* 110, 25. Februar 1914, 179.
Sievers, Eduard, »Über ein neues Hilfsmittel philologischer Kritik«, in: ders., *Rhythmisch-Melodische Studien, Vorträge und Aufsätze*, Heidelberg 1912, 78-111.
Sievers, Eduard, »Neues zu den Rutzschen Reaktionen«, in: *Archiv für experimentelle und klinische Phonetik* 1, 1914, 225-252.
Sievers, Eduard, *Das Neue Testament schallanalytisch untersucht*, Leipzig 1921.
Sievers, Eduard, *Ziele und Wege der Schallanalyse. Zwei Vorträge*, Heidel-

berg 1924 (= Sonderdruck aus der Festschrift für Wilhelm Streitberg: Stand und Aufgaben der Sprachwissenschaft), 65-111.

Simmel, Georg, »Über sociale Differenzierung. Sociologische und psychologische Untersuchungen«, in: ders., Gesamtausgabe, Bd. 2: *Aufsätze 1887-1890*, Frankfurt am Main 1989 [1890], 109-295.

Singer, Emily, »Ferngesteuerte Käfer für die US-Armee«, 2009, online verfügbar unter {www.heise.de/tr/artikel/Ferngesteuerte-Kaefer-fuer-die US-Armee-276062.html} (abgerufen am 28.12.2011).

Sloterdijk, Peter, *Das Menschentreibhaus. Stichworte zur historischen und prophetischen Anthropologie*, Weimar 2001.

Smith, Willoughby, »Effect of Light on Selenium During the Passage of an Electric Current«, in: *Nature* 20, Februar 1873, 303.

Snow, Charles P., *Die zwei Kulturen. Literarische und naturwissenschaftliche Intelligenz*, Stuttgart 1967.

Sorgner, Stefan Lorenz, »Nietzsche, the Overhuman, and Transhumanism«, in: *Journal of Ethics and Technology* 20, H. 1, März 2009, 29-42.

Spengler, Oswald, *Der Mensch und die Technik. Beitrag zu einer Philosophie des Lebens*, München 1931.

Spreen, Dierk, »Der Cyborg. Diskurse zwischen Körper und Technik«, in: Eva Esslinger/Tobias Schlechtriemen/Doris Schweitzer/Alexander Zons (Hg.), *Die Figur des Dritten. Ein kulturwissenschaftliches Paradigma*, Berlin 2010, 166-179.

Sprenger, Florian, »›Ewige‹ Warnzeichen. Kommunikation mit der Zukunft«, in: *FAZ*, 22.04.2010, online verfügbar unter {http://www.faz.net/artikel/C31277/ewige-warnzeichen-kommunikation-mit-der-zuku nft-30085953.html} (abgerufen am 22.11.2013).

Steinbuch, Karl, *Automat und Mensch. Auf dem Weg zu einer kybernetischen Anthropologie*, 4. Aufl., Berlin u.a. 1971.

Steininger, Benjamin, »Konkrete Kybernetik. Autobahnkurvenbau nach maschineller Maßgabe«, in: Anja K. Maier/Burkhardt Wolf (Hg.), *Wege des Kybernetes. Schreibpraktiken und Steuerungsmodell von Politik, Reise, Migration*, Münster 2004, 235-256.

Sunzi, *The Art of War*, übersetzt und mit einer Einl. hg. von Samuel B. Griffith, Oxford 1965.

Sutcliffe, Alistair, *User-Centred Requirements Engineering. Theory and Practice*, London 2002.

Sutcliffe, Alistair, *Multimedia and Virtual Reality. Designing Multisensory User Interfaces*, Mahwah, New Jersey/London 2003.

Sutcliffe, Alistair/Brian Gault/Neil Maiden, »ISRE: immersive scenario-based requirements engineering with virtual prototypes«, in: *Requirements Engineering* 10, H. 2, Mai 2005, 95-111.

Tansley, Arthur G., »The Use and Abuse of Vegetational Concepts and Terms«, in: *Ecology* 16, 1935, 284-307.

Teubner, Gunther, »Elektronische Agenten und große Menschenaffen. Zur Ausweitung des Akteurstatus in Recht und Politik«, in: *Zeitschrift für Rechtssoziologie* 27, H. 1, 2006, 5-30.

Thacker, Eugene, *Biomedia*, Minneapolis/London 2004.

Thienemann, August: »Lebensgemeinschaft und Lebensraum«, in *Naturwissenschaftliche Wochenschrift* 17, 1918, 181-290.

Thienemann, August, »Der Nahrungskreislauf im Wasser«, in: *Verhandlungen der Deutschen Zoologischen Gesellschaft* 31, 1926, 29-79.

Thienemann, August, *Die Bedeutung der Limnologie für die Kultur der Gegenwart*, Stuttgart 1935.

Thorne, Kip, *Black Holes & Time Warps. Einstein's Outrageous Legacy*, London 1994.

Tönnis, Antje, *Neue Nachhaltigkeit im Wald. Deutsche und kanadische Forstwirtschaft zwischen weltweiten Verhandlungen und Projekten vor Ort*, Bochum 2004.

Tschira, Arnold, *Orangerien und Gewächshäuser. Ihre geschichtliche Entwicklung in Deutschland*, Dissertation Berlin 1939.

Tschudin, Peter F., *Grundzüge der Papiergeschichte*, Stuttgart 2007.

Turner, Fred, *From Counterculture to Cyberculture: Stewart Brand, the Whole Earth Network, and the Rise of Digital Utopianism*, Chicago 2006.

Uexküll, Jakob von, »Die Entplanung der Welt. Magische, mechanische und dämonische Weltanschauung«, in: *Deutsche Rundschau* 59, September 1933, 38-43, 110-115.

Virilio, Paul, »Die Kunst des Motors«, in: ders., *Die Eroberung des Körpers. Vom Übermenschen zum überreizten Menschen*, Frankfurt am Main 1997, 145-169.

Virilio, Paul, »Fahrzeug«, in: Claus Pias/Joseph Vogl/Lorenz Engell/Oliver Fahle/Britta Neitzel (Hg.), *Kursbuch Medienkultur. Die maßgeblichen Theorien von Brecht bis Baudrillard*, 2. Aufl., Stuttgart 2000, 166-184.

Vismann, Cornelia, »Eigene Rechte für Dinge?«, in: Friedrich Balke/Maria Muhle/Antonia von Schöning (Hg.), *Die Wiederkehr der Dinge*, Berlin 2011, 129-145.

Vogt, Hans-Heinrich, *Der Nürnberger Trichter. Lernmaschinen für ihr Kind?*, Stuttgart 1966.

Vonnegut, Kurt, *Galapagos*, New York 2009 [1985].

Voss, J., »Über den Einfluß verschiedener Licht- und Strahlenarten auf die Entwicklung landwirtschaftlicher Kulturpflanzen«, in: *Angewandte Botanik. Zeitschrift der Vereinigung für angewandte Botanik* 18, H. 1, 1936, 43-75.

Voss, J., »Erfahrungen mit der Anzucht landwirtschaftlicher Kulturpflanzen im Treibhaus«, in: *Der Züchter. Zeitschrift für Theoretische und Angewandte Genetik* 4, H. 10, 1938, 95-100.

Weber, Alfred, »Die Bewältigung der Freizeit«, in: *Revolution der Roboter. Probleme der Automatisierung*, München 1956 (= Vortragsreihe der Arbeitsgemeinschaft Sozialdemokratischer Akademiker München), 141-160.

Weber, Ludwig/Joh. Bauschinger, *Maschine zum Prüfen der Festigkeit der Materialien construirt von Ludwig Weber ausgeführt von der Maschinen-Actien-Gesellschaft*, Nürnberg 1882.

Weber, Max, »›Energetische‹ Kulturtheorien«, in: Max Winckelmann (Hg.), *Gesammelte Aufsätze zur Wissenschaftslehre*, Tübingen 1988 [1909], 400-426.

Weber, Wilhelm, »Das Maaß der Wirksamkeit magneto-elektrischer Maschinen«, in: *Annalen der Physik und Chemie* 3, H. 1, 1844, 431-447.

Weibel, Peter (Hg.), *Car Culture. Medien der Mobilität*, Karlsruhe 2011.

Weigel, Sigrid, »ÜberLebensQualität. Kulturwissenschaft und Nachhaltigkeit«, in: *Glanzlichter der Wissenschaft 2010. Ein Almanach*, hg. vom Deutschen Hochschulverband, Stuttgart 2010, 153-169.

Wei-Guo, Song/Chai Jie/Han Tai-Zhen/Yuan Kui, »A Remote Controlled Multimode Micro-Stimulator for Freely Moving Animals«, in: *Acta Physiologica Sinica* 58, 25. April, H. 2, 2006, 183-188.

Weiser, Mark, »The Computer for the 21th Century«, in: *Scientific American* 265, H. 3, 1991, 94-104.

Weiss, Astrid, »Technik in animalischer Gestalt. Tierroboter zur Assistenz, Überwachung und als Gefährten in der Altenhilfe«, in: Jutta Buchner-Fuhs/Lotte Rose (Hg.), *Tierische Sozialarbeit*, Wiesbaden 2012, 429-442.

Wellek, Albert, »Renaissance- und Barock-Synästhesie«, in: *DVjS* 9, 1931, 534-584.

Wellek, Albert, »Das Doppelempfinden im 18. Jahrhundert«, in: *DVjS* 14, 1936, 75-102.

Wells, H. G., *Die Zeitmaschine*, München 2011 [1895].

Werner, Dietrich, *Biologische Versuchsobjekte. Kultivierung und Wachstum ausgewählter Versuchorganismen in definierten Medien*, Stuttgart/New York 1982.

Whitfield, Michael, »The World Ocean Mechanism or Machination?«, in: *Interdisciplinary Science Reviews* 6, H. 1, 1981, 12-35.

Wiener, Norbert/Arturo Rosenblueth, »The Role of Models in Science«, in: *Philosophy in Science* 12, 1945, 316-321.

Wiener, Norbert, *Cybernetics: or Control and Communication in the Animal and the Machine*, Cambridge, Mass. 1948.

Wiener, Norbert, *The Human Use of Human Beings. Cybernetics and Society*, 2. Aufl., New York 1954.

Wiener, Norbert, *Kybernetik. Regelung und Nachrichtenübertragung im Lebewesen und in der Maschine*, 2. Aufl., Düsseldorf/Wien 1963 [1948].

Wiener, Oswald/Manuel Bonik/Robert Hödicke, *Eine elementare Einführung in die Theorie der Turing-Maschinen*, Wien/New York 1998.

Wiesner, Julius von, *Die Rohstoffe des Pflanzenreiches. Versuch einer technischen Rohstofflehre des Pflanzenreiches*, Bd. 1, 3., umgearbeitete und erweiterte Aufl., Leipzig/Wien 1914.

Willer, Stefan, »Vom Nicht-Wissen der Zukunft. Prognostik und Literatur um 1800 und um 1900«, in: Michael Bies/Michael Gamper (Hg.), *Literatur und Nicht-Wissen. Historische Konstellationen in Literatur und Wissenschaft, 1750-1930*, Zürich 2012, 171-196.

Windhager, Sonja et al., »Face to Face. The Perception of Automotive Designs«, in: *Human Nature. An Interdisciplinary Biosocial Perspective* 19, H. 3, 2008, 331-346.

Wolfsteiner, Andreas, *Der formatierte Körper. Relationen von Wissenschaft, Kunst und Technik als Interface-Problematik und -Phänomen*, Berlin 2011.

Wolke, Christian Hinrich, *Anleit zur deutschen Gesamtsprache oder zur Erkennung und Berichtigung einiger (zu wenigst 20) tausend Sprachfehler in der hochdeutschen Mundart; nebst dem Mittel, die zahllosen, – in jedem Jahre den Deutschschreibenden 10 000 Jahre Arbeit oder die Unkosten von 5 000 000 verursachenden – Schreibfehler zu vermeiden*, Dresden 1812.

Woltereck, Richard, »Über die Spezifität des Lebensraumes, der Nahrung und der Körperformen bei pelagischen *Cladoceren* und über Ökologische Gestalt-Systeme«, in: *Biologisches Zentralblatt* 48, 1928, 521-551.

Wright, Austin, »Backpack-Wearing Cockroaches to Detect Radiation«, online verfügbar unter {http://www.nationaldefensemagazine.org/archive/2010/March/Pages/BackpackWearingCockroaches.aspx} (abgerufen am 28. 12. 2011).

Ziegler, Hans, »A Signal Corps Odyssey. Part I: Prelude to SCORE«, in: *Army Communicator* 1981, 17-24, online verfügbar unter {http://www.campevans.org/_CE/html/tac-zig23.html} (abgerufen am 21. 04. 2012).

Internetquellen

Amanita Design, *Machinarium*, Werbematerial, online verfügbar unter {http://www.machinarium.de/} (abgerufen am 17. 02. 2014).

Anonym, »Power from the Sun's Heat«, in: *Engineering News* 61, Nr. 19, 13. Mai 1909, 509-511, online verfügbar unter {http://babel.hathitrust.org/cgi/pt?id=njp.32101061104558;size=150;view=image;page=root;seq=532;num=510} (abgerufen am 07. 03. 2014).

Anonym, »American Inventor uses Egypt's Sun for Power«, in: *The New York Times*, 02. 07. 1916, online verfügbar unter {http://query.nytimes.

com/mem/archive-free/pdf?res=990CE7DF1E3FE233A25751C0A96 19C946796D6CF} (abgerufen am 07.03.2014).
Anonym, *ATryn 1750 I. E.-Pulver zur Herstellung einer Infusionslösung*, Inhaber der Zulassung: Gtc Biotherapeutics, London, Vereinigtes Königreich, Zulassungsnummer: EU/1/06/355/001-003, Datum der Erteilung der Zulassung/Verlängerung der Zulassung: 28.07.2006, Stand der Information: August 2011, online verfügbar unter {http://www.pharma zie.com/graphic/A/66/0-90966.pdf} (abgerufen am 18.05.2012).
Anonym, »Rekombinantes Antithrombin wird aus Milch transgener Ziegen isoliert«, in: *Ärzte Zeitung* 10.07.2008, online verfügbar unter {http://www.aerztezeitung.de/medizin/krankheiten/herzkreislauf/thrombose_embolie/article/503149/rekombinantes-antithrombin-milch-transgener-ziegen-isoliert.html} (abgerufen am 18.05.2012).
CENOLI, LEURRE. Artificial Life Control in Mixed Societies, Homepage des CENOLI – Center for Nonlinear Phenomena and Complex Systems; online verfügbar unter {http://leurre.ulb.ac.be/Part_ULB.html} (abgerufen am 11.02.13).
Deutsche Forschungsgemeinschaft/Deutsche Akademie der Technikwissenschaften/ Deutsche Akademie der Naturforscher Leopoldina (Hg.), *Synthetische Biologie. Stellungnahme*, 2009, online verfügbar unter {http://www.dfg.de/download/pdf/dfg_im_profil/reden_stellung nahmen/2009/stellungnahme_synthetische_biologie.pdf} (abgerufen am 18.05.2012).
Europäischen Kommission, *Synthetic Biology. Applying Engineering to Biology. Report of a NEST (New and Emerging Science and Technology) High-Level Group*, Brüssel 2005, online verfügbar unter {ftp://ftp.cor dis.europa.eu/pub/nest/docs/syntheticbiology_b5_eur21796_en.pdf} (abgerufen am 07.03.2014).
Europäisches Parlament und Rat der Europäischen Union, »Richtlinie 2001/18/EG des Europäischen Parlaments und des Rates vom 12. März 2001 über die absichtliche Freisetzung genetisch veränderter Organismen in die Umwelt und zur Aufhebung der Richtlinie 90/220/EWG des Rates – Erklärung der Kommission«, in: *Amtsblatt*, Nr. L 106 vom 17/04/2001, 1- 39, online verfügbar unter {http://eur-lex.europa.eu/legal-content/DE/ALL/?uri=CELEX:32001L0018} (abgerufen am 18.04.2014).
Globale Taxonomie-Initiative, »Biobot«, in: *Globale Taxonomie-Initiative*, Nationale Kontaktstelle Deutschland, Verantwortet von Christoph Häuser, Museum für Naturkunde, Leibniz-Institut für Evolutions- und Biodiversitätsforschung an der Humboldt-Universität zu Berlin, 2006; online verfügbar unter {http://gti.biodiv.naturkundemuseum-ber lin.de/akronym_einzeln/4444} (abgerufen am 02.03.2014).
Golden Rice Humanitarian Board, »Golden Rice Project«, 2005-14, online

verfügbar unter {http://www.goldenrice.org/} (abgerufen am 07.03. 2013).

Hanna, John: »Interview with John Hanna, September 6, 2001«, veranlasst von Sunny Lewis, Chefredakteur von *Environment News Service*, online verfügbar unter {http://www.originalelf.com/interview_with_elf_founder.html} (abgerufen am 22.10.2013).

Hemmerling Computer: Technik, »Hamsterlaufrad – nützliches USB-Zubehör«, 2007; online verfügbar unter {http://www.ahct.de/index.php?seite=news&news=1183459782&q=hamsterlaufrad&PHPSESSIDist=i4pcn5dhsj3baifvj6r02mdip3} (abgerufen am 17.02.2014).

Monsanto, »Fragen zu einzelnen Patenten: Entwickelt oder verkauft Monsanto ›Terminator‹-Saatgut?«, online verfügbar unter {http://www.monsanto.com/global/de/news-standpunkte/pages/fragen-patenten-monsanto-saatgut.aspx} (abgerufen am 18.04.2014).

Patentgesetz in der Fassung der Bekanntmachung vom 16. Dezember 1980 (BGBl. 1981 I S. 1), online verfügbar unter {http://www.gesetze-im-internet.de/patg/index.html} (abgerufen am 07.03.2014).

Robocup Federation, »Robocup Soccer Humanoid« 1998-2014, online verfügbar unter {http://www.robocup.org/robocup-soccer/humanoid/} (abgerufen am 07.03.2014).

Wikipedia, »Solarwärmekraftwerk PS 10«, online verfügbar unter {http://de.wikipedia.org/wiki/PS_10} (abgerufen am 07.03.2014).

Abbildungsverzeichnis

Auto
Abb. 1: Sonja Windhager et al., »Face to Face. The Perception of Automotive Designs«, in: *Human Nature. An Interdisciplinary Biosocial Perspective* 19, H. 4, 2008, 331-346, Titelblatt.
Abb. 2: »Maulkorb für den Beifahrer«, in: *ADAC Motorwelt*, März 1982, 62, online verfügbar unter {http://www.adac.de/_mmm/pdf/ADAC_MWE_März_1982_Maulkorb_130938.pdf} (abgerufen am 12.12.2013).
Abb. 3: Werbematerial des Suhrkamp Verlages zu Blumenbergs *Geistesgeschichte der Technik. Mit einem Radiovortrag von 1967 auf CD*, Frankfurt am Main 2009.

Bioreaktor
Abb. 1: Eduardo Kac, *Genesis*, online verfügbar unter {http://www.ekac.org/genphoto.html} (abgerufen am 08.06.2013).

Draht
Abb. 1: *Germanica. Eduard Sievers zum 75. Geburtstage. 25. November 1925*, Halle an der Saale 1925, o. Pag.
Abb. 2: Gustav Becking, *Der musikalische Rhythmus als Erkenntnisquelle*, Stuttgart 1928, 16.
Abb. 3: W. E. Peters, »Stimmgebungsstudien I. Der Einfluß der Sieversschen Signale und Bewegungen auf die Sprachmelodie. Experimentalphonetisch untersucht«, in: *Psychologische Studien*, hg. von Wilhelm Wundt, 10. Bd., 1917, 387-570, hier: 393.
Abb. 4: Eduard Sievers, »Neues zu den Rutzschen Reaktionen«, in: *Archiv für experimentelle und klinische Phonetik* I, 1914, 225-252, hier: Tafel I.
Abb. 5: Hans Schulte, »Experimentelle Prüfung der Rutz-Sieversschen Typenlehre«, in: *Neues Archiv für die gesamte Psychologie* 70, 1929, 119-208, hier: Tafel I.
Abb. 6: Frank Bunker Gilbreth/Lillian Moller Gilbreth, *Motion Study for the Handicapped*, New York 1920, 16.

Hand
Abb. 1: C. Lang, Ritter Götz von Berlichingen mit der eisernen Hand, in: *Historischer Almanach für den deutschen Adel und für Freunde desselben*, Frankfurt am Main, 2. Aufl., Rothenburg 1825 [1793/1794], online verfügbar unter {http://commons.wikimedia.org/wiki/File:Mein_Fehd_und_Handlungen_%28Berlichingen%29_b_027.jpg} (abgerufen am 10.04. 2014).

Abb. 2: André Leroi Gourhan, *Hand und Wort. Die Evolution von Technik, Sprache und Kunst*, Frankfurt am Main 1980 [1964/65], 57 (Abb. 8).
Abb. 3: Sigvard Strandh, *Die Maschine. Geschichte, Elemente, Funktion. Ein enzyklopädisches Sachbuch*, Augsburg 1992, 81.
Abb. 4: Digne Meller Marcovicz, *Martin Heidegger. Photos. 23. September 1966/16. und 17. Juni 1968*, Stuttgart 1978, o. Pag.

Insbot
Abb. 1: Werbepostkarte des Kakerlakenvernichtungsmittels Elimin. Farbige Fotolithographie, Zürich, Orell Füssli, um 1893 (eigener Besitz).
Abb. 2: John Payson, *Joe's Apartment*, USA 1996, Film-Cover, online verfügbar unter {http://www.tierhorror.de/tierhorror/film574-Joes-Apartment.csp} (abgerufen am 13.02.2013).
Abb. 3: Philippe Codognet, »De Docta Ignorantia. Transgenic Cockroaches as Living Archives«, online verfügbar unter {http://pauillac.inria.fr/~codognet/santa-barbara.doc} (abgerufen am 04.01.2011).
Abb. 4: Gilles Caprari et al., »Animal and Robot. Mixed Societies. Building Cooperation Between Microrobots and Cockroaches«, in: *IEEE Robotics & Automation Magazine*, June 2005, 58-65, hier: 59.

Laufrad
Abb. 1: Deutsches Museum München, »Muskelkraftmaschinen«, *Die Ausstellungen des Deutschen Museums von A bis Z*, ohne Angaben, online verfügbar unter {http://www.deutsches-museum.de/ausstellungen/energie/kraftmaschinen/muskelkraft/} (abgerufen am 13.02.2013).
Abb. 2: Christian August Fürchtegott Hayner, »Ueber einige mechanische Vorrichtungen, welche in Irrenanstalten mit Nutzen gebraucht werden können«, in: *Zeitschrift für psychische Aerzte* 3, 1818, 339-366, Figuren 1-18.
Abb. 3: Peter Joseph Schneider, *Entwurf einer Heilmittellehre gegen psychische Krankheiten, oder Heilmittel in Beziehung auf psychische Krankheitsformen*, Tübingen 1824, Tafel 1.
Abb. 4: *System for Placing a Subject into Virtual Reality*, United States Patent 6563489, 13. Mai 2003, online verfügbar unter {http://www.freepatentsonline.com/6563489.html} (abgerufen am 03.03.2014).

Machinarium
Abb. 1: Jacob Leupold, *Theatrum Machinarium*, Faksimile-Ausgabe des im Jahre 1725 in Leipzig erschienenen Titels, Düsseldorf 1981, Tafel VII.
Abb. 2: Jacob Leupold, *Theatrum Machinarium*, Faksimile-Ausgabe des im Jahre 1725 in Leipzig erschienenen Titels, Düsseldorf 1981, Tafel XVII.
Abb. 3: Screenshot des Computerspiels »Machinarium«, Werbematerial der Firma *Amanita Design*, online verfügbar unter {http://amanita-design.net/games/machinarium.html} (abgerufen am 12.12.2013).

Abb. 4: *Improvement in Apparatus for Teaching Spelling*, United States Patent 52758 A, 20. Februar 1866, online verfügbar unter {http://www.google.com/patents/US 52758} (abgerufen am 03. 03. 2014).

Monkey Wrench
Abb 1: Anonym, Online verfügbar unter {http://25.media.tumblr.com/tumblr_mblys70oef1rrnekqo1_1280.jpg} (abgerufen am 08. 02. 2013).
Abb. 2: *Earth First! News. On the Frontlines of Ecological Resistance* 8, Summer 2012, 7.
Abb. 3: David Foreman/Bill Haywood (Hg.), *Ecodefense: A Field Guide to Monkeywrenching. Forward! by Edward Abbey*, Chico, California 1993, 35.

Muskete
Abb. 1: Wilhelm Dilich, *Hochvernünfftig gegründet- und auffgerichtete/ in gewisse Classen eingetheilte/ bißher verschlossen gelegen/ nunmehr aber Eröffnete Krieges-Schule [...]*, Frankfurt am Main 1689, 107-109.
Abb. 2a und 2b: *Eigendliche Abbildung und Warhafftige Beschreibung der grossen und blutigen Schlacht/ so zwischen Königl. Maj. zu Schweden und dem Keyserl. General von Wallenstein/ den 6. Novembris, Anno 1632. bey dem Städtlein Lützen/ 2. Meil von Leipzig vorgangen*, online verfügbar unter {http://commons.wikimedia.org/wiki/File:Flugblatt_Detail_Schlacht_bei_L%C3%BCtzen.JPG} (abgerufen am: 8. 05. 2013).
Abb. 3a und 3b: Johann von Nassau-Siegen, *Die Heeresreform der Oranier. Das Kriegsbuch des Grafen Johann von Nassau-Siegen*, bearb. von Werner Hahlweg, hg. von der Historischen Kommission für Nassau, Wiesbaden 1973, 264 und 610.

Neurophon
Abb. 1: Rudolf Lindner, *Apparat zum Fernfühlen der Lautsprache, (Ferntastapparat), vorgeführt am 4. und 5. Oktober 1909 im Institut für experimentelle Pädagogik und Psychologie des Leipziger Lehrervereins*, o. Pag.
Abb. 2: Giulio Panconcelli-Calzia, »Ob und inwieweit Phonogramme, Telephone, Lautsprecher usw., Sprache, Gesang, Musik durch das Getast vermitteln können. Eine alte, aber immer noch zeitgemäße Frage für Ertaubte und Taubgeborene«, in: *Phonographische Zeitschrift* 32, 1931, 102-106, 162-164, hier: 106.
Abb. 3: Giulio Panconcelli-Calzia, »Ob und inwieweit Phonogramme, Telephone, Lautsprecher usw., Sprache, Gesang, Musik durch das Getast vermitteln können. Eine alte, aber immer noch zeitgemäße Frage für Ertaubte und Taubgeborene«, in: *Phonographische Zeitschrift* 32, 1931, 102-106, 162-164, hier: 106.
Abb. 4: Rudolph Koenig, »Bemerkungen über die Klangfarbe«, in: *Annalen der Physik und Chemie*, Neue Folge XIV, 1881, 369-393, hier: 386.

Abb. 5: Rudolph Koenig, »Die Wellensirene«, in: *Annalen der Physik und Chemie*, Neue Folge 57, 1896, 339-388, hier: 366.
Abb. 6: Walter Brinkmann, »Spektralfarben und Tonqualität«, in: *Farbe-Ton-Forschungen*, hg. von Georg Anschütz, III. Bd., 1931, 355-388, hier: 356.

Papier
Abb. 1: Hannß Carl von Carlowitz, *Sylvicultura oeconomica oder haußwirtschaftliche Nachricht und naturmäßige Anweisung zur wilden Baum=-Zucht*, Nachdruck der Ausgabe Leipzig 1713, Freiberg 2000 (= Veröffentlichungen der Bibliothek »Georgius Agricola« der TU Bergakademie Freiberg, 135), Titelblatt.
Abb. 2: Georg Ludwig Hartig, *Anweisung zur Taxation und Beschreibung der Forste*, 2 Bde., Zweyte, ganz umgearbeitete und stark vermehrte Auflage, Gießen/Darmstadt 1804/1805, Vorsatzblatt zu Bd. 1: *Erster und theoretischer Theil* (1804).
Abb. 3: Oron Catts/Ionat Zurr, »The Ethics of Experiential Engagement with the Manipulation of Life«, in: Beatriz da Costa/Philip Kavita (Hg.), *Tactical Biopolitics. Art, Activism, and Technoscience*, Cambridge, Mass./London 2008, 125-142, hier: 139.

Photovoltaik
Abb. 1: Augustin Mouchot, *Die Sonnenwärme und ihre industriellen Anwendungen*, übers. nach der 2. Auflage von 1879, Oberbözberg 1987 [1869], 197 und 199.
Abb. 2: PL Przemek, PS20andPS10.jpg, 2012, online verfügbar unter {http://commons.wikimedia.org/wiki/File:PS20andPS10.jpg} (abgerufen am 10.06.13).
Abb. 3: National Aeronautics and Space Administration, Vanguard 1, online verfügbar unter {Nssdc.gsfc.nasa.gov/image/spacecraft/vanguard1.jpg} (abgerufen am 12.06.2014).

Probekörper
Abb. 1: »Probekörper«, in: *Wikipedia*, 27. Februar 2013, online verfügbar unter {http://commons.wikimedia.org/wiki/File:Normpruefkoerper_DIN_1385.png} (abgerufen am 12.12.2013).
Abb. 2: Härteprüfung mittels Kugeldruckprobe bei Krupp (um 1900), online verfügbar unter {http://upload.wikimedia.org/wikipedia/de/0/0c/HärtePrüfungKrupp.jpg} (abgerufen am 28.03.2010).
Abb. 3: August Johann Rösel von Rosenhof, *Historia Natvralis Ranarvm Nostrativm in qua omnes earum proprietates / Die natürliche Historie der Frösche hiesigen Landes*, Nürnberg 1758, Tafel 16a, Digitalisat der Universitätsbibliothek Heidelberg, online verfügbar unter {http://digi.ub.uni-hei

delberg.de/diglit/roesel1758/0164?sid=38c78b9fffa913af289f499215ea6b76}
(abgerufen am 03.03.2014).

See
Abb. 1: August Thienemann, »Der Nahrungskreislauf im Wasser«, in: *Verhandlungen der Deutschen Zoologischen Gesellschaft* 31, 1926, 29-79, hier: 57.
Abb. 2: Charles Elton, *Animal Ecology*, London 1949 [1927], 58.
Abb. 3: Raymond L. Lindeman, »The Trophic-Dynamic Aspect of Ecology«, in: *Ecology*, 23, 1942, 399-417, hier: 401, Fig. 1.

Staat
Abb. 1: Eberhard Lang, *Staat und Kybernetik. Prolegomena zu einer Lehre vom Staat als Regelkreis*, Salzburg/München u. a. 1966, 85.
Abb. 2: Robocup Federation, *Humanoid League KidSize* (Foto von D. Kriesel), online verfügbar unter {http://wiki.robocup.org/wiki/File:Hl-kid.jpg} (abgerufen am 14.06.2012).

Treibhaus
Abb. 1: John Hix, *The Glasshouse*, London 1974, 16, Abb. 18 (A flue-heated Dutch forcing-frame, 1737. With its mechanically-operated cover panels and sliding wind-shield it is an early example of microclimate control).
Abb. 2: John Hix, *The Glasshouse*, London 1974, 19, Abb. 24 (Treibhaus wie dargestellt in den Ausgaben von Heinrich Hesses *Neue Gartenlust* von 1696 und 1714. Das Haus oben aus der früheren Ausgabe hatte kleine Flügelfenster; das Haus unten aus der späteren Ausgabe hatte hingegen durchgehende Fenster).
Abb. 3: Dietrich Werner, *Biologische Versuchsobjekte. Kultivierung und Wachstum ausgewählter Versuchorganismen in definierten Medien*, Stuttgart/New York 1982, 11.
Abb. 4: John Hix, *The Glasshouse*, London 1974, 46, Abb. 7 (ein niederländisches Glashaus aus dem 18. Jahrhundert mit einem Abzug an der hinteren Mauer, dargestellt von Pieter de la Court van de Voor in Landhuren, Lusthaven, Plantagien, 1737).
Abb. 5: John Hix, *The Glasshouse*, London 1974, 55, Abb. 28 (Blick in einen Wintergarten in Kew Gardens von John Nash, später renoviert von Jeffry Wyatville, c1836, beheizt durch A. M. Perkin's Hochdruck-Heißwassersystem).

Zeitmaschine
Abb. 1: Steve Lee, »The Time Machine from the 1960 George Pal film«, 2007, online verfügbar unter {hollywoodlostandfound.net/props/timemachine.html} (abgerufen am 12.06.2012).

Abb. 2: Kip Thorne, *Black Holes & Time Warps. Einstein's Outrageous Legacy*, New York 1994, 485, Abb. 14.1.

Register der Maschinen und Dinge, die dem Netz der alphabetischen Gesamtordnung und seiner Querverweise entgingen

edition suhrkamp
Eine Auswahl

Giorgio Agamben. Herrschaft und Herrlichkeit. Zur theologischen Genealogie von Ökonomie und Regierung. Übersetzt von Andreas Hiepko. es 2520. 360 Seiten

Giorgio Agamben et al. Demokratie? Eine Debatte. Übersetzt von Tilman Vogt u. a. es 2611. 137 Seiten

Valentin Akudowitsch. Der Abwesenheitscode. Versuch, Weißrussland zu verstehen. Übersetzt von Volker Weichsel. es 2665. 204 Seiten

Arjun Appadurai. Die Geographie des Zorns. es 2541. 158 Seiten

Jakob Arnoldi. Alles Geld verdampft. Finanzkrise in der Weltrisikogesellschaft. es 2590. 92 Seiten

Nanni Balestrini. Tristano. es 2579. 120 Seiten

Zygmunt Bauman, David Lyon. Daten, Drohnen, Disziplin. Ein Gespräch über flüchtige Überwachung. Übersetzt von Frank Jakubzik. es 2667. 204 Seiten

Zygmunt Bauman. Wir Lebenskünstler. es 2594. 206 Seiten

Ingolfur Blühdorn. Simulative Demokratie. Neue Politik nach der postdemokratischen Wende. es 2634. 304 Seiten

Carla Blumenkranz u. a. (Hg.). Occupy! Die ersten Wochen in New York. edition suhrkamp digital. 94 Seiten

NF 383/1/8.14

Friedrich von Borries, Jens-Uwe Fischer. Heimatcontainer. Deutsche Fertighäuser in Israel. es 2593. 200 Seiten

Hauke Brunkhorst. Das doppelte Gesicht Europas. Zwischen Kapitalismus und Demokratie. es 2676. 212 Seiten

Susan Buck-Morss. Hegel und Haiti. Für eine neue Universalgeschichte. Übersetzt von Laurent Faasch-Ibrahim. es 2623. 221 Seiten

Bernd Cailloux. Der gelernte Berliner. Sieben neue Lektionen. es 2563. 251 Seiten

Colin Crouch
- Postdemokratie. Übersetzt von Nikolaus Gramm. es 2540. 159 Seiten
- Das befremdliche Überleben des Neoliberalismus. Postdemokratie II. Übersetzt von Frank Jakubzik. es-Sonderdruck. 247 Seiten

Max Dax. Dreißig Gespräche. es 2558. 330 Seiten

Matthias Dusini, Thomas Edlinger. In Anführungszeichen. Glanz und Elend der Political Correctness. es 2645. 297 Seiten

Gudrun Ensslin, Bernward Vesper. »Notstandsgesetze von Deiner Hand«. Briefe 1968/1969. es 2586. 289 Seiten

David Foster Wallace. Schicksal, Zeit und Sprache. Über Willensfreiheit. es 2653. 207 Seiten

Heiner Flassbeck. Zehn Mythen der Krise. edition suhrkamp digital. 59 Seiten

NF 383/2/8.14

Mischa Gabowitsch. Putin kaputt!? Russlands neue Protestkultur. es 2661. 438 Seiten

Mark Greif
- Bluescreen. Essays. Herausgegeben und übersetzt von Kevin Vennemann. es 2629. 231 Seiten
- Hipster. Eine transatlantische Diskussion. Herausgegeben von Mark Greif u. a. es-Sonderdruck. 206 Seiten

Durs Grünbein. Die Bars von Atlantis. Eine Erkundung in vierzehn Tauchgängen. es 2598. 60 Seiten

Jürgen Habermas
- Im Sog der Technokratie. Kleine politische Schriften XII. es 2671. 193 Seiten
- Zur Verfassung Europas. Ein Essay. es-Sonderdruck. 129 Seiten

David Harvey. Rebellische Städte. Übersetzt von Yasemin Dincer. es 2657. 283 Seiten

Wolfgang Fritz Haug. Kritik der Warenästhetik. Gefolgt von Warenästhetik im High-Tech-Kapitalismus. es 2553. 350 Seiten

Wilhelm Heitmeyer (Hg.). Deutsche Zustände. Folge 10. es 2647. 335 Seiten

Claudia Honegger / Sighard Neckel / Chantal Magnin (Hg.). Strukturierte Verantwortungslosigkeit. Berichte aus der Bankenwelt. es 2607. 395 Seiten

Axel Honneth. Vivisektionen eines Zeitalters. Porträts zur Ideengeschichte des 20. Jahrhunderts. es 2678. 307 Seiten

NF 383/3/8.14

Thomas Kapielski
- Je dickens, destojewski. Ein Volumenroman. es 2694. 455 Seiten
- Mischwald. es 2597. 347 Seiten
- Sezessionistische Heizkörperverkleidungen. es 2680. 214 Seiten

Christian Kellermann / Henning Meyer (Hg.). Die Gute Gesellschaft. Soziale und demokratische Politik im 21. Jahrhundert. es 2662. 318 Seiten

Benjamin Kunkel. Utopie oder Untergang. Ein Wegweiser für die gegenwärtige Krise. Übersetzt von Richard Barth. es 2687. 245 Seiten

Philipp Lepenies. Die Macht der einen Zahl. Eine politische Geschichte des Bruttoinlandsprodukts. es 2673. 186 Seiten

Oliver Lepsius / Reinhart Meyer-Kalkus (Hg.). Inszenierung als Beruf. Der Fall Guttenberg. es-Sonderdruck. 215 Seiten

Martina Löw / Renate Ruhne. Prostitution. Herstellungsweisen einer anderen Welt. es 2632. 215 Seiten

Barbara Marković. Ausgehen. es 2581. 95 Seiten

Eduardo Mendieta / Jonathan VanAntwerpen (Hg.). Religion und Öffentlichkeit. es 2641. 196 Seiten

Markus Metz / Georg Seeßlen
- Blödmaschinen. Die Fabrikation der Stupidität. es 2609. 780 Seiten
- Geld frisst Kunst – Kunst frisst Geld. Ein Pamphlet. es 2675. 496 Seiten

NF 383/4/8.14

Danny Michelsen / Franz Walter. Unpolitische Demokratie. Zur Krise der Repräsentation. es 2668. 411 Seiten

Stephan Moebius / Markus Schroer (Hg.). Diven, Hacker, Spekulanten. Sozialfiguren der Gegenwart. es 2573. 473 Seiten

Chantal Mouffe
- Agonistik. Die Welt politisch denken. Übersetzt von Richard Barth. es 2677. 214 Seiten
- Über das Politische. Wider die kosmopolitische Illusion. Übersetzt von Niels Neumeier. es 2483. 169 Seiten

Franco Moretti. Kurven, Karten, Stammbäume. Abstrakte Modelle für die Literaturgeschichte. Übersetzt von Florian Kessler. es 2564. 138 Seiten

Valzhyna Mort. Tränenfabrik. Gedichte. es 2580. 86 Seiten

Sighard Neckel / Greta Wagner (Hg.). Leistung und Erschöpfung. Burnout in der Wettbewerbsgesellschaft. es 2666. 219 Seiten

Barbara Nolte, Jan Heidtmann. Die da oben. Innenansichten aus deutschen Chefetagen. es 2599. 202 Seiten

Miltiadis Oulios. Blackbox Abschiebung. Geschichten und Bilder von Leuten, die gerne geblieben wären. es 2644. 482 Seiten

Hanno Rauterberg. Wir sind die Stadt! Urbanes Leben in der Digitalmoderne. es 2674. 156 Seiten

Werner Schiffauer. Nach dem Islamismus. Eine Ethnographie der Islamischen Gemeinschaft Milli Görüş. es 2570. 200 Seiten

NF 383/5/8.14

Frank Schirrmacher, Thomas Strobl. Die Zukunft des Kapitalismus. es 2603. 198 Seiten

Michel Serres. Erfindet euch neu! Eine Liebeserklärung an die vernetzte Generation. Übersetzt von Stefan Lorenzer. es-Sonderdruck. 76 Seiten

Aleš Šteger. Preußenpark. Berliner Skizzen. es 2569. 156 Seiten

Bernard Stiegler. Von der Biopolitik zur Psychomacht. Logik der Sorge II. es 2575. 203 Seiten

Mark Terkessidis. Interkultur. es 2589. 220 Seiten

Kevin Vennemann. Sunset Boulevard. Vom Filmen, Bauen und Sterben in Los Angeles. es 2646. 184 Seiten

Franz Walter
- Charismatiker und Effizienzen. Porträts aus 60 Jahren Bundesrepublik. es 2577. 405 Seiten
- Vorwärts oder abwärts? Zur Transformation der Sozialdemokratie. es 2622. 142 Seiten

Raul Zelik. Der Eindringling. Roman. es 2658. 288 Seiten

Slavoj Žižek. Auf verlorenem Posten. es 2562. 319 Seiten

Gabriel Zucman. Steueroasen. Wo der Wohlstand der Nationen versteckt wird. Übersetzt von Ulrike Bischoff. es-Sonderdruck. 118 Seiten

NF 383/6/8.14